赵剑英　主编
Zhao Jianying Editor

中国社会科学院创新工程学术出版资助项目

理解中国

The Rule of Law in China

中国的法治道路

李林　著
By Li Lin

中国社会科学出版社
CHINA SOCIAL SCIENCES PRESS

图书在版编目（CIP）数据

中国的法治道路／李林著．—北京：中国社会科学出版社，2016.3（2017.3 重印）

（理解中国丛书）

ISBN 978－7－5161－7584－2

Ⅰ.①中…　Ⅱ.①李…　Ⅲ.①社会主义法制—研究—中国　Ⅳ.①D920.0

中国版本图书馆 CIP 数据核字（2016）第 014151 号

出 版 人　赵剑英
责任编辑　王　茵
责任校对　郝阳洋
责任印制　王　超

出　　版　中国社会科学出版社
社　　址　北京鼓楼西大街甲 158 号
邮　　编　100720
网　　址　http://www.csspw.cn
发 行 部　010－84083685
门 市 部　010－84029450
经　　销　新华书店及其他书店

印刷装订　北京君升印刷有限公司
版　　次　2016 年 3 月第 1 版
印　　次　2017 年 3 月第 2 次印刷

开　　本　710×1000　1/16
印　　张　21.25
插　　页　2
字　　数　330 千字
定　　价　49.00 元

《理解中国》丛书编委会

出版前言

自鸦片战争之始的近代中国，遭受落后挨打欺凌的命运使大多数中国人形成了这样一种文化心理：技不如人，制度不如人，文化不如人。改变“西强我弱”和重振中华雄风需要从文化批判和文化革新开始。于是，中国人“睁眼看世界”，学习日本、学习欧美以至学习苏俄。我们一直处于迫切改变落后挨打、积贫积弱、急于赶超这些西方列强的紧张与焦虑之中。可以说，在一百多年来强国梦、复兴梦的追寻中，我们注重的是了解他人、学习他人，而很少甚至没有去让人家了解自身，理解自身。这种情形事实上到了1978年中国改革开放后的现代化历史进程中亦无明显变化。20世纪80、90年代大量西方著作的译介就是很好的例证。这就是近代以来中国人对“中国与世界”关系的认识历史。

但与此并行的一面，就是近代以来中国人在强国梦、中华复兴梦的追求中，通过“物质（技术）批判”、“制度批判”、“文化批判”一直苦苦寻求着挽救亡国灭种、实现富国强民之“道”，这个“道”当然首先是一种思想，是旗帜，是灵魂。关键是什么样的思想、什么样的旗帜、什么样的灵魂可以救国、富国、强民。百多年来，中国人民在屈辱、失败、焦虑中不断探索、反复尝试，历经“中学为体，西学为用”、君主立宪实践的失败，西方资本主义政治道路的破产，以及20世纪90年代初世界社会主义的重大挫折，终于走出了中国革命胜利、民族独立解放之路，特别是将科学社会主义理论逻辑与中国社会发展历史逻辑结合在一起，走出了一条中国社会主义现代化之路——中国特色社会主义道路。经过最近三十多年的改革开放，我国社会主义市场经济快速发展，经济、政治、文化和社会建设取得伟大成就，综合国力、文化软实力和国际影响力大幅提升，中国特色社会主义取得了巨大成功，虽然还不完善，但可以说其体制制度基本成型。百年追梦的中国，正以更加坚定的道路自信、理论自信和制度自信的姿态，崛起于世界民族之林。

与此同时，我们应当看到，长期以来形成的认知、学习西方的文化心理习惯使我们在中国已然崛起、成为当今世界大国的现实状况下，还很少积极主动向世界各国人民展示自己——“历史的中国”和“当今现实的中国”。而西方人士和民族也深受中西文化交往中“西强中弱”的习惯性历史模式的影响，很少具备关于中国历史与当今发展的一般性认识，更谈不上对中国发展道路的了解，以及“中国理论”、“中国制度”对于中国的科学性、有效性以及对于人类文明的独特价值与贡献这样深层次问题的认知与理解。“自我认识展示”的缺位，也就使一些别有用心的不同政见人士抛出的“中国崩溃论”、“中国威胁论”、“中国国家资本主义”等甚嚣尘上。

可以说，在“摸着石头过河”的发展过程中，我们把更多的精力花在学习西方和认识世界上，并习惯用西方的经验和话语认识自己，而忽略了“自我认知”和“让别人认识自己”。我们以更加宽容、友好的心态融入世界时，自己却没有被客观真实地理解。因此，将中国特色社会主义的成功之“道”总结出来，讲好中国故事，讲述中国经验，用好国际表达，告诉世界一个真实的中国，让世界民众认识到，西方现代化模式并非人类历史进化的终点，中国特色社会主义亦是人类思想的宝贵财富，无疑是有正义感和责任心的学术文化研究者的一个十分重要的担当。

为此，中国社会科学院组织本院一流专家学者和部分院外专家编撰了《理解中国》丛书。这套丛书既有对中国道路、中国理论和中国制度总的梳理和介绍，又有从政治制度、人权、法治，经济体制、财经、金融，社会治理、社会保障、人口政策，价值观、宗教信仰、民族政策，农村问题、城镇化、工业化、生态，以及古代文明、文学、艺术等方面对当今中国发展作客观的描述与阐释，使中国具象呈现。

期待这套丛书的出版，不仅可以使国内读者更加正确地理解一百多年中国现代化的发展历程，更加理性地看待当前面临的难题，增强全面深化改革的紧迫性和民族自信，凝聚改革发展的共识与力量，也可以增进国外读者对中国的了解与理解，为中国发展营造更好的国际环境。

赵剑英

2014 年 1 月 9 日

目　录

代　序

中国特色社会主义法治的道路和理论

中国共产党的十八届四中全会做出的《中共中央关于全面推进依法治国若干重大问题的决定》（以下简称《决定》），第一次以执政党最高政治文件的形式，对建设中国特色社会主义法治体系、建设社会主义法治国家做出整体部署和战略安排，对在新形势下通过全面推进依法治国促进和保障中国特色社会主义建设，通过加强法治建设推进国家治理体系和治理能力现代化，通过法治方式推进全面深化各项改革，为全面建成小康社会、实现中华民族伟大复兴中国梦提供制度化、法治化的重要保障。《决定》诠释了中国共产党运用依法治国基本方略和法治基本方式治国理政的政治理念和战略思维，绘制了建设社会主义法治国家的宏伟蓝图，是全面推进依法治国的纲领性文件，具有重要的现实意义和深远的历史意义。

一　走中国特色社会主义法治道路

中国特色社会主义法治道路，是社会主义法治建设成就和经验的集中体现，是建设社会主义法治国家的唯一正确道路。《决定》开宗明义、旗帜鲜明地提出了坚持走中国特色社会主义法治道路、建设中国特色社会主义法治体系、建设社会主义法治国家的重要论断，为全面推进依法治国明确了内涵、规定了性质、确定了道路、指明了方向。

道路问题是最根本的问题，道路决定命运，道路决定前途。中国特色社会主义道路是科学社会主义基本原则与中国实际和时代特征相结合的产物，是党和人民长期实践取得的根本成就，是根植于中国大地、反映中国人民意愿、适应中国和时代发展进步要求的正确道路。中国特色社会主义道路，就是在中国共产党领导下，立足基本国情，以经济建设为中心，坚持四项基本原则，坚持改革开放，解放和发展社会生产力，建设社会主义市场经济、社会主义民主政治、社会主义先进文化、社会主义和谐社会、社会主义生态文明，促进人的全面发展，逐步实现全体人民共同富裕，建设富强民主文明和谐的社会主义现代化国家。中国特色社会主义法治道路，是中国特色社会主义道路不可或缺的重要组成部分，是全面推进依法治国、建设社会主义法治国家的根本依循。

中国特色社会主义法治道路，是历史的选择、人民的选择和中国社会发展的必然要求。中国是一个具有五千多年文明史的古国，中华法系源远流长，成为世界独树一帜的法系，古老的中国为人类法制文明作出了重要贡献。1840 年鸦片战争后，中国逐渐沦为半殖民地半封建的社会。为了改变国家和民族的苦难命运，一些仁人志士试图将近代西方国家的政治制度和法治模式移植到中国，以实现变法图强的梦想。在纪念全国人民代表大会成立 60 周年的重要讲话中，习近平总书记深刻指出，辛亥革命之后，中国尝试过君主立宪制、帝制复辟、议会制、多党制、总统制等各种形式，各种政治势力及其代表人物纷纷登场，都没能找到正确答案，中国依然是山河破碎、积贫积弱，列强依然在中国横行霸道、攫取利益，中国人民依然生活在苦难和屈辱之中。事实证明，资产阶级革命派领导的民主主义革命，照搬西方政治制度模式的各种方案，都不能完成中华民族救亡图存和反帝反封建的历史任务，都不能让中国的政局和社会稳定下来，也都谈不上为中国实现国家富强、人民幸福提供制度保障。在中国共产党的领导下，中国人民推翻了三座大山，争得了民主，掌握了国家政权，成了国家主人，经过革命、建设、改革和发展，逐步走上了发展社会主义民主、建设社会主义法治国家的道路。

中国特色社会主义法治道路，是新中国成立以来在中国共产党领导人民努力推进社会主义民主法治建设的长期实践基础上，尤其是党的十五大以来通过全面落实依法治国基本方略，加快建设社会主义法治国家的理论研究、实践探索和制度创新，不断深化和发展对中国特色社会主义的认识，不断深化对中国特色社会主义民主政治的认识，不断深化对全面推进依法治国、建设社会主义法治国家的认识，从而认定的法治发展道路；是中国共产党立足国情和实际，着眼于全面建成小康社会、实现中华民族伟大复兴中国梦的战略目标，总结我国社会主义法治建设的实践经验，学习借鉴各国法治文明的有益成果，吸收中华民族传统法律文化的精华养分，从而确定的正确道路；是长期以来，特别是党的十一届三中全会以来，中国共产党深刻总结我国社会主义法治建设的成功经验和深刻教训，提出为了保障人民民主，必须加强法治，必须使民主制度化、法律化，把依法治国确定为党领导人民治理国家的基本方略，把依法执政确定为党治国理政的基本方式，积极建设社会主义法治，取得的历史性成就。

中国特色社会主义法治道路，是历史与现实相统一、理论与实践相结合的产物。在历史方位的四个坐标上，中国特色社会主义法治道路有自己的时空定位和时代特色。

一是相对于英国、法国、德国、美国等西方资本主义国家的法治模式和法治道路而言，中国所走的是社会主义法治道路，在本质和定性问题上，我们的法治“姓社”，它们的法治“姓资”。这是两种性质根本不同的法治道路和法治模式，绝不能混为一谈，中国绝不能照搬照抄西方资本主义的法治模式。实践证明，“照抄照搬他国的政治制度行不通，会水土不服，会画虎不成反类犬，甚至会把国家前途命运葬送掉”。坚持法治的社会主义性质和社会主义道路，是全面推进依法治国、建设法治中国的基本前提，这是一个不容讨论、毋庸置疑的立场问题、原则问题和方向问题，也是坚持中国特色社会主义法治道路的本质要求。

二是相对于苏联、东欧等原社会主义国家和现在越南、古巴等社会主义国家的法治模式和法治道路而言，中国所走的是“中国特色”的社会主义法治道路。中华民族的历史基因和历史沿革，中国的历史文化传统、现实国情和社会条件等综合因素，决定了中国的法治只能走自己的具有中国特色的社会主义法治道路，只能学习借鉴而绝不能复制克隆苏联、越南等其他社会主义国家的法治模式和法治道路。

三是相对于马克思主义经典作家关于理想社会主义社会的论述和描绘，中国现在处于并将长期处于社会主义初级阶段的社会，因此，“同党和国家事业发展要求相比，同人民群众期待相比，同推进国家治理体系和治理能力现代化目标相比，法治建设还存在许多不适应、不符合的问题，主要表现为：有的法律法规未能全面反映客观规律和人民意愿，针对性、可操作性不强，立法工作中部门化倾向、争权诿责现象较为突出；有法不依、执法不严、违法不究现象比较严重，执法体制权责脱节、多头执法、选择性执法现象仍然存在，执法司法不规范、不严格、不透明、不文明现象较为突出，群众对执法司法不公和腐败问题反映强烈；部分社会成员尊法、信法、守法、用法、依法维权意识不强，一些国家工作人员特别是领导干部依法办事观念不强、能力不足，知法犯法、以言代法、以权压法、徇私枉法现象依然存在”。这些问题是社会主义初级阶段难免存在的问题，是违背社会主义法治原则、损害人民群众利益、妨碍党和国家事业发展的问题，这也是全面推进依法治国必须着力解决的问题。

四是相对于中国历史上中华法系的法文化和法制度的模式，中国今天所走的是一条现代化的法治道路，是在中国历史传承、文化传统、经济社会发展基础上长期发展、不断改进、内生性演化结果的土壤和基础上，秉持开放包容、学科创新精神，代表先进生产力、先进生产关系和先进文化的法治类型，是面向世界、面向全球、学习借鉴人类法治文明有益成果的现代化产物。因此，中国特色社会主义法治道路，既要坚持古为今用、推陈出新，弘扬中华法系和中华法文化的优良传统，也要坚持洋为中用、与时俱进，在推进国家治理现代化进程中实现国家治理的法治化，在中华民族和平崛起的进程中建设社会主义现代化强国。

坚定不移走中国特色社会主义法治道路，必须坚持中国共产党的领导，坚持中国特色社会主义制度，贯彻中国特色社会主义法治理论。中国特色社会主义道路、理论体系、制度是全面推进依法治国的根本遵循。党的领导是中国特色社会主义最本质的特征，是社会主义法治最根本的保证。中国特色社会主义制度是中国特色社会主义法治体系的根本制度基础，是全面推进依法治国的根本制度保障。中国特色社会主义法治理论是中国特色社会主义法治体系的理论指导和学理支撑，是全面推进依法治国的行动指南。这三个方面实质上是中国特色社会主义法治道路的核心要义，规定和确保了中国特色社会主义法治体系的制度属性和前进方向。

坚定不移走中国特色社会主义法治道路，中国共产党的领导是前提、是关键、是保证。《决定》指出，坚持党的领导，是社会主义法治的根本要求，是党和国家的根本所在、命脉所在，是全国各族人民的利益所系、幸福所系，是全面推进依法治国的题中应有之义。党的领导和社会主义法治是一致的，社会主义法治必须坚持党的领导，党的领导必须依靠社会主义法治。只有在党的领导下依法治国、厉行法治，人民当家做主才能充分实现，国家和社会生活法治化才能有序推进。把党的领导贯彻到依法治国的全过程和各方面，是中国社会主义法治建设的一条基本经验。中国共产党要用法治思维和法治方式推进依先执政和依法执政，切实做到领导立法，保证执法，支持司法，带头守法。全面推进依法治国，绝不是要削弱党的领导，而是要巩固党的执政基础，强化党的执政权威，提高党的执政能力和执政水平。

坚定不移走中国特色社会主义法治道路，必须坚持中国特色社会主义制度。中国特色社会主义制度，就是人民代表大会制度的根本政治制度，中国共产党领导的多党合作和政治协商制度、民族区域自治制度以及基层群众自治制度等基本政治制度，中国特色社会主义法律体系，公有制为主体、多种所有制经济共同发展的基本经济制度，以及建立在这些制度基础上的经济体制、政治体制、文化体制、社会体制等各项具体制度。坚定不移走中国特色社会主义法治道路，依赖中国特色社会主义制度的根本制度基础；全面推进依法治国、建设中国特色社会主义法治体系和社会主义法治国家，依赖中国特色社会主义制度的根本制度保障。离开了这个根本制度基础和根本制度保障，全面推进依法治国将成为无本之木，社会主义法治建设将成为无源之水，社会主义法治体系将成为空中楼阁，中国特色社会主义法治发展势必会走向歧途。

坚定不移走中国特色社会主义法治道路，必须以中国特色社会主义法治理论为理论指导、学理支撑和行动指南。中国特色社会主义法治理论，是马克思主义普遍原理、国家与法等学说同中国特色社会主义法治建设实践相结合的产物，是中国特色社会主义理论体系的重要组成部分，是社会主义法治精神、社会主义法治文化、社会主义法治意识、社会主义法治观念、社会主义法治核心价值观、社会主义法学理论体系等的集大成者，是全面推进依法治国、建设社会主义法治国家的理论基础和行动指南。中国特色社会主义法治理论的核心要义，是以马克思列宁主义、毛泽东思想、邓小平理论、“三个代表”重要思想、科学发展观为指导，深入贯彻习近平总书记系列重要讲话精神，坚持党的领导、人民当家做主、依法治国有机统一，坚定不移走中国特色社会主义法治道路，坚决维护宪法法律权威，依法维护人民权益、维护社会公平正义、维护国家安全稳定，为实现

“两个一百年”奋斗目标、实现中华民族伟大复兴的中国梦提供有力的法治保障。

坚定不移走中国特色社会主义法治道路，必须坚持全面推进依法治国的总目标，建设中国特色社会主义法治体系，建设社会主义法治国家。《决定》明确指出，这个总目标的要求就是：“在中国共产党领导下，坚持中国特色社会主义制度，贯彻中国特色社会主义法治理论，形成完备的法律规范体系、高效的法治实施体系、严密的法治监督体系、有力的法治保障体系，形成完善的党内法规体系，坚持依法治国、依法执政、依法行政共同推进，坚持法治国家、法治政府、法治社会一体建设，实现科学立法、严格执法、公正司法、全民守法，促进国家治理体系和治理能力现代化。”《决定》提出这个总目标的重要作用和重大意义在于：一是向国内外鲜明宣示我们将坚定不移走中国特色社会主义法治道路。中国特色社会主义法治道路，是社会主义法治建设成就和经验的集中体现，是建设社会主义法治国家的唯一正确道路。在走什么样的法治道路问题上，必须向全社会释放正确而明确的信号，指明全面推进依法治国的正确方向，统一全党全国各族人民的认识和行动。二是明确全面推进依法治国的总抓手。全面推进依法治国涉及很多方面，在实际工作中必须有一个总揽全局、牵引各方的总抓手，这个总抓手就是建设中国特色社会主义法治体系。依法治国各项工作都要围绕这个总抓手来谋划、来推进。三是建设中国特色社会主义法治体系、建设社会主义法治国家是实现国家治理体系和治理能力现代化的必然要求，也是全面深化改革的必然要求，有利于在法治轨道上推进国家治理体系和治理能力现代化，有利于在全面深化改革总体框架内全面推进依法治国各项工作，有利于在法治轨道上不断深化改革。

◇◇二　坚持中国特色社会主义法治理论

中国特色社会主义法治理论是以中国特色社会主义法治道路、中国特色社会主义法治体系和全面推进依法治国的中国实践为基础的科学理论体系，它由以下主要部分构成。

一是中国特色社会主义法治的价值理论思想体系，涉及政治哲学、法哲学和中国特色社会主义理论体系的有关范畴和内容，主要包括五个方面的内容：①马克思主义国家与法的学说，马克思主义的国家观、政党观、民主观、法律观、法治观、人权观、平等观、正义观和权力观，马克思主义法学思想等；②社会主义法治精神、社会主义法治意识、社会主义法治观念、社会主义法治价值、社会主义宪制和法治原则[①]、社会主义法治思想、社会主义法治理念、社会主义法治文化、社会主义法治学说等；③中国特色社会主义法学的理论体系、学科体系、课程体系等；④公民和国家公职人员的法治态度、法治心理、法治偏好、法治情感、法治认知、法治立场、法治信仰等；⑤关于法和法治的一般原理、价值、功能、原则、学说、方法和知识等的理论。

二是中国特色社会主义法治的制度规范理论体系，涉及法治的基本制

---

① 宪制原则主要包括以下内容：人民当家做主的人民主权原则，宪法和法律至上的法治原则，尊重和保障权利的人权原则，民主政治、科学执政和依法执政的执政原则，民主立法、科学立法、高质立法的立法原则，依法行政的政府法治原则，公正高效廉洁的司法原则，控权制约的权力监督原则；法治原则主要包括以下内容：法治的普遍性，法治的公开性，法治的明确性，法治的稳定性，法治的可预测性，法不得溯及既往，法律面前人人平等，法无明文不为罪，坚持党的领导、人民当家做主、依法治国有机统一，坚持依法治国与以德治国相结合，坚持从国情出发与学习借鉴人类法治文明积极成果相结合，等等。

度、法律规范、法律体系、法治体系、法治程序、法治结构等范畴和内容，主要包括以下四个方面的内容：①关于国家宪法和宪制的理论，如宪法规定的社会主义根本政治制度（人民代表大会制度）和基本政治制度（民族区域自治制度、共产党领导的多党合作和政治协商制度、基层民主自治制度、特别行政区制度等）的理论，我国基本经济制度、基本社会制度、基本文化制度的理论，社会主义民主选举制度、人权保障制度、立法体制、中国特色社会主义法律体系等的理论；②关于中国特色社会主义法治体系的理论，如宪法实施监督体系、法律法规体系、法治实施体系、法治监督体系、法治保障体系、党内法规体系等的理论；③关于中国特色社会主义法治政府、依法行政和行政执法制度的理论，司法权、司法体制、司法程序、法律监督体制、公正司法制度、依法执政体制等的理论；④关于法治的一般制度、体系、程序、规则、规范和架构等基本原理。

三是中国特色社会主义法治的实践运行操作理论，涉及法治原理的应用、法治行为、法治实践和法律制度运行等范畴和内容，主要包括以下五个方面的内容：①科学立法、严格执法、公正司法、全民守法等法治建设各个环节的理论；②依法治国、依法行政、依法执政、依法治军、依法办事等法治实施各个方面的理论；③法治国家、法治政府、法治社会、法治经济、法治政治、法治文化等法治发展各个领域的理论；④执政党在宪法和法律范围内活动，领导立法、保证执法、支持司法、带头守法等依规治党和依法执政的理论；⑤关于法治运行实施的一般规律、特点、机制、行为、方式等的基本理论。

四是中国特色社会主义法治的相关关系理论，涉及法治存在发展的外部关系，涉及法治与若干因素的相互作用、彼此影响、共同存在等现象及其内容，主要包括以下七个方面的关系：①中国特色社会主义法治与中国特色社会主义、中国特色社会主义道路、中国特色社会主义理论、中国特色社会主义制度、全面深化改革、全面建成小康社会、实现中华民族伟大复兴中国梦的关系；②中国特色社会主义法治与市场经济、民主政治、和谐社会、先进文化和生态文明的关系；③中国特色社会主义法治与道德、纪律、政策、党内法规、习俗、乡规民约、社会自治规范等其他社会规范的关系；④中国特色社会主义法治与民主、自由、人权、平等、公正、安全、秩序、尊严、和谐、权威、平安、幸福等的关系；⑤中国特色社会主义法治与促进发展、维护稳定、构建秩序、化解矛盾、解决纠纷等的关系；⑥中国特色社会主义法治与政党、宗教、以德治国、依规治党、国家治理现代化、良法善治等的关系；⑦中国特色社会主义法治与人类法治文明、西方法学理论、中华法系文明、国际法治理论、全球化法治进程等的关系。

中国特色社会主义法治的性质、道路和理论，决定了中国特色社会主义法治的特征。法治是人类文明进步的标志。中国特色社会主义法治，是人类法治文明中独树一帜的奇葩，是符合中国实际、具有中国特色、体现社会发展规律的社会主义法治理论体系、制度体系和实践体系。中国特色社会主义法治是一个庞大系统，主要由三个层面的内容构成：一是中国特色社会主义法治的理论价值和精神文化，包括社会主义法治价值、法治精神、法治意识、法治理论、法治信仰、法治文化、宪法法律权威等。这是中国特色社会主义法治的精神支柱和理论基础。二是中国特色社会主义法治的制度体系和运行体制，包括完备的法律规范体系、高效的法治实施体系、严密的法治监督体系、有力的法治保障体系、完善的党内法规体系等。这是中国特色社会主义法治的法律制度支撑和运行机制。三是中国特色社会主义法治的行为活动和实践运行，包括科学立法、严格执法、公正司法、全民守法，有法必依、违法必究，依法执政、依法行政、依法办事，办事依法、遇事找法、解决问题用法、化解矛盾靠法等。这是中国特色社会主义法治的实践基础和实现方式。

在坚持中国特色社会主义法治基本特征的前提下，在坚持从中国国情出发、走中国特色社会主义法治道路的基础上，我们也应当注意借鉴和吸收国外法治建设的有益经验和人类共同创造的法治文明成果，顺应当代世界法治文明时代潮流，不断丰富和完善中国特色社会主义法治文明。中国特色社会主义法治具有很强的包容性和开放性，同时充分体现了它的独特文化特征。我们应当尊重人类政治文明的法治规律（如对于政府而言法无授权不得为，对于公民而言法不禁止即自由，法无明文不为罪，依法行政，公正司法，司法是实现社会公平正义的最后一道防线等），研究相关法治原则（如法律面前人人平等，法不溯及既往，法律的规范性、公开性、可预测性、可诉性等），借鉴相关法治程序（如行政诉讼法程序、刑事诉讼法程序、民事诉讼法程序、立法表决程序、行政决策程序等）。总之，“对丰富多彩的世界，我们应该秉持兼容并蓄的态度，虚心学习他人的好东西，在独立自主的立场上把他人的好东西加以消化吸收，化成我们自己的好东西，但绝不能囫囵吞枣、绝不能邯郸学步”。在全面推进依法治国的实践进程中，我们要“借鉴国外法治有益经验，但绝不照搬外国法治理念和模式”。这是我们坚持中国特色社会主义法治理论、走中国特色社会主义法治发展道路所应有的基本立场和态度。

坚持中国特色社会主义法治的道路和理论，就要不断增强对中国特色社会主义法治理论的理论自信，不断增强对中国特色社会主义法治道路的道路自信，不断增强对中国特色社会主义宪法和社会主义法治体系的制度自信，不断增强对全面推进依法治国、建设社会主义法治国家伟大探索的实践自信，为推进法治中国建设、全面建成小康社会、实现中华民族伟大复兴中国梦作出新贡献。

第一章

中国特色社会主义法治建设的历史进程

◇一　中国特色社会主义法治建设的历史进程

中国特色社会主义法治是在彻底摧毁国民党政权旧法统的前提下，根据马克思主义国家与法的理论和中国新民主主义革命实际，借鉴苏联社会主义法制模式建立起来的。1949年中华人民共和国成立后，伴随着中国政治、经济、社会和文化的曲折发展，中国特色社会主义法治建设大致经历了两个阶段、六个时期。

（一）新中国成立到改革开放前的法制建设

1. 新中国法制奠基：中华人民共和国成立至1954年9月五四宪法颁布前

从1949年10月中华人民共和国成立到1954年宪法颁布前，是中国社会主义法制的奠基时期。新中国成立初期，法制主要起着维护新生政权、巩固无产阶级专政、镇压阶级敌人的作用。新中国成立前的1949年2月，中共中央发布了《关于废除国民党的六法全书与确定解放区的司法原则的指示》，宣布“在无产阶级领导的工农联盟为主体的人民民主专政的政权下，国民党的六法全书应该废除，人民的司法工作不能再以国民党的六法全书为依据，而应该以人民的新的法律为依据”。这一规定，为彻底废除国民党政权的伪法统、六法全书及其立法、执法、司法制度，确立中华人民共和国政治制度的合法性，建立新中国的法律体系及其立法、执法、司法制度，廓清了障碍，奠定了基础。张友渔先生曾经指出：“解放初，我们废除国民党的‘六法全书’，这是完全正确的，因为‘六法全书’代表国民党的法统，不废除这个法统，我们就不能确立自己的革命法制。”

1949 年 9 月，召开了中国人民政治协商会议第一届全体会议，通过了具有临时宪法性质的《共同纲领》，制定了《中央人民政府组织法》。《共同纲领》第 17 条明确规定：“废除国民党反动派政府一切压迫人民的法律、法令，制定保护人民的法律、法令，建立人民司法制度。”这两个宪法性法律及其他相关法律，奠定了新中国成立初期法律制度的基础。

为适应新中国成立初期政治斗争及其法制建设的需要，国家确立了政权过渡时期“多元性的立法体制”：中国人民政治协商会议制定根本法；中央人民政府制定并解释国家的法律、法令并监督其执行；政务院有权颁布决议和命令并审查其执行，废除或修改所属各部、委、署、院和各级地方政府与国家的法律、法令和政务院的决议、命令相抵触的决议和命令，向中央人民政府提出议案；根据地方政府组织通则，大行政区、省、市、县的人民政府委员会可制定法令、条例和单行法规，民族自治机关可制定单行法规。这种立法体制提高了立法效率，从中央到地方的立法速度明显加快。例如，为组织建立国家政权方面的法律主要有：共同纲领、中国人民政治协商会议组织法、中央人民政府组织法、各界人民代表会议组织通则、大行政区人民政府委员会组织通则、政务院及所属各机关组织通则、人民法院暂行组织条例、最高人民检察署暂行组织条例、省各界人民代表会议组织通则、市各界人民代表会议组织通则、县各界人民代表会议组织通则等。为剿匪和镇压反革命以巩固政权、维护社会秩序方面的法律主要有：惩治反革命条例、管制反革命暂行办法、惩治土匪暂行条例、城市治安条例、农村治安条例。为恢复发展国民经济，稳定经济秩序，惩治贪污腐化行为方面的主要法律有：全国税政实施要则，关于统一财政经济工作的决定，妨碍国家货币治罪条例，禁止国家货币出入境暂行办法，救济失业工人暂行办法，劳动保险条例，私营企业暂行条例，惩治贪污条例，关于处理贪污、浪费及克服官僚主义错误的若干规定，暂行海关法等。土地改革、社会民主改革方面的法律有：土地改革法、关于划分农村阶级成分的决定、关于土地改革中对华侨土地财产的处理办法、婚姻法等。

新中国的司法制度是同新生人民政权一起建立的。1949 年 10 月 1 日，中央人民政府委员会第一次会议任命沈钧儒为最高人民法院院长、罗荣桓为最高人民检察署署长。10 月 22 日，最高人民法院和最高人民检察署举行成立大会，沈钧儒、罗荣桓分别就职。1951 年，中央人民政府颁布了人民法院暂行组织条例、最高人民检察署暂行组织条例、地方各级人民检察署组织通则等法律，规定了人民法院和人民检察署的体制和职权，开始自上而下地建立各级人民法院和人民检察署的组织体系。

基层选举工作于 1953 年 3 月开始，到 1954 年 5 月胜利完成。到 1954 年 8 月，县级以上地方各级人民代表大会先后全部建立。“除台湾省尚未解放外，我国人民已经在 25 个省、内蒙古自治区、西藏地方、昌都地区，3 个直辖市，2216 个县和相当于县的行政单位，163 个市，821 个市辖区和 224660 个乡建立了自己的政权，此外还建立了 65 个县级以上民族自治地方的自治机关。”① 新中国成立后的五年中，人民民主政权建设的成就，使人民成为国家的主人、行使当家做主的权利，管理自己的国家。

2. 中国特色社会主义法制创立：五四宪法颁布至 1957 年“反右”运动前

1954—1957 年是中国社会主义法制的创立时期。这一时期颁布了新中

① 楼邦彦：《中华人民共和国宪法基本知识》，新知识出版社 1955 年版，第 32 页。

国第一部社会主义类型的宪法。1953 年初，中央人民政府委员会决定成立中华人民共和国宪法起草委员会，毛泽东任委员会主席，朱德、宋庆龄等 32 人任委员。1954 年 9 月 15 日，宪法草案提交第一届全国人民代表大会第一次全体会议审议通过，为社会主义法制建立和发展提供了宪法基础，标志着新中国法制正式建立。

在 1954 年宪法制定前后，毛泽东说，一个团体要有一个章程，一个国家也要有一个章程，宪法就是一个总章程，是根本大法。宪法草案通过以后，全国人民每一个人都要实行，特别是国家机关工作人员要带头实行，首先是在座的各位（指参加中央人民政府委员会第二十二次会议的各位委员）要实行，不实行就是违反宪法。

这一时期，党的工作重心从阶级斗争转向经济建设。1956 年中共八大召开，刘少奇在八大政治报告中指出："我们目前在国家工作中的迫切任务之一，是着手系统地制定比较完备的法律，健全我们国家的法制"；"革命的暴风雨时期已经过去了，新的生产关系已经建立起来，斗争的任务已经变为保护社会生产力的顺利发展，因此社会主义革命的方法也就必须跟着改变，完备的法制就是完全必要的了"。

（1）开展立法工作。1954 年宪法颁布后，宪法明确全国人大为行使国家立法权的唯一机关（1955 年全国人大一届二次会议通过了《关于授权常务委员会制定单行法规的决议》，使全国人大常委会获得了立法授权），立法权趋于集中统一。据统计，从 1954—1957 年反右派斗争前，全国人大及其常委会、国务院制定的法律、法规和国务院各部委制定的较重要法规性文件共 731 件。[①] 这些法律、法规、条例的制定，充实了中国的法律体系，为新中国成立之初的经济、政治和社会建设步入法制轨道提供了法律依据和法治保障。一些重要的基本法律，如刑法、民法、民事诉讼法等也在抓

① 如城市居民委员会组织条例、户口登记条例、农业生产合作社示范章程、逮捕拘留条例、治安管理处罚条例等。

紧起草。刑法到1957年已修改22稿，并发给人大代表征求意见；民法已完成大部分起草任务，并开始向有关单位征求意见；刑事诉讼法开始起草，并于1957年6月写出初稿。

（2）建立司法制度。在第一届全国人大第一次会议上，重新制定了《人民法院组织法》和《人民检察院组织法》。根据新的法院组织法，法院组织体系由三级（县级、省级、最高人民法院）改为四级（基层、中级、省高级、最高人民法院），并规定设立军事、铁路、水上运输等专门人民法院，实行四级二审制。最高人民法院是国家最高审判机关，负责监督地方各级人民法院和专门人民法院的审判工作。各级人民法院内设审判委员会，其任务是总结审判经验，讨论重大或疑难案件以及其他有关审判工作的问题。

根据检察院组织法的规定，检察机关的领导体制由过去的“双重领导”（上级检察署和同级人民政府委员会）改为“垂直领导”（地方各级检察院和专门检察院在上级检察院的领导下，并且一律在最高检察院的统一领导下，进行工作），从上至下设立四级检察院，检察机关内部实行检察长领导下的检察委员会制。检察机关是国家的法律监督机关，负责一般法律监督、侦查监督、审判监督和监所监督等。

中国司法工作的一些基本原则和制度建立和发展起来。这些制度包括：公安、检察和法院三机关分工负责、互相监督、互相制约的制度，检察机关和审判机关独立行使职权的制度，法律面前人人平等原则，人民陪审员制度，公开审判和辩护制，合议庭制度和回避制度，两审终审制和死刑复核制，审判监督制等。这些制度至今仍是我国司法体制的重要基础。

加强公安建设。新中国成立初期的公安队伍是由军队转过来的。1954年宪法颁布实施后，公安力量实现了普通警察与武装警察的分离，主要负责维护社会治安。1957年全国人大常委会制定了《人民警察条例》，对人民警察的性质、任务和职权做了明确规定，从而使人民警察队伍建设走上了正轨。

建立劳动改造制度。政府颁布了《劳动改造条例》和《劳动改造罪犯刑满释放及安置就业暂行处理办法》。这两个条例建立了我国的劳动改造制度，对劳动改造机关，劳动改造的方针、政策、办法以及劳改人员释放后的就业安置等做了具体规定。国务院发布《劳动教养问题的决定》，对收容审查和劳动教养的对象范围和方法做了规定。

（3）推进监察和法制工作。根据国务院组织法和地方人民代表大会、地方人民委员会组织法，在国务院设立监察部，在省、直辖市、设区的市人民委员会和专员公署设置监察机关，在工作特别需要的县和不设区的市由专署或省的监察机关重点派监察组，并受委派机关的垂直领导。1955 年 11 月，国务院颁布了《监察部组织简则》，对监察体制等做了具体规定，从而使国家监察工作开始走上程序化、法制化轨道。

1954 年 11 月，第一届全国人大常委会第二次会议批准设立国务院法制局。国务院颁布《国务院法制局组织简则》，对国务院法制局的任务、内部机构设置、体制、审议法规、会议制度等做了专门规定。

新中国的律师制度、公证制度相继建立起来。到 1957 年 6 月，全国已建立 19 个律师协会、817 个法律顾问处，有 2500 多名专职律师和 300 多名兼职律师；到 1957 年底，全国有 51 个市设立公证处，1200 多个市、县法院受理公证业务，有专职公证员近千名，共办理公证事项 29 万多件。国家仲裁制度初步建立，有关部门制定了《中国国际贸易仲裁委员会对外贸易仲裁委员会仲裁程序暂行规定》，对仲裁范围，仲裁员的产生，仲裁组织、裁决及执行等做了详尽规定。

（4）建立发展政法教育。政法教育是从培训干部开始的。1949 年 11 月，朝阳大学改建成新中国第一个培养司法专门人才的大学——中国政法大学；1950 年创建了中国人民大学，该校法律系成为新中国建立的第一所正规法律教育系，本科法律教育开始启动。到 1957 年，全国高等政法院系已发展到10个，招生人数达到8245人。新中国成立后的8年中，政法院系毕业生达13090人，研究生263人。

3. 中国特色社会主义法制受挫：“反右运动”至“文化大革命”结束前

1957—1976年是中华人民共和国历史由曲折走向挫折的20年，也是中国特色社会主义法制建设由曲折走向受挫的20年。由于在国家工作的指导思想上出现了“左”倾错误，特别是“文化大革命”的“左”倾严重错误，人民代表大会制度一度遭到严重破坏，党和国家的工作、社会主义民主法制建设都受到严重影响，给我们留下了深刻教训。

1957年下半年，毛泽东同志对法治的态度和看法发生了根本改变。在1958年8月召开的北戴河会议（中共中央政治局扩大会议）上，毛泽东说：法律这个东西没有也不行，但我们有我们这一套，还是马青天那一套好，调查研究，就地解决，调解为主……大跃进以来都搞生产，大鸣大放大字报，就没有时间犯法了。对付盗窃犯不靠群众不行。不能靠法律治多数人，大多数人靠养成习惯。军队靠军法治不了人，实际上是1400人的大会（指中央军委扩大会议）治了人，民法、刑法那么多条，谁记得了。宪法是我参加制定的，我也记不得……我们的各种规章制度，大多数、百分之九十是司局搞的，我们基本上不靠那些，主要靠决议、开会，一年搞四次，不靠民法、刑法来维持秩序。人民代表大会、国务院开会有它们那一套，我们还是靠我们那一套，刘少奇提出，到底是法治还是人治？看来实际靠人，法律只能作为办事的参考。①

此后，中国社会主义法制建设逐渐倒退，主要表现在以下几个方面。

其一，社会主义法制基本原则（如法律面前人人平等原则；公检法机

---

① 全国人大常委会办公厅编著：《人民代表大会制度建设四十年》，中国民主法制出版社1991年版，第102页。

关分工负责、互相制约原则；法院依法独立审判原则；检察院行使一般法律监督权，依法独立行使检察权原则；被告人有权获得辩护原则）遭到批判。

其二，立法工作逐步趋于停滞。全国人大及其常委会、国务院及其所属部门发布的规范性文件，1958 年为 143 件，1965 年仅有 14 件。1958—1966 年，不仅比较重要的法律一部都没有制定出来，而且刑法、刑事诉讼法、民法、民事诉讼法等基本法律的起草也停了下来。

其三，一些法制机构被撤销。1959 年撤销了司法部、监察部、国务院法制局；律师、公证队伍被解散；公检法三机关分工负责互相监督的司法制度被取消，代之以公检法三机关的合署办公。

其四，从 1957 年开始，破坏法制、侵犯公民权利、乱抓人和乱捕人的做法日渐盛行起来。

进入史无前例的十年文化大革命时期，新中国建立的民主法制设施几乎被全面摧毁，社会主义法制受到严重破坏：全国人大及其常委会的活动被停止，中央文革小组成为事实上的最高权力机构；全国各地踢开党委、政府闹革命，合法的政权机关被革命委员会所代替；公民权利遭到严重侵害，个人的生命自由财产得不到法制保障。“文化大革命”期间，从国家主席到普通公民，无数人被批斗、抄家、囚禁甚至被毒打致死；公检法机关被彻底砸烂；1969 年人民检察院被正式宣布撤销；公安部、最高人民法院只留下少数人，事实上陷入了瘫痪状态。

（二）改革开放以来的中国特色社会主义法治建设

改革开放以来的中国特色社会主义法治建设，经历了四个发展时期。

1. 法治恢复和重建：“文革”结束至 1982 年 12 月宪法颁布前

1976 年“文化大革命”结束，党和国家开始了拨乱反正的工作。

1978 年 12 月 13 日，邓小平在中共中央工作会议闭幕会上做了题为“解放思想，实事求是，团结一致向前看”的重要讲话。在这个讲话中，邓小平强调指出：为了保障人民民主，必须加强法治。必须使民主制度化、法律化，使这种制度和法律不因领导人的改变而改变，不因领导人的看法和注意力的改变而改变。1978 年 12 月 18 日，党的十一届三中全会召开。全会解放思想，深刻总结历史经验教训，特别是“文化大革命”的历史教训，将民主法治建设提到崭新的高度，在新中国法治史上具有里程碑意义。全会认为，为了保障人民民主，必须加强社会主义法制，使民主制度化、法律化，使这种制度和法律具有稳定性、连续性和极大的权威，做到有法可依，有法必依，执法必严，违法必究。从现在起，应当把立法工作摆到全国人民代表大会及其常务委员会的重要议程上来。检察机关和司法机关要保持应有的独立性；要忠实于法律和制度，忠实于人民利益，忠实于事实真相；要保证人民在自己的法律面前人人平等，不允许任何人有超于法律之上的特权。

1979 年 9 月，中共中央发出《关于坚决保证刑法、刑事诉讼法切实实施的指示》（中发〔1979〕64 号文件），指出刑法和刑事诉讼法的颁布对加强社会主义法治具有特别重要的意义。它们能否严格执行，是衡量中国是否实行社会主义法治的重要标志。《指示》批评了过去长期存在的轻视法制、有了政策就不要法律、以言代法、以权压法等现象，对党委如何领导司法工作提出了明确要求：第一，严格按照刑法和刑事诉讼法办事，坚决改变和纠正一切违反刑法、刑事诉讼法的错误思想和做法。各级党委领导人都不得把个人意见当做法律，强令别人执行。第二，党对司法工作的领导，主要是方针、政策的领导。加强党的领导，最重要的一条，就是切实保证人民检察院独立行使检察权，人民法院独立行使审判权，使之不受行政机关、团体和个人的干涉。第三，迅速健全各级司法机关，努力建设一支坚强的司法工作队伍。第四，广泛、深入地宣传法律，为正式实施刑法和刑事诉讼法做准备。第五，党的各级组织，领导干部和全体党员，都要带头遵守法律。必须坚持法律面前人人平等的原则，绝不允许有不受法律约束的公民，绝不允许有凌驾于法律之上的特权。取消各级党委审批案件的制度。中央64号文件被认为是中国社会主义法制建设新阶段的重要标志。

在不断加强立法工作的同时，社会主义法制的其他方面得到恢复和重建。

1979年9月9日，中共中央发出批示，强调“加强中国共产党对司法工作的领导，切实保证司法机关行使宪法和法律规定的职权。中央对司法工作的领导，主要是文件、政策的领导”①。同时，中央批示要“迅速健全各级司法机构，努力建设一支坚强的司法工作队伍”②，在中国共产党的领导下，具有中国特色的社会主义司法制度日趋完善。1979年第五届全国人民代表大会第十二次会议和1983年第六届全国人民代表大会常务委员会第二次会议先后对人民法院组织法进行了若干补充和修改，人民法院组织得到进一步健全。

1978年3月第五届全国人民代表大会第一次会议通过的《中华人民共和国宪法》第43条规定重新设立人民检察院，同年6月1日最高人民检察院正式办公。根据宪法规定，第五届全国人民代表大会第二次会议于1979年7月1日审议通过了《中华人民共和国人民检察院组织法》。

公安、司法行政和安全等机构得到恢复或者重建。1979年6月15日中共中央政法小组向中共中央报送了《关于恢复司法机构的建议》。1979年9月13日，第五届全国人民代表大会常务委员会第十一次会议在充分准备的基础上，“为了适应社会主义法治建设的需要，加强司法行政工作”③，决定重建司法部。司法部组建后，地方各级司法厅（局）也相继组建起来，司

① 《当代中国的审判工作》（上册），当代中国出版社1993年版，第155页。
② 同上。
③ 《当代中国的司法行政工作》，当代中国出版社1995年版，第57页。

法行政工作得以恢复。

1979 年 7 月颁布的刑事诉讼法和人民法院组织法明确规定被告人可以委托律师辩护。1979 年初，黑龙江呼兰县开始配备律师承办刑事辩护工作。紧接着北京市、上海市及黑龙江的大庆、哈尔滨，四川的壁山等 7 个市、县先后恢复了律师组织，开展起部分律师业务。到 1980 年 10 月，全国已有河南、陕西、山东 3 省成立了律师协会；北京、天津、上海、辽宁、黑龙江、江苏、甘肃等 17 个省、市成立了律师协会筹备会或筹备领导小组；全国共建立了 381 个法律顾问处，有专职律师人员 3000 多名。1980 年 8 月，第五届全国人民代表大会第十五次会议讨论通过了《中华人民共和国律师暂行条例》。①

1980 年 1 月，中央恢复成立了中央政法委员会。

1982 年 7 月，中国法学会成立。被“文革”砸烂的法学研究机构、法学教育机构迅速得到重建并有所发展。《法学研究》《民主与法制》《中国法制报》等法学主要期刊报纸得到恢复或创刊。

1983 年 6 月，国务院提请六届全国人大一次会议批准成立国家安全部，以加强对国家安全工作的领导。7 月 1 日，国家安全部召开成立大会。国家安全部由原中共中央调查部整体、公安部政治保卫局以及中央统战部部分单位、国防科工委部分单位合并而成。

新时期法治建设开端的另一个重要标志，是对林彪、江青两个“反革命集团”的历史审判。从 1980 年底至 1983 年初，一些地方和军队也审判了林彪和江青两个“反革命集团案”在各地的一批骨干分子以及军内骨干分子。两案审判对中国法治建设具有意义重大，它给“文化大革命”画上了一个句号，表明不要法治的时代结束了，中国今后要走上依法办事的道路。

到 1982 年底，全国大规模的平反冤假错案工作基本结束，据不完全统

---

① 参见韩延龙主编《中华人民共和国法制通史》（下），中共中央党校出版社 1998 年版，第 794—795 页。

计，经中共中央批准平反的影响较大的冤假错案有 30 多件，全国共平反纠正了约300 万名干部的冤假错案，47 万多名共产党员恢复了党籍，数以千万计的无故受株连的干部和群众得到了解脱，并给错划成右派的 53 万人进行了摘帽平反。[①]

2．法治发展：八二宪法颁布至 1992 年党的十四大

十一届三中全会为新时期法治建设扫除了思想障碍，全面修改宪法就成为当务之急。1980 年 9 月，全国人大成立以叶剑英为主任委员的宪法修改委员会，在充分发扬民主的基础上，1982 年 12 月 4 日五届全国人大五次会议通过了新宪法。八二宪法包括序言和 4 个章节，共 138 条。八二宪法继承了五四宪法的基本原则，并根据新时期社会主义建设的需要，有许多重要改革和发展。例如，宪法序言和总纲第五条确立社会主义法治原则，规定了宪法的根本地位和宪法保障制度，以维护法治的统一和尊严。加强了最高国家权力机关常设机关的建设，扩大了全国人大常委会的职权，从而大大强化了全国人大的立法和监督职能。加强地方政权建设，规定县级以上地方各级人大设常委会，并赋予其保障宪法、法律在本行政区域内实施的职责。省、自治区、直辖市人大及其常委会有权制定地方性法规，还有监督地方“一府两院”的职责。宪法对公民的基本权利作了新的充实和更明确的规定，并加强了保障性措施。另外，宪法在加强国家政权建设、健全国家制度等方面，还有许多其他改革。

八二宪法是新中国法治史上的重要里程碑，为新时期法治建设的大厦立起了支柱，对新时期法治建设起到了极大的推动和保障作用。

1982 年宪法第 31 条明确规定：“国家在必要时得设立特别行政区。在特别行政区内实行的制度按照具体情况由全国人民代表大会制定。”1984 年

---

① 《国史通鉴》第 4 卷，红旗出版社 1993 年版，第 42 页。

12 月，中英两国政府签署了关于香港问题的联合声明，确认中华人民共和国政府于 1997 年 7 月 1 日恢复对香港行使主权，从而实现了一百多年来全国人民收回香港的共同愿望。① 1985 年 4 月 10 日，第六届全国人民代表大会第三次会议在正式批准《中英联合声明》的同时，决定成立香港特别行政区基本法起草委员会，负责香港特别行政区基本法的起草工作。1990 年 4 月 4 日，七届全国人大会议第三次会议通过了《中华人民共和国香港特别行政区基本法》。1987 年 4 月 13 日，中葡两国政府签署了《关于澳门问题的联合声明》，澳门特别行政区基本法的起草被提上议事日程。1988 年 4 月 13 日，七届全国人大一次会议通过了《关于成立中华人民共和国澳门特别行政区基本法起草委员会的决定》。1993 年 3 月 31 日，八届全国人大第一次会议通过了《中华人民共和国澳门特别行政区基本法》。香港特别行政区基本法和澳门特别行政区基本法的颁布是我国国家生活的大事，也是我国法治建设的大事。它把“一国两制”原则用基本法的形式确立，是我国立法史上的创举；它以法典确立了香港和澳门回归后的根本制度，是未来香港和澳门各方面生活所必须遵循的基本法典，为香港和澳门的经济发展和政治稳定提供了重要法律保障。

1988 年 2 月，中共中央正式提出修改宪法的建议，承认私有制经济的合法性，肯定了土地可以依法实行转让。因为 1982 年宪法第 6 条规定的经济制度有一个严重缺陷——“中华人民共和国的社会主义经济制度的基础是生产资料的公有制，即全民所有制和劳动群众集体所有制。社会主义公有制消灭人剥削人的制度，实行各尽所能、按劳分配的原则”。这就意味着，只有全民所有制和劳动群众集体所有制才是合法的，宪法只承认公有制经济合法。1988 年 4 月，七届全国人大第一次会议审议通过了宪法修正案，规定“国家允许私营经济在法律规定的范围内存在和发展”；“土地的

---

① 参见《中国法律年鉴》（1987 年），法律出版社 1987 年版，第 522 页。

使用权可以依照法律的规定转让”。随后，1990 年 5 月，由国务院 55 号令颁行的《城镇国有土地使用权出让和转让暂行条例》，则成为土地使用权上市交易的具体规则。

1985 年 11 月，第六届全国人大常委会第十三次会议做出了《关于在公民中基本普及法律常识的决议》，普法工作有了长足的发展，人民群众的法治观念、法律意识有了明显的提高。

这一时期，为了保障社会主义现代化建设的顺利进行，全国人大和全国人大常委会把制定经济方面的法律作为立法工作的重点，先后制定了经济合同法、统计法、环境保护法（试行）、海洋环境保护法、水污染防治法、食品卫生法（试行）、海上交通安全法，并批准了国家建设征用土地条例。同时，为了适应对外开放的需要，有利于引进外国资本和技术，还制定了中外合资经营企业法、中外合资经营企业所得税法、外国企业所得税法、个人所得税法、商标法和专利法，并批准了广东省经济特区条例。中国经济领域已有一些基本的法律，但是还不完备，还需要进一步制定一批重要的经济法律和对外经济合作方面的法律，保障对外开放和经济体制改革的顺利进行。① 1993 年，彭冲副委员长在总结七届全国人大的立法工作时说，五年来，全国人大及其常委会通过了宪法修正案和 59 个法律、27 个关于法律问题的决定，共计 87 个。1988 年修改了宪法的个别条款，肯定了私营经济的地位，允许土地使用权依法转让，对中国改革开放和经济建设产生了积极的影响。常委会始终把制定有关经济建设和改革开放方面的法律作为立法工作的重点，制定了有关经济方面的法律 21 个，对民事诉讼法（试行）进行了补充和修改，对土地管理法、中外合资经营企业法、环境保护法、专利法、商标法等法律作了修改和完善。②

---

① 陈丕显：《中华人民共和国第六届全国人民代表大会常务委员会报告》（1985 年）。

② 彭冲：《中华人民共和国第八届全国人民代表大会常务委员会报告》（1993 年）。

3. 建设社会主义市场经济法治和实施依法治国基本方略：1992 年党的十四大至党的十八大

1992—1997 年，有两大事件必将永载史册。一是社会主义市场经济体制得以确立，社会主义市场经济法律体系初步构建；二是依法治国、建设社会主义法治国家的基本方略得以确立，法治观念初步在全党和全国人民中达成共识。在人类探索社会主义的道路上，第一次把市场经济和社会主义制度结合起来，第一次把人民当家做主、党的领导和依法治国结合起来，开创了有中国特色社会主义理论和实践新的道路。

1992 年，党的十四大报告明确指出，中国经济体制改革的目标是在坚持公有制和按劳分配为主体、其他经济成分和分配方式为补充的基础上，建立和完善社会主义市场经济体制，确立了建设社会主义市场经济体制的总体改革目标。与此相适应，要高度重视法治建设，加强立法工作，建立和完善社会主义市场经济法律体系，特别是抓紧制定与完善保障改革开放、加强宏观经济管理、规范微观经济行为的法律和法规，这是建立社会主义市场经济体制的迫切要求。

1993 年，随着我国改革开放的深入，宪法修改再次成为一项紧迫的任务。1993 年 3 月，八届全国人大一次会议通过宪法修正案，阐述了中国正处于社会主义初级阶段，并把建设有中国特色社会主义的理论和改革开放、社会主义市场经济等以根本大法的形式固定下来，有利于国家建设从实际情况出发；有利于吸引外资和引进先进的科学技术为中国服务，推动生产力的发展。确定社会主义市场经济在宪法中的地位，意味着中国开始大规模完善以宪法为依据的各种经济法律法规，从而把以市场为取向的改革完全纳入以宪法为核心的法治体系中。实践证明，1988 年和 1993 年这两次宪法修改对我国改革开放和现代化建设都发挥了重要的促进和保障作用。为维护宪法的权威性和稳定性，自 1988 年起，我国开始采用审议和公布“宪法修正案”，并在宪法正文后以附录的方式公布。

1993 年 11 月，党的十四届三中全会第一次明确提出了社会主义市场经济的基本框架，“建立适应市场经济要求，产权清晰、权责明确、政企分开、管理科学的现代企业制度”，从而促进了我国国有企业的改革向着理顺产权关系、实现现代企业制度的方向发展。这一变革使我国经济体制改革中的两大任务——政企分开和转换企业经营机制找到了落实的杠杆。这两大任务的实现离不开适应现代企业制度运行的公司法、证券法、金融法、破产法、失业救济法等一整套法律制度。社会主义市场经济体制的框架中重要的一条就是建立社会主义市场经济法律体系的框架。

1996 年，八届全国人大四次会议制定的《关于国民经济和社会发展“九五”计划和 2010 年远景目标纲要》，第一次以具有国家法律效力的文件形式，规定了“依法治国，建设社会主义法制国家”的内容。与此同时，法学界关于依法治国的探讨形成热潮，有关“法制”与“法治”概念的讨论成为当时热议的焦点。①

---

① “法治”与“法制”是两个不同的概念，在理论上和实践中应加以区别使用。它们的主要区别在于：第一，法治与法制的词义不同。“法治”（Rule of Law）的本义是一个动态的概念，是“法律统治”、“法律规制”或者“法律治理”的意思，表达的是法律运行的状态、方式、程度和过程。而“法制”（Legal System）的本义是一个静态的概念，是“法律制度”、“法律和制度”或者“法律和法律制度”的简称，表达的是法律或者法律制度存在的状态、方式和形式。

第二，法治与法制概念的文化底蕴不同。法治概念，从古希腊古罗马时期萌生到近现代资产阶级革命时期逐渐成熟，历经了数千年的历史变迁和发展，在一些形式和内容方面已得到多数文化的基本认同。如法律的权威性、公开性，以及以主权在民、保障人权、制约权力等观念都或多或少的以各种方式融进了不同国家的法治文化中，对法治概念的表述和理解已在国际范围内成为一种约定俗成的符号。而“法制”概念则不具有如此深厚的历史文化的规定性。我国“法制”的文化底蕴说到底只是一种“王制”。如果随便用“法制”取“法治”而代之，既有违“法治”概念的文化本意，也难与国际社会进行沟通与交流。

第三，法治与法制概念的内涵不同。目前，尽管各国法学家和政治家在使用“法治”概念时表达的具体意思有所不同，但大都是从与人治相对立的意义上来使用这个概念，并基本一致地赋予了法治以相对确定的内涵。“法制”的内涵没有质的规定性要求，

1997年，党的十五大把依法治国确立为党领导人民治国理政的基本方略，把建设社会主义法治国家确定为民主政治的发展目标。依法治国是党领导人民治理国家的基本方略，是发展社会主义市场经济的客观需要，是社会文明进步的重要标志，是国家长治久安的重要保障。1999年3月，第九届全国人大二次会议通过的宪法修正案，把邓小平理论的指导思想地位、依法治国基本方略、国家现阶段基本经济制度和分配制度以及非公有制经济的重要作用等写进了宪法，使依法治国成为一项宪法基本原则。中国是一个封建历史很长的国家，历史上缺乏民主法治传统。确立依法治国基本治国方略，从人治到法制，再从“法制”到“法治”，这是中国特色社会主义法治建设进程中一个具有重大意义的历史性跨越。

相反却有某种随意性。任何国家在任何时期都有自己的法律制度，但不一定是实行法治。因而，奴隶社会和封建社会都可以建立法制社会和法制国家。一般说来，“法制”概念约定俗成的含义就是“法律制度”，“法治”概念是人类法文化宝库中的优秀遗产，而不是资产阶级的专利。

第四，法治与法制概念的存在意义不同。法治是相对于人治而言的概念，具有旗帜鲜明地反对人治、抵制人治的特点，具有无可比拟地保证国家长治久安的特性和功能。作为法律制度的法制则是相对于经济制度、政治制度、文化制度等而言的中性概念，在时间范围内它没有古今之分，在空间范围内它没有中外之别，在一般意义上使用它并无任何时代特色。法制不仅不能明确表达出与人治相对立的立场，而且可能出现“人治底下的法制”，如希特勒德国实行的法西斯专政以及原南非政权推行种族歧视、种族隔离政策，都曾以法律和制度的方式来进行。

第五，法治与法制概念的基础不同。法治概念被许多国家接受，成为治国的方略，是近现代商品（市场）经济和民主政治发展的必然结果。就是说，法治必须以市场经济和民主政治为基础，是市场经济基础之上和民主政治体制之中所特有的治国方式。所以，“市场经济是法治经济”，法治是以市场经济作为赖以生存和发展的基础的。没有市场经济就没有法治，反之亦然。法制则可在法律产生以来的各种形态的经济基础上建存。民主政治与法治有着天然的内在联系。民主政治是法治产生、存在和发展的必要基础与前提条件，而法治则是民主政治得以生存和维系的基本方式与有力保障。所以，从一定意义上可以说，“民主政治就是法治政治”。法制与民主政治却无必然的联系，它既可与寡头政治为伍，又可与君主政治为伴，甚至还可与法西斯专政狼狈为奸。

2002年，党的十六大明确提出，发展社会主义民主政治，最根本的是要把坚持党的领导、人民当家做主和依法治国有机统一起来。党的领导是人民当家做主和依法治国的根本保证，人民当家做主是社会主义民主政治的本质要求，依法治国是党领导人民治理国家的基本方略。“三者有机统一”是社会主义政治文明的本质特征，是发展社会主义民主政治、建设社会主义法治国家必须始终坚持的政治方向。强调要改革和完善党的领导方式和执政方式。党的领导主要是政治、思想和组织领导，通过制定大政方针，提出立法建议，推荐重要干部，进行思想宣传，发挥党组织和党员的作用，坚持依法执政，实施党对国家和社会的领导；要推进司法体制改革，按照公正司法和严格执法的要求，完善司法机关的机构设置、职权划分和管理制度，进一步健全权责明确、相互配合、相互制约、高效运行的司法体制。

2004年，十届全国人大二次会议通过了宪法修正案。这次修宪突出了“以人为本”的理念和保障人权的原则，对宪法所规定的许多重要的制度都作了修改和完善。尤其是将“三个代表”重要思想、尊重保障人权、保障合法私有财产权等重要内容载入宪法，又一次以根本大法的形式确认了改革开放理论创新与实践发展的重大成果。

2007年，党的十七大对中国特色社会主义法治建设做出战略部署，提出全面落实依法治国基本方略，加快建设社会主义法治国家的总任务，要求必须坚持科学立法、民主立法，完善中国特色社会主义法律体系；加强宪法和法律实施，坚持公民在法律面前一律平等，维护社会公平正义，维护社会主义法治的统一、尊严、权威；推进依法行政，深化司法体制改革，加强政法队伍建设；深入开展法治宣传教育，弘扬法治精神；尊重和保障人权，维护宪法和法律的权威；等等。

2011年3月，全国人大常委会委员长吴邦国在向十一届全国人大四次会议作全国人大常委会工作报告中宣布，一个立足中国国情和实际、适应改革开放和社会主义现代化建设需要、集中体现党和人民意志的，以宪法为统帅，以宪法相关法、民法商法等多个法律部门的法律为主干，由法律、行政法规、地方性法规等多个层次的法律规范构成的中国特色社会主义法律体系已经形成。中国特色社会主义法律体系是中国特色社会主义永葆本色的法制根基，是中国特色社会主义创新实践的法制体现，是中国特色社会主义兴旺发达的法制保障。我国法律体系的如期形成，总体上实现了国家政治生活、经济生活和社会生活的有法可依，标志着中国特色社会主义法治建设的立法工作又向前推进了一大步。

4. 法治进入历史新起点：党的十八大以来中国特色社会主义法治建设

如果说，党的十一届三中全会关于民主法治建设的战略决策，迎来了改革开放以来中国特色社会主义法治建设的“第一个春天”；那么，党的十八大以来党中央关于全面深化改革、全面推进依法治国、加快建设法治中国、推进国家治理现代化等一系列重大决策和战略部署，正在并且必将催生中国特色社会主义法治建设的“第二个春天”。

党的十八大报告明确提出，全面推进依法治国，加快建设社会主义法治国家，是历史新起点上中国特色社会主义法治建设的根本任务。

习近平总书记2012年12月4日在纪念现行宪法颁布实施30周年纪念大会上的讲话，进一步凸显了依法治国首先必须依宪治国、依法执政首先必须依宪执政的理念，强调了宪法和法律实施的重要性，对我国法治建设具有纲领性、指导性意义。

2013年2月23日中央政治局就全面推进依法治国进行第四次集体学习。习近平总书记在主持学习时强调，全面建成小康社会对依法治国提出了更高要求。我们要全面贯彻落实党的十八大精神，以邓小平理论、“三个代表”重要思想、科学发展观为指导，全面推进科学立法、严格执法、公正司法、全民守法，坚持依法治国、依法执政、依法行政共同推进，坚持法治国家、法治政府、法治社会一体建设，不断开创依法治国新局面。

党的十八大以来党中央关于法治建设和依法治国的新思想新提法主要有以下一些：

——全面推进依法治国，加快建设社会主义法治国家；

——依法治国是治理国家的基本方略，法治是治国理政的基本方式；

——更加注重发挥法治在国家治理和社会管理中的作用；

——新十六字方针：科学立法、严格执法、公正司法、全民守法（原十六字方针是“有法可依、有法必依、执法必严、违法必究”）；

——努力提高领导干部运用法治思维和法治方式的能力；

——全面建成小康社会的法治建设目标：依法治国基本方略全面落实，法治政府基本建成，司法公信力不断提高，人权得到切实尊重和保障，实现国家各项工作法治化；

——依法治国首先是依宪治国，依法执政首先是依宪执政，宪法的生命在于实施，宪法的权威也在于实施；

——坚持依法执政，对全面推进依法治国具有重大作用；

——坚持依法治国、依法执政、依法行政共同推进，坚持法治国家、法治政府、法治社会一体建设；

——形成人们不愿违法、不能违法、不敢违法的法治环境，任何组织或者个人都不得有超越宪法和法律的特权，绝不允许以言代法、以权压法、徇私枉法；

——法治被列入社会主义核心价值观的内容（倡导富强、民主、文明、和谐，倡导自由、平等、公正、法治，倡导爱国、敬业、诚信、友善）。

党的十八届三中全会对推进法治中国建设又进一步提出了新要求和新任务：维护宪法法律权威；深化行政执法体制改革；确保依法独立公正行使审判权、检察权；健全司法权力运行机制；完善人权司法保障制度。

尤其是十八届三中全会《决定》对政法工作提出的 17 项改革任务：

①改革司法管理体制，推动省以下地方法院、检察院人财物统一管理。②探索建立与行政区划适当分离的司法管辖制度，保证国家法律统一正确实施。③建立符合职业特点的司法人员管理制度，健全法官、检察官、人民警察统一招录、有序交流、逐级遴选机制，完善司法人员分类管理制度，健全法官、检察官、人民警察职业保障制度。④优化司法职权配置，健全司法权力分工负责、互相配合、互相制约机制，加强和规范对司法活动的法律监督和社会监督。⑤改革审判委员会制度，完善主审法官、合议庭办案责任制，让审理者裁判、由裁判者负责。⑥明确各级法院职能定位，规范上下级法院审级监督关系。⑦推进审判公开、检务公开，录制并保留全程庭审资料，增强法律文书说理性，推动公开法院生效裁判文书。⑧严格规范减刑、假释、保外就医程序，强化监督制度。⑨广泛实行人民陪审员、人民监督员制度，拓宽人民群众有序参与司法渠道。⑩进一步规范查封、扣押、冻结、处理涉案财物的司法程序。⑪健全错案防止、纠正、责任追究机制，严禁刑讯逼供、体罚虐待，严格实行非法证据排除规则。⑫逐步减少适用死刑罪名。⑬废止劳动教养制度，完善对违法犯罪行为的惩治和矫正法律，健全社区矫正制度。⑭健全国家司法救助制度，完善法律援助制度。⑮完善律师执业权利保障机制和违法违规执业惩戒制度，发挥律师在依法维护公民和法人合法权益方面的重要作用。⑯加强知识产权运用和保护，探索建立知识产权法院。⑰把涉法涉诉信访纳入法治轨道解决，建立涉法涉诉信访依法终结制度。

为了积极稳妥地推进司法体制改革，中央全面深化改革领导小组通过的《关于深化司法体制和社会体制改革的意见及贯彻实施分工方案》《关于司法体制改革试点若干问题的框架意见》和《上海市司法改革试点工作方案》，进一步规定了深化司法体制改革的目标、原则和落实改革任务的路线图、时间表，明确了有序推进改革试点若干重点难点问题解决的政策导向。由此，中国司法体制改革进入了顶层设计与实践探索相结合、整体推进与重点突破相结合的新阶段。

2014 年 10 月 20—23 日，中国共产党第十八届中央委员会第四次全体会议在北京举行，专题研究中国特色社会主义法治建设问题，并做出《中共中央关于全面推进依法治国若干重大问题的决定》。执政的无产阶级政党召开全会，专门就依法治国问题作出决定，这是世界共运史上 160 多年来的第一次，是中国共产党 90 多来历史上的第一次，是中华人民共和国 60 多年来的第一次，是中国改革开放 30 多年来的第一次，具有里程碑式的重大意义。这个《决定》的发布，标志着中国从构建法律体系向建设法治体系的重大转变，标志着中国从法律大国向法治强国的历史性迈进，标志着中国的依法治国和法治建设进入了一个历史新起点、新阶段。

依法治国，是坚持和发展中国特色社会主义的本质要求和重要保障，是实现国家治理体系和治理能力现代化的必然要求，事关我们党执政兴国、事关人民幸福安康、事关党和国家长治久安。全面建成小康社会、实现中华民族伟大复兴的中国梦，全面深化改革、完善和发展中国特色社会主义制度，提高党的执政能力和执政水平，必须全面推进依法治国。我国正处于社会主义初级阶段，全面建成小康社会进入决定性阶段，改革进入攻坚期和深水区，国际形势复杂多变，我们党面对的改革发展稳定任务之重前所未有，矛盾风险挑战之多前所未有，依法治国在党和国家工作全局中的地位更加突出、作用更加重大。面对新形势新任务，我们党要更好地统筹国内国际两个大局，更好地维护和运用我国发展的重要战略机遇期，更好地统筹社会力量、平衡社会利益、调节社会关系、规范社会行为，使我国社会在深刻变革中既生机勃勃又井然有序，实现经济发展、政治清明、文化昌盛、社会公正、生态良好，实现我国和平发展的战略目标，必须更好地发挥法治的引领和规范作用。

《全面推进依法治国若干重大问题的决定》共有 1.7 万字，包含 180 多项改革措施，是在历史新起点上全面推进依法治国的纲领性文件。《决定》

包括全面推进依法治国的重大意义、指导思想、总目标、基本原则、总任务等内容，由以下七个部分组成。

第一部分总论——坚持走中国特色社会主义法治道路，建设中国特色社会主义法治体系。

一是明确提出了全面推进依法治国的指导思想：全面推进依法治国，必须贯彻落实党的十八大和十八届三中全会精神，高举中国特色社会主义伟大旗帜，以马克思列宁主义、毛泽东思想、邓小平理论、“三个代表”重要思想、科学发展观为指导，深入贯彻习近平总书记系列重要讲话精神，坚持党的领导、人民当家做主、依法治国有机统一，坚定不移地走中国特色社会主义法治道路，坚决维护宪法法律权威，依法维护人民权益、维护社会公平正义、维护国家安全稳定，为实现“两个一百年”奋斗目标、实现中华民族伟大复兴的中国梦提供有力的法治保障。

二是明确提出了全面推进依法治国的总目标：推进依法治国，总目标是建设中国特色社会主义法治体系，建设社会主义法治国家。这就是，在中国共产党领导下，坚持中国特色社会主义制度，贯彻中国特色社会主义法治理论，形成完备的法律规范体系、高效的法治实施体系、严密的法治监督体系、有力的法治保障体系，形成完善的党内法规体系，坚持依法治国、依法执政、依法行政共同推进，坚持法治国家、法治政府、法治社会一体建设，实现科学立法、严格执法、公正司法、全民守法，促进国家治理体系和治理能力现代化。

三是明确提出了全面推进依法治国必须坚持的五个基本原则：坚持中国共产党的领导；坚持人民主体地位；坚持法律面前人人平等；坚持依法治国和以德治国相结合；坚持从中国实际出发。

第二部分——完善以宪法为核心的中国特色社会主义法律体系，加强宪法实施。

一是观念创新和基本思路：法律是治国之重器，良法是善治之前提。

建设中国特色社会主义法治体系，必须坚持立法先行，发挥立法的引领和推动作用，抓住提高立法质量这个关键。要恪守以民为本、立法为民理念，贯彻社会主义核心价值观，使每一项立法都符合宪法精神、反映人民意志、得到人民拥护。要把公正、公平、公开原则贯穿立法全过程，完善立法体制机制，坚持立改废释并举，增强法律法规的及时性、系统性、针对性、有效性。

二是健全宪法实施和监督制度：完善全国人大及其常委会宪法监督制度，健全宪法解释程序机制。加强备案审查制度和能力建设，把所有规范性文件纳入备案审查范围。将每年 12 月 4 日定为国家宪法日。建立宪法宣誓制度，凡经全国人大及其常委会选举或者决定任命的国家工作人员正式就职时须公开向宪法宣誓。

三是完善立法体制：①完善党对立法工作中重大问题决策的程序。凡立法涉及重大体制和重大政策调整的，必须报党中央讨论决定。党中央向全国人大提出宪法修改建议，依照宪法规定的程序进行宪法修改。法律制定和修改的重大问题由全国人大常委会党组向党中央报告。②健全有立法权的人大主导立法工作的体制机制，发挥人大及其常委会在立法工作中的主导作用。建立由全国人大相关专门委员会、全国人大常委会法制工作委员会组织有关部门参与起草综合性、全局性、基础性等重要法律草案制度。增加有法治实践经验的专职常委比例。依法建立健全专门委员会、工作委员会立法专家顾问制度。③加强和改进政府立法制度建设，完善行政法规、规章制定程序，完善公众参与政府立法机制。重要行政管理法律法规由政府法制机构组织起草。④明确立法权力边界，从体制机制和工作程序上有效防止部门利益和地方保护主义法律化。加强法律解释工作，及时明确法律规定含义和适用法律依据。明确地方立法权限和范围，依法赋予设区的市地方立法权。

四是深入推进科学立法、民主立法：①健全法律法规规章起草征求人大代表意见制度。完善立法项目征集和论证制度。健全立法机关主导、社会各方有序参与立法的途径和方式。探索委托第三方起草法律法规草案。②健全立法机关和社会公众沟通机制。拓宽公民有序参与立法途径，健全法律法规规章草案公开征求意见和公众意见采纳情况反馈机制。③完善法律草案表决程序，对重要条款可以单独表决。

五是加强重点领域立法：依法保障公民权利，加快完善体现权利公平、机会公平、规则公平的法律制度，保障公民人身权、财产权、基本政治权利等各项权利不受侵犯，保障公民经济、文化、社会等各方面权利得到落实，实现公民权利保障法治化。增强全社会尊重和保障人权意识，健全公民权利救济渠道和方式。

六是实现立法和改革决策相衔接，做到重大改革于法有据、立法主动适应改革和经济社会发展需要。实践证明行之有效的，要及时上升为法律。实践条件还不成熟、需要先行先试的，要按照法定程序作出授权。对不适应改革要求的法律法规，要及时修改和废止。

第三部分——深入推进依法行政，加快建设法治政府。

一是观念创新和基本思路：法律的生命力在于实施，法律的权威也在于实施。各级政府必须坚持在党的领导下、在法治轨道上开展工作，创新执法体制，完善执法程序，推进综合执法，严格执法责任，建立权责统一、权威高效的依法行政体制，加快建设职能科学、权责法定、执法严明、公开公正、廉洁高效、守法诚信的法治政府。

二是依法全面履行政府职能：①完善行政组织和行政程序法律制度，推进机构、职能、权限、程序、责任法定化。行政机关不得法外设定权力，没有法律法规依据不得作出减损公民、法人和其他组织合法权益或者增加其义务的决定。推行政府权力清单制度。②推进各级政府事权规范化、法律化，完善不同层级政府特别是中央和地方政府事权法律制度，强化中央政府宏观管理、制度设定职责和必要的执法权，强化省级政府统筹推进区域内基本公共服务均等化职责，强化市县政府执行职责。

三是健全依法决策机制：①建立行政机关内部重大决策合法性审查机制，未经合法性审查或经审查不合法的，不得提交讨论。②推行政府法律顾问制度，保证法律顾问在制定重大行政决策、推进依法行政中发挥积极作用。③建立重大决策终身责任追究制度及责任倒查机制，对决策严重失误或者依法应该及时作出决策但久拖不决造成重大损失、恶劣影响的，严格追究行政首长、负有责任的其他领导人员和相关责任人员的法律责任。

四是深化行政执法体制改革：①推进综合执法，大幅减少市县两级政府执法队伍种类，重点在食品药品安全、工商质检、公共卫生、安全生产、文化旅游、资源环境、农林水利、交通运输、城乡建设、海洋渔业等领域内推行综合执法，有条件的领域可以推行跨部门综合执法。②完善市县两级政府行政执法管理，加强统一领导和协调。理顺行政强制执行体制，理顺城管执法体制。③严格实行行政执法人员持证上岗和资格管理制度。严格执行罚缴分离和收支两条线管理制度。④健全行政执法和刑事司法衔接机制，完善案件移送标准和程序，建立行政执法机关、公安机关、检察机关、审判机关信息共享、案情通报、案件移送制度，实现行政处罚和刑事处罚无缝对接。

五是坚持严格规范公正文明执法：①完善执法程序，建立执法全过程记录制度。明确具体操作流程，重点规范行政许可、行政处罚、行政强制、行政征收、行政收费、行政检查等执法行为。严格执行重大执法决定法制审核制度。②建立健全行政裁量权基准制度。加强行政执法信息化建设和信息共享，提高执法效率和规范化水平。③全面落实行政执法责任制，加强执法监督，惩治执法腐败现象。

六是强化对行政权力的制约和监督：①加强对政府内部权力的制约，是强化对行政权力制约的重点。完善政府内部层级监督和专门监督，改进上级机关对下级机关的监督，建立常态化监督制度。完善纠错问责机制。

②完善审计制度，保障依法独立行使审计监督权。强化上级审计机关对下级审计机关的领导。探索省以下地方审计机关人财物统一管理。推进审计职业化建设。

七是全面推进政务公开：①推进决策公开、执行公开、管理公开、服务公开、结果公开。重点推进财政预算、公共资源配置、重大建设项目批准和实施、社会公益事业建设等领域的政府信息公开。②推行行政执法公示制度。推进政务公开信息化。

第四部分——保证公正司法，提高司法公信力。

一是观念创新和基本思路：公正是法治的生命线。司法公正对社会公正具有重要引领作用，司法不公对社会公正具有致命的破坏作用。必须完善司法管理体制和司法权力运行机制，规范司法行为，加强对司法活动的监督，努力让人民群众在每一个司法案件中感受到公平正义。

二是完善确保依法独立公正行使审判权和检察权的制度：①建立领导干部干预司法活动、插手具体案件处理的记录、通报和责任追究制度。②健全行政机关依法出庭应诉、支持法院受理行政案件、尊重并执行法院生效裁判的制度。完善惩戒妨碍司法机关依法行使职权、拒不执行生效裁判和决定、藐视法庭权威等违法犯罪行为的法律规定。③建立健全司法人员履行法定职责保护机制。

三是优化司法职权配置：①健全公安机关、检察机关、审判机关、司法行政机关各司其职，侦查权、检察权、审判权、执行权相互配合、相互制约的体制机制。②完善司法体制，推动实行审判权和执行权相分离的体制改革试点。完善刑罚执行制度，统一刑罚执行体制。改革司法机关人财物管理体制，探索实行法院、检察院司法行政事务管理权和审判权、检察权相分离。③最高人民法院设立巡回法庭，探索设立跨行政区划的人民法院和人民检察院，完善行政诉讼体制机制。④改革法院案件受理制度，变立案审查制为立案登记制，对人民法院依法应该受理的案件，做到有案必立、有诉必理，保障当事人诉权。⑤完善审级制度，一审重在解决事实认定和法律适用，二审重在解决事实法律争议、实现二审终审，再审重在解决依法纠错、维护裁判权威。检察机关在履行职责中发现行政机关违法行使职权或者不行使职权的行为，应该督促其纠正。探索建立检察机关提起公益诉讼制度。⑥明确司法机关内部各层级权限，健全内部监督制约机制。司法机关内部人员不得违反规定干预其他人员正在办理的案件，建立司法机关内部人员过问案件的记录制度和责任追究制度。完善主审法官、合议庭、主任检察官、主办侦查员办案责任制，落实谁办案谁负责。

四是推进严格司法：①加强和规范司法解释和案例指导，统一法律适用标准。②推进以审判为中心的诉讼制度改革。③明确各类司法人员工作职责、工作流程、工作标准，实行办案质量终身负责制和错案责任倒查问责制。

五是保障人民群众参与司法：①完善人民陪审员制度，逐步实行人民陪审员不再审理法律适用问题，只参与审理事实认定问题。②构建开放、动态、透明、便民的阳光司法机制，建立生效法律文书统一上网和公开查询制度。

六是加强人权司法保障：①健全落实罪刑法定、疑罪从无、非法证据排除等法律原则的法律制度。②切实解决执行难，制定强制执行法，规范查封、扣押、冻结、处理涉案财物的司法程序。③落实终审和诉讼终结制度，实行诉访分离，保障当事人依法行使申诉权利。

七是加强对司法活动的监督：①完善人民监督员制度。规范媒体对案件的报道，防止舆论影响司法公正。②依法规范司法人员与当事人、律师、特殊关系人、中介组织的接触、交往行为。③坚决破除各种潜规则，绝不允许法外开恩，绝不允许办关系案、人情案、金钱案。

第五部分——增强全民法治观念，推进法治社会建设。

一是观念创新和基本思路：法律的权威源自人民的内心拥护和真诚信

仰。人民权益要靠法律保障，法律权威要靠人民维护。必须弘扬社会主义法治精神，建设社会主义法治文化，增强全社会厉行法治的积极性和主动性，形成守法光荣、违法可耻的社会氛围，使全体人民都成为社会主义法治的忠实崇尚者、自觉遵守者、坚定捍卫者。

二是推动全社会树立法治意识：①引导全民自觉守法、遇事找法、解决问题靠法。完善国家工作人员学法用法制度，把宪法法律列入党委（党组）中心组学习内容，列为党校、行政学院、干部学院、社会主义学院必修课。把法治教育纳入国民教育体系，从青少年抓起，在中小学设立法治知识课程。②健全普法宣传教育机制。把法治教育纳入精神文明创建内容，开展群众性法治文化活动，健全媒体公益普法制度，加强新媒体新技术在普法中的运用，提高普法实效。③加强社会诚信建设，健全公民和组织守法信用记录，完善守法诚信褒奖机制和违法失信行为惩戒机制，使学法、尊法、守法、用法成为全体人民共同追求和自觉行动。④加强公民道德建设，发挥法治在解决道德领域突出问题中的作用。

三是推进多层次多领域依法治理：①坚持系统治理、依法治理、综合治理、源头治理，提高社会治理法治化水平。②发挥人民团体和社会组织在法治社会建设中的积极作用。发挥社会组织对其成员的行为导引、规则约束、权益维护作用。③依法妥善处置涉及民族、宗教等因素的社会问题，促进民族关系、宗教关系和谐。

四是建设完备的法律服务体系：①推进覆盖城乡居民的公共法律服务体系建设，完善法律援助制度。②发展律师、公证等法律服务业，健全统一司法鉴定管理体制。

五是健全依法维权和化解纠纷机制：①强化法律在维护群众权益、化解社会矛盾中的权威地位。②把信访纳入法治化轨道，保障合理合法诉求依照法律规定和程序就能得到合理合法的结果。③健全社会矛盾纠纷预防化解机制，完善多元化纠纷解决机制。完善三大调解联动工作体系。完善仲裁制度，健全行政裁决制度。④深入推进社会治安综合治理，健全落实领导责任制。

第六部分——加强法治工作队伍建设。

一是观念创新和基本思路：全面推进依法治国，必须大力提高法治工作队伍思想政治素质、业务工作能力、职业道德水准，着力建设一支忠于党、忠于国家、忠于人民、忠于法律的社会主义法治工作队伍，为加快建设社会主义法治国家提供强有力的组织和人才保障。

二是建设高素质法治专门队伍：①把思想政治建设摆在首位。畅通立法、执法、司法部门干部和人才相互之间以及与其他部门具备条件的干部和人才交流渠道。②推进法治专门队伍正规化、专业化、职业化，提高职业素养和专业水平。完善法律职业准入制度，健全国家统一法律职业资格考试制度，建立法律职业人员统一职前培训制度。建立从符合条件的律师、法学专家中招录立法工作者、法官、检察官制度，畅通具备条件的军队转业干部进入法治专门队伍的通道，健全从政法专业毕业生中招录人才的规范便捷机制。③建立法官、检察官逐级遴选制度。

三是加强法律服务队伍建设：①提高律师队伍业务素质，完善执业保障机制。②各级党政机关和人民团体普遍设立公职律师，企业可设立公司律师。③发展公证员、基层法律服务工作者、人民调解员队伍。推动法律服务志愿者队伍建设。

四是创新法治人才培养机制：①坚持用马克思主义法学思想和中国特色社会主义法治理论全方位占领高校、科研机构法学教育和法学研究阵地，加强法学基础理论研究，形成完善的中国特色社会主义法学理论体系、学科体系、课程体系，组织编写和全面采用国家统一的法律类专业核心教材，纳入司法考试必考范围。推动中国特色社会主义法治理论进教材进课堂进头脑，培养造就熟悉和坚持中国特色社会主义法治体系的法治人才及后备力量。建设通晓国际法律规则、善于处理涉外法律事务的涉外法治人才队伍。②健全政法部门和法学院校、法学研究机构人员双向交流机制，实施高校和法治工作部门人员互聘计划，重点打造一支高水平法学家和专家团队，建设高素质学术带头人，骨干教师，专、兼职教师队伍。

第七部分——加强和改进党对全面推进依法治国的领导。

一是观念创新和基本思路：党的领导是全面推进依法治国、加快建设社会主义法治国家最根本的保证。必须加强和改进党对法治工作的领导，把党的领导贯彻到全面推进依法治国全过程。

二是坚持依法执政，依法执政是依法治国的关键：①各级领导干部要对法律怀有敬畏之心，牢记法律红线不可逾越、法律底线不可触碰，带头遵守法律，带头依法办事，不得违法行使权力，更不能以言代法、以权压法、徇私枉法。②健全党领导依法治国的制度和工作机制，完善保证党确定依法治国方针政策和决策部署的工作机制和程序。完善党委依法决策机制，发挥政策和法律的各自优势，促进党的政策和国家法律互联互动。党委定期听取政法机关工作汇报，做促进公正司法、维护法律权威的表率。党政主要负责人要履行推进法治建设第一责任人职责。③人大、政府、政协、审判机关、检察机关的党组织和党员干部要坚决贯彻党的理论和路线方针政策，贯彻党委决策部署。④政法委员会是党委领导政法工作的组织形式，必须长期坚持。

三是加强党内法规制度建设：①完善党内法规制定体制机制，加大党内法规备案审查和解释力度，形成配套完备的党内法规制度体系。注重党内法规同国家法律的衔接和协调，提高党内法规执行力。②党规党纪严于国家法律，党的各级组织和广大党员干部不仅要模范遵守国家法律，而且要按照党规党纪以更高标准严格要求自己。③依纪依法反对和克服形式主义、官僚主义、享乐主义和奢靡之风，形成严密的长效机制。对任何腐败行为和腐败分子，必须依纪依法予以坚决惩处，绝不手软。

四是提高党员干部法治思维和依法办事能力：把法治建设成效作为衡

量各级领导班子和领导干部工作实绩的重要内容，纳入政绩考核指标体系。把能不能遵守法律、依法办事作为考察干部的重要内容，在相同条件下，优先提拔使用法治素养好、依法办事能力强的干部。

五是推进基层治理法治化：加强基层法治机构建设，强化基层法治队伍，建立重心下移、力量下沉的法治工作机制，改善基层基础设施和装备条件，推进法治干部下基层活动。

六是深入推进依法治军和从严治军：①党对军队的绝对领导是依法治军的核心和根本要求。创新发展依法治军理论和实践，构建完善的中国特色军事法治体系，提高国防和军队建设法治化水平。②坚持在法治轨道上积极稳妥推进国防和军队改革，深化军队领导指挥体制、力量结构、政策制度等方面改革，加快完善和发展中国特色社会主义军事制度。③健全适应现代军队建设和作战要求的军事法规制度体系，严格规范军事法规制度的制定权限和程序，将所有军事规范性文件纳入审查范围。④加大军事法规执行力度，明确执法责任，完善执法制度，健全执法监督机制，严格责任追究，推动依法治军落到实处。⑤健全军事法制工作体制，建立完善领导机关法制工作机构。建立军事法律顾问制度，在各级领导机关设立军事法律顾问，完善重大决策和军事行动法律咨询保障制度。改革军队纪检监察体制。⑥强化官兵法治理念和法治素养，完善军事法律人才培养机制。加强军事法治理论研究。

七是依法保障“一国两制”实践和推进祖国统一：运用法治方式巩固和深化两岸关系和平发展，推进祖国和平统一。依法保护港澳同胞、台湾同胞权益。

八是加强涉外法律工作：完善涉外法律法规体系，促进构建开放型经济新体制。积极参与国际规则制定，增强我国在国际法律事务中的话语权和影响力，运用法律手段维护我国主权、安全、发展利益。强化涉外法律服务，深化司法领域国际合作，完善我国司法协助体制，扩大国际司法协助覆盖面。加强反腐败国际合作，积极参与执法安全国际合作，共同打击暴力恐怖势力、民族分裂势力、宗教极端势力和贩毒走私、跨国有组织犯罪。

二　中国特色社会主义法治建设取得的历史性成就

法治是政治文明发展到一定历史阶段的标志，凝结着人类智慧，为各国人民所向往和追求。我们党高度重视法治建设，在领导人民夺取革命、建设和改革胜利的伟大实践中，在不断发展中国特色社会主义民主政治的历史进程中，深刻总结我国社会主义法治建设正反两方面的经验，把依法治国确定为党领导人民治国理政的基本方略，把法治确定为党治国理政的基本方式，用法治思维和法治方式积极推进社会主义法治的理论创新、体制改革和实践发展，在法治建设的各个主要方面取得了举世瞩目的历史性成就。

（一）把依法治国确定为治理国家的基本方略

1949 年中华人民共和国的成立，开启了中国法治建设的新纪元。但是 20 世纪 50 年代后期，特别是“文化大革命”十年动乱，中国社会主义法制遭到严重破坏。党的十一届三中全会以来，我们党汲取“文化大革命”的惨痛教训，作出把国家工作中心转移到社会主义现代化建设上来的重大决策，实行改革开放政策，明确提出没有民主就没有社会主义，就没有社会主义的现代化。因此，为了建设社会主义现代化国家，保障人民民主，就必须加强社会主义法制，使民主制度化、法律化，使这种制度和法律具有稳定性、连续性和权威性，使之不因领导人的改变而改变，不因领导人的看法和注意力的改变而改变，必须做到有法可依、有法必依、执法必严、违法必究。发展社会主义民主、健全社会主义法制，成为我们党必须坚持的一条基本方针，推动了从“人治”向“法制”的历史性转变。党的十四届三中全会作出了建立社会主义市场经济体制的决定，强调要高度重视法制建设，建立和完善社会主义市场经济法律体系。党的十五大第一次把依法治国确立为党领导人民治理国家的基本方略，把建设社会主义法治国家明确规定为民主政治的发展目标，实现了从“法制”向“法治”的根本转变，使中国特色社会主义法治建设进入一个新起点。党的十六大明确提出发展中国特色社会主义民主政治，必须坚持党的领导、人民当家作主和依法治国的有机统一，为推进依法治国、建设社会主义法治进一步指明了正确的发展道路和前进方向。党的十七大、十八大继续高举社会主义法治旗帜，从科学立法、严格执法、公正司法、全民守法等法治建设的各个环节全面推进依法治国基本方略的贯彻落实。

依法治国，就是广大人民群众在党的领导下，依照宪法和法律规定，通过各种途径和形式管理国家事务，管理经济文化事业，管理社会事务，保证国家各项工作都依法进行，逐步实现社会主义民主的制度化、法律化。依法治国就是要实行民主和法治，反对专制和人治；就是要依法治权、依法治官，尊重和保障人权，实现人民福祉。

依法治国坚持人民主权原则、宪法法律至上原则、尊重和保障人权原则、依法执政原则、民主科学立法原则、依法行政原则、公正司法原则、监督制约公权力原则。在我国宪法框架和法治语境下，依法治国具有六个基本要素：①依法治国的领导核心，是中国共产党。党的领导是实施依法治国的必然要求，是全面落实依法治国基本方略的根本保证。②依法治国的主体，是广大人民群众。依法治国的主体不是国家公职人员、领导干部和政府机关，而是广大人民群众。依法治国绝不是依法治民，任何情况下都不能把人民当作依法治理的对象。③依法治国的对象，是国家机构和国家公职人员代表人民群众管理国家和社会事务、管理经济文化事业的行为和活动，是以治理管理为内容的各项工作。因为公权力不受监督制约必然产生腐败，因此依法治国最根本的，就是要通过依法治权、依法治官，防止公权力的滥用和腐败，同时保证公权力真正用于为人民服务。④依法治国的依据，是体现党的主张和人民意志相统一的宪法法律。依法治国是良法之治。良法是体现正义公平的法，是体现中国共产党主张和全体人民共同意志的法，是有利于经济社会发展和人民幸福安康的法。依法治国是依照良法治国理政。⑤依法治国的方式，是管理、治理以及必要的奖励、惩罚，等等。⑥依法治国的宗旨，是保证党和国家各项活动都依法进行，实现社会主义民主的制度化、法律化，使这种制度和法律不因领导人的改变及其看法和注意力的改变而改变，使公民的人权和基本自由受法律的切实保护，使国家机关的公权力受法律严格规制，努力把我国建设成为富强、民主、文明的社会主义法治国家。

发展社会主义民主，建设社会主义法治，全面推进依法治国，不仅是历史和人民的必然选择，而且是建设中国特色社会主义的必然要求，是全面深化改革、推进国家治理现代化的必然要求，是推动经济持续发展、维护社会公平正义的必然要求，是实现国家富强、人民幸福、中华民族伟大复兴中国梦的必然要求。

（二）把法治确定为治国理政的基本方式

法治是一个有着丰富文化内涵和现实政治意蕴的概念。在理念层面上，法治主要是指统治和管理国家的理论、思想、价值、意识和学说；在制度层面上，法治主要是指在法律基础上建立或形成的概括了法律制度、程序和规范的各项原则；在运作层面上，法治则主要指法律秩序和法律实现的过程及状态。

中国共产党把法治确定为治国理政的基本方式，一方面，意味着执政党彻底否定和抛弃了人治、专制、独裁等与人民民主和社会主义制度格格不入的治国理政方式，坚定不移地走中国特色社会主义法治发展道路；另一方面，意味着执政党在治国理政的过程中，要把依法治国与以德治国结合起来，把法治与德治结合起来，把法治思维、法治方式与政治思维政治方式、行政思维行政方式、市场思维经济手段等结合起来，运用综合方式和系统工程实施治国理政，但在所有这些方式方法中，法治是最基本的方式方法和路径依赖。

党的十八大明确提出，法治是治国理政的基本方式。习近平总书记指出，要更加注重发挥法治在国家治理和社会管理中的重要作用。这是我们党对社会主义革命、建设和改革规律的新认识，对中国共产党领导和执政规律的新把握，对党领导人民全面推进依法治国的新要求。我们党历经革命、建设和改革的长期奋斗，发生了两大变化：一是已经从领导人民为夺取全国政权而奋斗的党，成为领导人民掌握全国政权并长期执政的党；二是已经从受到外部封锁和实行计划经济条件下领导国家建设的党，成为对外开放和发展社会主义市场经济条件下领导国家建设的党。中国共产党作为执政党的领导地位和核心作用，一方面要求党要坚持民主执政、科学执政和依法执政，不断提高执政能力和执政水平，提出和运用正确的理论、路线、方针、政策和策略，领导制定和实施宪法和法律，采取科学的领导制度和领导方式，动员和组织人民依法管理国家和社会事务、经济和文化事业，有效治党、治国、治军；另一方面，要求党从过去主要依靠运动方式和行政手段管理国家和社会向主要运用宪法和法律治国理政转变，从过去主要依靠政治方式和政策手段向主要采取法治基本方式和依法治国基本方略治国理政转变。

邓小平曾经指出，以后党委领导的作用，第一条就是应该保证法律生效、有效。没有立法以前，只能按政策办事，法立了以后，就要坚决按法律办事。[①] 党的十六届四中全会指出，依法执政是新的历史条件下党执政的一个基本方式。依法执政，就是坚持依法治国、建设社会主义法治国家，领导立法，带头守法，保证执法，不断推进国家经济、政治、文化、社会生活的法治化、规范化，以法治的理念、法治的体制、法治的程序保证党领导人民有效治理国家。

把法治确定为党治国理政的基本方式，是我们党对革命、建设和改革实践经验的新总结，是我们党对领导社会主义法治建设、推进依法治国和依法执政形成的新理念。我们党把法治确定为治国理政基本方式的主要要求是：第一，发展中国特色社会主义民主政治，建设社会主义法治国家，必须坚持党的领导、人民当家做主和依法治国有机统一。这是全面推进依法治国、建设社会主义法治国家的内在要求和本质特征。第二，党领导人民制定宪法和法律，党领导人民执行宪法和法律，党自身必须在宪法和法律范围内活动，真正做到统领立法、保证执法、支持司法、带头守法。这是党坚持依法执政、依宪执政的基本内容和主要任务。第三，坚持宪法和法律面前人人平等，任何组织或者个人都必须在宪法和法律范围内活动，任何组织和个人都要以宪法和法律为行为准则，依照宪法法律行使权力或权利，不得有超越宪法和法律的特权，绝不允许以言代法、以权压法、徇私枉法。这是恪守社会主义法治的基本原则和底线边界。第四，党坚持总揽全局、协调各方的领导核心作用，坚持依法治国基本方略和依法执政基本方式，善于使党的主张通过法定程序成为国家意志，善于使党组织推荐的人选成为国家政权机关的领导人员，善于通过国家政权机关实施党对国家和社会的领导，支持国家权力机关、行政机关、审判机关、检察机关依照宪法和法律独立负责、协调一致地开展工作。这是党运用法治基本方式

---

① 参见《邓小平思想年谱》，中央文献出版社 1998 年版，第 122 页。

治国理政的总体要求和基本方法。第五，各级党组织和党员领导干部带头厉行法治，不断提高依法执政能力和水平，不断推进各项治国理政活动的制度化、法律化。各级领导干部提高运用法治思维和法治方式深化改革、推动发展、化解矛盾、维护稳定能力，努力推动形成办事依法、遇事找法、解决问题用法、化解矛盾靠法的良好法治环境，在法治轨道上推动各项工作。这是全面推进依法治国新形势下各级党组织和领导干部应当具有的基本素质和执政能力。

依法规范和保障执政党的执政行为和党内活动，是坚持党的领导与依法治国有机统一、坚持中国特色社会主义民主政治本质特征的必然要求。在党领导人民全面落实依法治国基本方略的实践过程中，在中国共产党领导立法、保证执法和带头守法的建设过程中，执政党更加自觉坚持依宪执政和依法执政，坚持在宪法和法律范围内活动，加强党内法规制度体系建设，把党规党法纳入依法治国和法治轨道运行。2013 年 5 月，中国共产党历史上的第一部党内“立法法”《中国共产党党内法规制定条例》颁布，同时颁布的还有配套性“立法”程序规范《中国共产党党内法规和规范性文件备案规定》。同年 8 月，《中共中央关于废止和宣布失效一批党内法规和规范性文件的决定》发布。根据这一决定，1978 年以来制定的党内法规和规范性文件，有 300 件被废止和宣布失效，467 件继续有效，其中 42 件将作出修改。2013 年年底，中共中央发布了《中央党内法规制定工作五年规划纲要（2013—2017 年）》。这些举措，都大大加强和规范了构建党内法规制度体系的活动，保障和推进了执政党依规治党和依法治国的进程。

（三）坚持以人为本，尊重和保障人权

人权是人作为人所应当享有的权利。人权不仅是个人权利，也包括集

体权利；人权既包括公民权利和政治权利，也包括经济、社会、文化权利；由于中国还是发展中国家，应把人民的生存权和发展权放在首位；人权推进的核心要义是保证全体社会成员平等参与、平等发展的权利。

坚持以人为本，尊重保障人权，是社会主义法治的天职，是全面推进依法治国的重要任务。我国高度重视对人权的尊重和保障，在探索中国特色社会主义道路的过程中，既尊重人权普遍性原则，又从基本国情出发，开辟了一条中国特色人权发展道路。1982 年宪法突出了对公民基本权利的保障，将“公民的基本权利与义务”从 1954 年宪法的第三章改为第二章，放在更加显著的位置，条文也由原来的 10 多条增加到 20 多条。1991 年我国政府发布了首个人权白皮书，1997 年“尊重和保障人权”首次写入党的十五大报告，2004 年修宪将“国家尊重和保障人权”载入宪法，成为宪法原则，使人权事业的发展获得了坚实的根本法基础。国家尊重和保障人权的入宪，标志着我国高举人权旗帜，积极促进人权，体现了中国特色社会主义法治的重要特征。

我国是一个成文法国家，保障人权的充分实现，不仅将人权入宪，还要通过立法、执法和司法等制度安排和法律措施，才能把公民和政治权利、经济文化和社会权利的各项要求落到实处。在我国，人权的国家立法保障，主要是通过将人权的内容和诉求宪法化、法律化和法规化，使之进入国家法律保障制度体系，成为依宪依法保护的对象，从而为人权的实现提供基本前提和重要基础；人权的行政执法保障，主要是通过国家各级各类行政机关认真履行职责，严格依法行政，认真执行法律法规，从而将宪法、法律和法规规定的各项人权具体付诸实现，使每一个公民都能够享受到社会主义人权的具体权益；人权的司法保障，是实现人权不可或缺的救济手段和最后防线，它在我国的人权保障制度体系中具有独特的重要地位和作用。

我们要依法保障全体公民享有广泛的权利，保障公民的人身权、财产权、基本政治权利等各项权利不受侵犯，保证公民的经济、文化、社会等各方面权利得到落实，努力维护最广大人民根本利益，保障人民群众对美好生活的向往和追求。

为了尊重和保障人权，保证全体公民依法享有广泛权利，我国不仅在宪法中规定了公民的基本权利和自由，而且在法律法规中对公民权利及其保护作出具体规定；我国不仅以实体法保障公民对实体性权利的充分享有，而且还以程序法对公民的程序性权利作出专门规定，为公民具体享有实体性权利提供重要的程序法保障；我国公民不仅享有国家宪法法律规定的国内人权，还通过我国批准国际人权公约享有广泛的国际人权。

依照我国宪法的规定，公民依法享有广泛的人身权利、政治权利、经济财产权利、劳动和社会权利、文化教育权利、特殊主体的权利。从1978—2011年，我国制定了近160部关涉人权保护的法律法规，主要有：第一，经济、社会和文化权利的保护，包括劳动法、就业促进法、劳动合同法、安全生产法、职业病防治法、工会法、义务教育法、职工带薪休假条例、禁止使用童工规定等。第二，公民和政治权利的保护，包括民法通则、刑法、国家赔偿法、消费者赔偿法、继承法、物权法、侵权责任法、婚姻法等。第三，特殊群体权利的保护，包括婚姻法、妇女权益保障法、未成年人保护法、老年人权益保障法、残疾人保障法、卫生法、女职工劳动保护特别规定等。第四，司法领域的人权保护，包括刑事诉讼法、监狱法、民事诉讼法、行政诉讼法、国家赔偿法、律师法等。第五，环境权利等方面的保护，包括环境保护法、水污染防治法等。

我国积极批准国际人权条约，依照国际人权法保障公民的广泛权利。截至目前，我国已批准了包括联合国《经济、社会和文化权利国际公约》等人权条约在内的27项国际人权条约。此外，我国还于1984年承认了国民党政府（1930—1947年）批准的14个国际劳工公约，于1998年10月签署了联合国的《公民权利和政治权利国际公约》。目前，我国已建立了以宪法为核心、以法律和行政法规为主体的一系列保障人权的法律制度。

为了更好地实施宪法和法律，推动人权事业的发展，我国于2009年4月发布了《国家人权行动计划（2009—2010年）》。这是我国第一次制定以人权为主题的国家规划，是一个历史性的突破，堪称我国人权事业发展的一个里程碑。在第一期人权行动计划圆满完成、总结经验的基础上，2012年6月我国发布了新一期《国家人权行动计划（2012—2015年）》，为阶段性地实现充分尊重和保障人权的目标提出了任务书、路线图和时间表。

党的十八届三中全会《关于全面深化改革若干重大问题的决定》，对在推进法治中国建设和深化司法体制改革过程中，如何完善人权司法保障制度，从进一步规范查封、扣押、冻结、处理涉案财物的司法程序，健全错案防止、纠正、责任追究机制，逐步减少适用死刑罪名，废止劳动教养制度，健全社区矫正制度，健全国家司法救助制度，完善法律援助制度，完善律师制度八个重要方面，做出了改革部署。这些内容和要求，是推进我国人权司法保障制度不断完善的重要指引。

（四）中国特色社会主义法律体系如期形成

形成社会主义法律体系，实现有法可依，是新时期我国法治建设的一项重点任务，也是新时期立法工作的一个基本目标。

1982年，五届全国人大第五次会议工作报告中首次明确提出："立法要从我国的实际情况出发，按照社会主义法制原则，逐步建立有中国特色的独立的法律体系。"

1987年，党的十三大报告向全世界宣布："社会主义民主和法制的建设逐步发展，以宪法为基础的社会主义法律体系初步形成。"

1988年3月，七届全国人大第一次会议指出："过去五年立法工作的重大进展，使中国在国家政治生活、经济生活、社会生活的基本方面，已经不再是无法可依，而是有法可依。以宪法为基础的社会主义法律体系已经初步形成。”

1993 年，为了深化经济体制改革，建立社会主义市场经济体制，中共中央在《关于建立社会主义市场经济体制若干问题的决定》中，提出“法制建设的目标是：加快经济立法，进一步完善民商法律、刑事法律、有关国家机构和行政管理方面的法律，本世纪末初步建立适应社会主义市场经济的法律体系”。

从 1997—2010 年形成有中国特色的社会主义法律体系，用 13 年时间实现这一立法目标，大致可分为三个阶段：

九届全国人大期间（1998—2003 年）——“初步形成中国特色社会主义法律体系”。所谓“初步形成”是指以宪法为基础，以民事、刑事、经济、行政和诉讼等方面的基本法律为核心，以不同层级的法律、行政法规、地方性法规为内容的法律体系初步形成。2003 年 3 月李鹏委员长在总结过去五年全国人大常委会工作的报告中指出：“在前几届工作的基础上，经过不懈努力，构成中国特色社会主义法律体系的各个法律部门已经齐全，每个法律部门中主要的法律已经基本制定出来，加上国务院制定的行政法规和地方人大制定的地方性法规，以宪法为核心的中国特色社会主义法律体系已经初步形成。”

十届全国人大期间（2003—2008 年）——“基本形成中国特色社会主义法律体系”。所谓“基本形成”，就是在“初步形成”的基础上，将每个法律部门中支架性的、现实急需的、条件成熟的法律制定和修改完成。

十一届全国人大期间（2008—2013 年）到 2010 年——“形成中国特色社会主义法律体系”。所谓“形成中国特色社会主义法律体系”，是指涵盖社会关系各个方面的法律部门已经齐全，各法律部门中基本的、主要的法律已经制定，相应的行政法规和地方性法规比较完备，法律体系内部总体做到科学和谐统一。

中国特色社会主义法律体系，是以宪法为统帅，以法律为主干，以行政法规、地方性法规为重要组成部分，由宪法及宪法相关法、民法商法、行政法、经济法、社会法、刑法、诉讼与非诉讼程序法等多个法律部门组成的有机统一整体。

新中国成立后，特别是改革开放以来，我们党领导人民制定宪法和法律，经过各方面坚持不懈的共同努力，截至目前，我国已制定现行有效法律 243 件、行政法规 720 多件、地方性法规 9200 多件，民族自治条例和单行条例 780 多件，一个立足中国国情和实际、适应改革开放和社会主义现代化建设需要、集中体现党和人民意志，以宪法为统帅，以宪法相关法、民法商法、经济法、行政法等多个法律部门的法律为主干，由法律、行政法规、地方性法规等多个层次法律规范构成的中国特色社会主义法律体系已经形成，国家经济建设、政治建设、文化建设、社会建设以及生态文明建设的各个方面实现了有法可依。

中国特色法律体系目前是由三个层次、七个部门组成的。宪法是国家的根本法，在中国特色社会主义法律体系中居于统帅地位。宪法在中国特色社会主义法律体系中具有最高权威和法律效力，一切法律、行政法规、地方性法规的制定都必须以宪法为依据，遵循宪法的基本原则不得与宪法相抵触。

中国特色法律体系有三个层次：一是法律，包括基本法律和法律，由全国人大及其常委会制定和解释。二是行政法规，国务院根据宪法和法律制定的行政法规。三是地方性法规，主要包括省、自治区、直辖市的人大及其常委会可以制定地方性法规；较大市的人大及其常委会可以制定地方性法规，报省、自治区的人大常委会批准后施行；民族自治地方的人大有权制定自治条例和单行条例；自治条例和单行条例可以对法律和行政法规的规定作出变通规定，但不得违背法律和行政法规的基本原则，不得对宪法和民族区域自治法的规定以及其他法律、行政法规专门就民族自治地方所作的规定作出变通规定；经济特区所在地的省、市的人大及其常委会根据全国人大及其常委会的授权决定，遵循宪法的规定以及法律、行政法规的基本原则制定法规，在经济特区范围内实施。

中国特色法律体系目前由七个部门组成：①宪法相关法，是与宪法相配套、直接保障宪法实施和国家政权运作等方面的法律规范的总和，截至2011年8月底，中国已制定宪法相关法方面的法律38部和一批行政法规、地方性法规。②民法商法，民法是调整平等主体的公民之间、法人之间、公民和法人之间的财产关系和人身关系的法律规范；商法是调整商事主体之间商事关系的法律规范，截至2011年8月底，中国已制定民法商法方面的法律33部和一大批规范商事活动的行政法规、地方性法规。③行政法，是调整行政机关与行政管理相对人之间因行政管理活动发生的关系的法律规范，截至2011年8月底，中国已制定行政法方面的法律79部和一大批规范行政权力的行政法规、地方性法规。④经济法，是调整国家从社会整体利益出发，对经济活动实行干预、管理或者调控所产生的社会经济关系的法律规范，截至2011年8月底，中国已制定经济法方面的法律60部和一大批相关行政法规、地方性法规。⑤社会法，是调整劳动关系、社会保障、社会福利和特殊群体权益保障等方面的法律规范，截至2011年8月底，中国已制定社会法方面的法律18部和一大批规范劳动关系和社会保障的行政法规、地方性法规。⑥刑法，是规定犯罪与刑罚的法律规范，截至2011年8月底，中国已制定1部统一的刑法、8个刑法修正案以及关于惩治骗购外汇、逃汇和非法买卖外汇犯罪的决定，并通过了9个有关刑法规定的法律解释。⑦诉讼与非诉讼程序法，是规范解决社会纠纷的诉讼活动与非诉讼活动的法律规范，目前我国已制定了刑事诉讼法、民事诉讼法、行政诉讼法、海事诉讼特别程序法、仲裁法、人民调解法、公证法、引渡法等多部诉讼与非诉讼程序方面的法律。

中国特色社会主义法律体系，是中国特色社会主义永葆本色的法治根基，是中国特色社会主义创新实践的法治体现，是中国特色社会主义兴旺发达的法治保障。它的形成，是我国法治建设的一个重要里程碑，体现了改革开放和社会主义现代化建设的伟大成果，具有重大的现实意义和深远的历史意义。全面推进依法治国，应当继续加强立法工作，推进民主科学立法，提高立法质量，不断完善和发展中国特色社会主义法律体系。

（五）法治政府建设稳步推进

依法行政是依法治国的重要环节，法治政府建设是法治中国建设的重要组成部分。建设法治政府，就是要坚持依法行政，把各级政府建成合法政府、有限政府、规范政府、守法政府和责任政府。

1997 年党的十五大提出依法治国基本方略，要求一切政府机关都必须依法行政。为了落实依法治国基本方略，推进依法行政工作，1999 年国务院发布《关于全面推进依法行政的决定》。2003 年修订的《国务院工作规则》把依法行政正式确立为政府工作的三项基本准则之一，明确规定依法行政的核心是规范行政权力。2004 年国务院发布《全面推进依法行政实施纲要》，确立了建设法治政府的目标。2010 年国务院发布《关于加强法治政府建设的意见》，从加强法治政府建设的重要性、紧迫性和总体要求，提高行政机关工作人员特别是领导干部依法行政的意识和能力，加强和改进制度建设，坚持依法科学民主决策，全面推进政务公开，强化行政监督和问责，依法化解社会矛盾纠纷，加强组织领导和督促检查等方面，对在新形势下深入推进依法行政，进一步加强法治政府建设，作出了全面部署，提出了总体要求。

党的十八大强调要“推进依法行政，切实做到严格规范、公正文明执法”。党的十八届三中全会进一步明确提出，推进法治中国建设，必须坚持依法治国、依法执政、依法行政共同推进，坚持法治国家、法治政府、法治社会一体建设；必须深化行政执法体制改革，整合执法主体，相对集中执法权，推进综合执法，着力解决权责交叉、多头执法问题，建立权责统一、权威高效的行政执法体制。减少行政执法层级，加强食品药品、安全生产、环境保护、劳动保障、海域海岛等重点领域基层执法力量；必须理顺城管执法体制，提高执法和服务水平。完善行政执法程序，规范执法自由裁量权，加强对行政执法的监督，全面落实行政执法责任制和执法经费由财政保障制度，做到严格规范、公正文明执法。

改革开放 30 多年来，尤其是党的十五大以来，我国依法行政工作深入展开，法治政府建设稳步推进，取得了重大成就。

在行政立法方面，从 1979 年到 2014 年 9 月，国务院共提请全国人大及其常委会审议法律议案近 200 件，制定行政法规 720 多件；国务院部门和有立法权的地方政府共制定规章 26000 多件。其中，1989 年的行政诉讼法规定法院可以审查具体行政行为的合法性，行政诉讼与日俱增，“民告官”作为一项诉讼制度与刑事诉讼、民事诉讼并列；1994 年的国家赔偿法首次明确行政机关的违法行政行为给当事人造成损失的要承担赔偿责任，为政府责任和人权保障提供了法律依据；1996 年的行政处罚法规范了行政处罚的设定权、行政处罚的程序，为行政处罚确立规矩，建章立制；1999 年的行政复议法规定当事人可以就具体行政行为向上级部门申请复议；2003 年的行政许可法明确了行政许可的创设以及范围，规范了政府的行政许可行为，推动了行政审批制度改革。行政立法在行政组织法、行政行为法和行政救济法三个领域都构建了基础性的法律，而且在国防、外交、海关、人事、民政、侨务、公安、安全、教育、科技、文化、体育、旅游、城市管理、环境保护、医药卫生、食品安全等各个领域都已制定了相应的行政法律法规，形成了相对完善的行政法律体系，体现了规范行政权力、制约行政权力的行政法治理念。权力来自人民，应当为人民服务，因此要通过立法加强权力的制约和监督，保障权力为民所用，为民谋利。

1999 年，国务院召开全面推进依法行政工作会议，通过了《国务院关于推进依法行政的决定》，将依法行政的各项要求具体化。2004 年 3 月，国务院颁行《全面推进依法行政实施纲要》，对依法行政、建设法治政府进行整体布局。纲要对严格行政执法提出明确要求：合法行政，合理行政，程序正当，高效便民，诚实守信，权责统一。纲要规定要采取措施，理顺行政执法体制，加快行政程序建设，规范行政执法行为。主要措施包括：深化行政执法体制改革。加快建立权责明确、行为规范、监督有效、保障有力的行政执法体制；严格按照法定程序行使权力、履行职责；健全行政执法案卷评查制度；建立健全行政执法主体资格制度；推行行政执法责任制；加强清理和监督红头文件。改革开放 30 多年来，尤其是近 5 年来，行政复议、行政诉讼飞速发展，不断推动廉政高效的政府法治向前发展。行政复议和行政诉讼是我国为行政行为提供法律救济、矫正行政失误的重要机制。根据纲要的要求，建设法治政府必须推进行政管理体制改革，提高制度建设质量，理顺执法体制，提高执法人员的法律素养。这也是今后法治政府建设的方向和道路。

在建设法治政府进程中，加强对制定法规、规章和规范性文件等抽象行政行为的监督。2008 年 1 月 15 日，国务院总理签署国务院令，公布《国务院关于废止部分行政法规的决定》，对截至 2006 年年底的 655 件行政法规进行了全面清理，对主要内容被新的法律或者行政法规所代替的 49 件行政法规予以废止；对适用期已过或者调整对象已经消失，实际上已经失效的 43 件行政法规宣布失效。国务院在加强法规、规章备案审查的基础上，进一步健全省、市、县、乡“四级政府、三级备案”的规章、规范性文件备案体制，促进地方各级政府依法行政。2003 年 3 月至 2007

年年底，国务院对有立法权的地方和国务院部门报送备案的8402件地方性法规、自治条例和单行条例、地方政府规章和国务院部门规章进行了审查，对存在问题的323件法规、规章依法进行了处理。国务院制定了《行政复议法实施条例》，并积极探索行政复议体制改革，加强各级行政复议工作人员能力建设。自1999年行政复议法实施以来，全国平均每年通过行政复议解决8万多起行政争议。

（六）司法体制不断完善

我们党高度重视我国司法体制的改革和完善。党的十五大明确提出“推进司法改革，从制度上保证司法机关独立公正地行使审判权和检察权”的改革任务。党的十六大、十七大、十八大都作出了不断完善司法体制的改革部署。

司法体制改革作为我国政治体制改革的重要组成部分，经历了逐步推进、不断深化的过程。20世纪90年代，我国实施了以强化庭审功能、扩大审判公开、加强律师辩护、建设职业化法官检察官队伍为主要内容的司法改革。从2004年开始，我国启动了统一规划部署和组织实施的大规模司法改革，从民众反映强烈的突出问题和影响司法公正的关键环节入手，按照公正司法和严格执法的要求，从司法规律和特点出发，完善司法机关的机构设置、职权划分和管理制度，健全权责明确、相互配合、相互制约、高效运行的司法体制。从2008年开始，我国启动了新一轮司法改革，改革从民众司法需求出发，以维护人民共同利益为根本，以促进社会和谐为主线，以加强权力监督制约为重点，抓住影响司法公正、制约司法能力的关键环节，解决体制性、机制性、保障性障碍，从优化司法职权配置、落实宽严相济刑事政策、加强司法队伍建设、加强司法经费保障等方面提出具体改革任务。通过几轮司法改革，我国司法制度不断完善，赢得了公众的认可与支持。

第一，优化司法机关职权配置，促进公正廉洁司法。改革和完善民事行政案件执行体制，建立统一管理、分权制约机制，切实解决执行难问题；全面推行职务犯罪逮捕权“上提一级”改革，上级检察院加强了对下级院审查逮捕工作的监督制约，防止了错误逮捕和“以捕代侦”；探索建立案例指导制度，统一了裁判尺度，减少了“同案不同判”现象，成为看得见的公正“参照系”；强化检察机关对刑事立案、侦查和刑事审判活动、监管场所、刑罚变更执行等环节的法律监督，让法律监督更有效；理顺上下级法院关系、改革审判委员会和合议庭制度，依法独立审判、确保司法公正；深化审判公开、检务公开、警务公开、狱务公开，实行收立案信息、执法依据、办案过程和结果全面公开，让司法权在阳光下运行；人民陪审员制度不断完善，人民监督员制度全面建立，减刑、假释委员会在探索中推进，让民众参与司法，使监督者也要受到监督；加强民主监督，健全和完善党外人士对司法工作的民主监督机制；网络民意表达和民意调查机制逐步建立，群众的知情权、参与权、表达权、监督权进一步得到保障……通过多管齐下的改革，推进了我国司法体制的完善，强化了司法公开和法律监督、民主监督，提高了司法活动的透明度，有效遏制了群众反映强烈的执法不规范、不作为、乱作为等问题，促进了严格公正、文明廉洁执法，提升了司法机关公信力。

第二，落实宽严相济刑事政策，促进社会和谐稳定。通过修改完善刑法、刑事诉讼法等重要法律，调整一些严重危害社会秩序犯罪的构成要件和法定刑，完善刑罚结构，提高了对严重犯罪的惩治能力，强化了人权司法保障。制定非法证据排除规则，建立讯问犯罪嫌疑人全程录音录像制度，落实辩护律师的会见权、阅卷权和调查取证权，保障犯罪嫌疑人、被告人的合法权益。贯彻“少杀慎杀”的死刑政策，减少死刑罪名，严格限制和慎重适用死刑。2011 年颁布的《刑法修正案（八）》取消了 13 个经济性非暴力犯罪的死刑，占死刑罪名总数的 19.1%，规定对审判时已年满 75 周岁的人一般不适用死刑，并建立死刑缓期执行限制减刑制度，为逐步减少死刑适用创造法律和制度条件。2014 年 10 月 27 日，《刑法修正案（九）》草案被提交全国人大常委会进行审议，秉持减少死刑适用的原则，《修正案（九）》拟取消 9 个罪名中的死刑，它们是：走私武器、弹药罪，走私核材料罪，走私假币罪，伪造货币罪，集资诈骗罪，组织卖淫罪，强迫卖淫罪，阻碍执行军事职务罪，战时造谣惑众罪。探索建立刑事和解制度，努力修复被犯罪破坏的社会关系，减少社会对抗。完善社区矫正制度，帮助犯罪人员积极融入社会，降低重新犯罪率。截至 2012 年 6 月，全国累计接受社区矫正人员 105.4 万人，解除矫正 58.7 万人，社区矫正人员在矫正期间的再犯罪率为 0.2% 左右。完善未成年人刑事案件从宽处理机制，建立附条件不起诉制度、犯罪记录封存制度，帮助轻微犯罪的未成年人顺利回归社会，增加了社会和谐因素。截至 2011 年 7 月，全国已建立少年法庭 2331 个。2002—2011 年，我国未成年人重新犯罪率基本控制在 1%—2%。

第三，完善政法队伍管理体制，提升执法司法水平。实行统一的国家司法考试制度，将初任法官、初任检察官、取得律师资格和担任公证员的考试纳入国家司法考试。从 2002 年到 2011 年年底，全国共有近 50 万人通过国家司法考试，取得法律职业资格。建立警察执法资格等级考试制度，2011 年有 173 万余名公安民警参加了首次执法资格考试，其中 169 万人通过考试。通过深化政法干警招录培养体制改革，政法院校招录培养了 6.5 万人，充实到基层政法单位，提升了一线政法干警素质。通过改革国家司法考试制度，加大了中西部地区、民族地区法律人才储备，缓解了基层法官、检察官短缺问题。通过解决法官、检察官、人民警察、司法行政人员的特殊困难，稳定了基层一线的执法办案力量。与此同时，政法各单位不断完善职业培训制度，积极创新培训理念、方法和手段，使培训更加贴近执法实践、符合执法要求。5 年来全国共培训法官 150 多万人次、检察官 75 万多人次、公安民警 600 多万人次，大大提高了干警执法办案、服务群众的能力水平。

通过完善律师制度，明确了律师作为中国特色社会主义法律工作者的职业定位，切实保障律师的执业权利，促进了律师业健康发展。截至 2011 年年底，我国有律师事务所 1.82 万家，有律师 21.5 万人；2011 年全国律师担任法律顾问的企事业单位共 39.2 万家，与 2008 年相比，增长 24.6%；办理诉讼案件 231.5 万多件，与 2008 年相比，增长 17.7%；办理非诉讼法律事务 62.5 万多件，与 2008 年相比，增长 17%；承办法律援助案件近 84.5 万件，与 2008 年相比，增长 54.5%。

第四，解决政法经费装备困难，保障依法履行职责。新一轮司法体制机制改革明确提出了将政法机关“分级负担、分级管理”的经费保障体制，改革为“明确责任、分类负担、收支脱钩、全额保障”的体制，加大中央和省级财政保障力度，建立公用经费正常增长机制。国家还制定了司法机关基础设施建设标准和装备配备指导标准，改善办公、办案条件，提高信息化、科技化水平，为提升司法能力提供扎实的物质保障。加大对政法基础设施和装备建设的投入，坚持“重心下移，保障下倾，投入下沉”，优先改善基层政法基础设施和装备建设。通过这些改革，有效解决了政法机关长期存在的人员紧张、经费困难、装备落后等困难，极大提升了基层政法单位的综合战斗力，鼓舞了政法干警士气。2010 年来基层派出所每年抓获的在逃人员占全国公安机关抓获在逃人员总数的 40%，派出所出警人数占公安机关出警总数的 70% 左右；基层检察院近从 2009 年至 2012 年 9 月批捕和提起公诉人数占同期全国检察机关办理案件总数的 95% 以上；基层法院从 2009 年至 2012 年 9 月半审理和执行各类案件数占全国法院审理和执行案件总数的 89.28%；“十一五”期间各地司法所参与调解疑难纠纷 360 万件，协助基层政府处理社会矛盾纠纷 313.4 万件。

（七）全社会法治观念明显增强

在全体公民中普及法律知识，在全社会树立法治理念，形成学法、尊法、守法、用法的社会氛围，形成不愿违法、不能违法、不敢违法以及办事依法、遇事找法、解决问题用法、化解矛盾靠法的良好法治环境，是我国法治建设取得成功的基础条件和重要标志。改革开放以来，法治在深刻改变中国社会的同时，也改变着中国人的观念，民主、法治、自由、人权、公平、正义等理念潜移默化地影响人们的价值观念，融入人们的生活，全社会的法治理念明显增强。

从1985年起，全国人大常委会先后通过了六个在全民中普及法律知识的决定，并已连续实施六个五年普法规划。“一五”普法期间，有7亿多公民学习了相关的初级法律知识；“二五”普法期间，有96个行业制定了普法规划，组织学习专业法律法规200多部；“三五”普法期间，30个省、自治区、直辖市结合普法活动开展了依法治理工作，95%的地级市、87%的县（区、市）、75%的基层单位开展依法治理工作；“四五”普法期间，有8.5亿公民接受了各种形式的法治教育；“五五”普法期间，全国有24600多人次省部级领导干部、41.53万人次地厅级领导干部参加了法制讲座，各级领导干部依法执政、依法决策意识和能力进一步提高。目前，“六五”（2011—2015年）普法全面推进，以宪法为核心的中国特色社会主义法律体系各项法律法规得到广泛宣传普及，全社会法治化管理水平进一步提高，法治宣传教育在全面推进依法治国、加快社会主义法治国家建设中发挥了重要作用。

普及法律知识的对象是全体公民，重点是国家公务人员。对普通公民，普及法律知识的目的不仅是要让每个公民知法尊法守法，更重要的是让广大公民学会运用法律武器维护自己的合法权益；对国家公务人员，要求他们牢固树立法治观念，更加自觉地依法办事；对于全社会，则要求弘扬法治精神，培育法治文化，形成良好的社会氛围。“五五”普法期间，加强公务员岗位职能法律知识培训和考试考核，全国共培训公务员4200多万人次，公务员参加法律知识考试2700多万人次，98%以上的公务员达到了每年学习法律知识；组织企业经营管理人员法律知识培训3.35万多期，培训人员290多万人次，举办讲座、报告会5.13万多场次，参加人员620多万人次；培训农村“两委”干部1200多万人次，培训农民工1.56亿人次，提高了农民的法律意识。

我国重视普及法律知识与依法治理相结合，广泛开展“依法治省”（市、县、乡、村），开展法治城市和法治县（市、区）创建活动，使法治建设融入各地方、各部门、各单位的日常工作和公民的生产生活之中，努力提高全社会的法治水平，实现学法和用法的结合。到2010年年底，全国已有26个省（自治区、直辖市）、241个市（地、州、盟）、1856个县（市、区）全面开展了法治创建活动。全国各省（自治区、直辖市）普遍成立了由党委、政府主要领导或分管领导担任组长的普法工作领导小组，建立健全了党委领导、人大监督、政府实施的普法依法治理工作领导体制。各部门、各行业成立了由主要领导或分管领导任组长的普法工作领导小组，加强对本部门本行业普法工作的领导。

从1994年至今，中共中央政治局先后举办了一百多次法制讲座或集体学习，其中有近三十次是关于法治建设或者涉及法治内容。中央政治局带头进行法治讲座和学习，对推动全社会特别是国家公务人员学习法律知识、树立法治意识、增强法治理念，起到良好示范作用。全国人大会常委会、国务院常务会议、全国政协常务委员会组成人员举行了一系列法治学习，各级党组织和国家机关集体学习法律知识已形成制度。

此外，我国的法律服务、法学教育、法学研究、法学人才培养和法治队伍建设等，也取得了令人瞩目的显著成就。

三　中国特色社会主义法治建设的基本经验

中国特色社会主义法治建设经历了曲折发展的60多年，取得了举世瞩目的成就，积累了许多宝贵经验。

（一）始终坚持中国共产党对法治建设的领导

坚持党对法治建设工作的领导，是60多年来我国法治建设经验的科学总结，是改革和发展中国特色社会主义法治的内在要求和根本保障，是中国特色社会主义法治最本质的特征和最根本的保证。同革命年代和新中国成立初期相比，现在我们党的中心任务、所处环境和队伍结构已经发生许多重大变化。这些重大变化，客观上要求必须加强和改善党的领导，把党对国家的领导同依法治国有机统一起来。坚持党对法治建设工作的领导，必须提高党的领导水平和执政水平，改进党的领导方式和执政方式。党要善于把管理国家和社会的主要方式，由过去主要运用命令和行政手段转变为主要采用民主和法治方式。党的领导主要是政治、思想和组织领导，通过制定大政方针，提出立法建议，推荐重要干部，进行思想宣传，保证党始终发挥总揽全局、协调各方的领导核心作用。党的十八届四中全会提出："把党的领导贯彻到依法治国全过程和各方面，是我国社会主义法治建设的一条基本经验。"党要领导立法、保证执法、支持司法、带头守法，切实在宪法和法律范围内活动，做到依宪执政、依法执政。党要进一步"加强对全面推进依法治国统一领导、统一部署、统筹协调。完善党委依法决策机制，发挥政策和法律的各自优势，促进党的政策和国家法律互联互动"。

（二）始终坚持中国特色社会主义民主法治发展道路

立足中国实际，从中国的历史与现实国情出发，走中国特色的社会主义法治发展道路，是我们的又一条基本经验。人类政治文明几千年的历史，反复证明了一个道理：一个国家实行什么样的法律制度，走什么样的民主法治发展道路，必须与这个国家的国情相适应。中国的社会主义法治，根植于中华民族几千年来赖以生存和发展的广阔沃土，产生于中国共产党和中国人民为争取民族独立、人民解放和国家富强而进行的伟大实践，是适合中国国情和社会进步要求的法律制度。中国特色社会主义法治与资本主义法治相比，它是社会主义类型的法治；与马克思恩格斯理想社会主义的国家与法制理念相比，它是社会主义初级阶段的法治；与苏联、东欧国家以及现在的越南、朝鲜、古巴等其他社会主义国家的法治相比，它是具有中国特色的社会主义法治；与中国历史上的中华法系和传统法律制度、法律文化相比，它是现代化的中国社会主义法治，政治性、特殊性、阶段性和现代性，是中国特色社会主义法治的基本特征。坚持中国特色社会主义民主法治建设与发展道路，是中国近代历史和社会发展的必然结果，是中国人民和中华民族的共同选择。我们要积极借鉴人类政治文明的有益成果，但绝不照搬西方政治制度模式；要学习借鉴人类法治文明和法治文化的积极成果，但绝不走西方法治发展道路。

（三）始终高度重视法治在整个国家现代化建设中的战略地位和作用

法治作为人类创造的政治文明成果，在经济社会发展中越来越显示出不可或缺的重要作用。中国法治建设在新中国成立后的30年时间里，本来有可能得到很好的发展，但却经历挫折并在“文化大革命”中被重创，究其原因，主要是没有正确认识法治建设在整个国家建设中的重要地位。十一届三中全会以后，法治建设引起了党和国家的高度重视。党的十五大第一次把依法治国确定为党领导人民治理国家的基本方略，提出了“依法治国，建设社会主义法治国家”的历史任务。依法治国既是社会主义现代化建设的一项根本任务，也是建设中国特色社会主义民主政治的一个重要内容，是实现社会主义现代化建设目标的重要保障。

在新的历史起点上，全面推进依法治国，是坚持和发展中国特色社会主义的本质要求和重要保障，是实现国家治理体系和治理能力现代化的必然要求，事关我们党执政兴国、事关人民幸福安康、事关党和国家长治久安；是解决党和国家事业发展面临的一系列重大问题，解放和增强社会活力、促进社会公平正义、维护社会和谐稳定、确保党和国家长治久安的根本要求；是全面建成小康社会、实现中华民族伟大复兴的中国梦，全面深化改革、完善和发展中国特色社会主义制度，提高党的执政能力和执政水平的必然要求。尤其是，为了更好统筹国内国际两个大局，更好维护和运用我国发展的重要战略机遇期，更好统筹社会力量、平衡社会利益、调节社会关系、规范社会行为，使我国社会在深刻变革中既生机勃勃又井然有序，实现经济发展、政治清明、文化昌盛、社会公正、生态良好，实现我国和平发展的战略目标，必须更好发挥法治的引领和规范作用。

（四）加强法治文化建设，努力提高全民族的社会主义法治意识

由于中国封建社会法律意识传统的残留以及新中国成立以后“极左”思潮的影响，中国人民的法治意识和法治观念还有待增强和提高。“徒法不足以自行”，人是社会活动的主体，要建立完善的社会主义法治，离不开全国人民

法律意识的提高。为此，必须转变观念，从人治观念转变到法治观念，从特权观念转变到平等观念，从法律虚无观念转变到信仰法治，从义务本位观念转变到权利义务相结合观念。要深入开展法制宣传教育，弘扬社会主义法治精神，树立社会主义法治理念，增强全社会学法尊法守法用法意识。提高领导干部运用法治思维和法治方式深化改革、推动发展、化解矛盾、维护稳定的能力。要加强宪法和法律实施，维护社会主义法制的统一、尊严、权威，形成人们不愿违法、不能违法、不敢违法的法治环境。

（五）始终坚持法治与经济社会协调发展，以法治引领和保障各项改革顺利进行

法治是社会关系的调整器、社会利益的分配器。法治建设要与经济社会发展相协调，不仅要适应经济社会发展的需要，适时进行法律的立、改、废、释，推进法治的改革完善，而且要引导、规范、促进经济社会发展，为社会主义经济建设、政治建设、社会建设、文化建设、生态文明建设提供良好的法治环境，为化解矛盾、解决纠纷、打击犯罪、维护稳定、实现社会公平正义奠定行之有效的法治基础。

处理好改革与法治的关系既是改革开放的必然要求，也是推进法治建设的重要使命。我们党在20世纪90年代初期就提出了“改革决策要与立法决策紧密结合”的基本方针，全国人大也提出了“立法决策与改革决策要紧密结合”的立法原则，为改革开放和经济社会发展提供了良好的法治保障。在推进法治中国建设的时代背景下，“凡属重大改革都要于法有据。在整个改革过程中，都要高度重视运用法治思维和法治方式，发挥法治的引领和推动作用，加强对相关立法工作的协调，确保在法治轨道上推进改革”。坚持“重大改革要于法有据”，既是社会主义法治文明的改革观，也是正确处理改革与法治关系的指导思想和基本

原则。

（六）始终坚持以人为本，尊重保障人权

人民民主的社会主义本质，决定了维护人民长远利益和根本利益是社会主义法治的历史使命，尊重保障人权是实现人民当家做主、维护人民利益的必然要求，坚持以人为本是发展社会主义民主政治、建设社会主义法治国家的内在要求。十七大报告明确指出，要“尊重和保障人权，依法保证全体社会成员平等参与、平等发展的权利”。十八届三中全会决定强调国家尊重和保障人权，进一步完善人权司法保障制度，进一步规范查封、扣押、冻结、处理涉案财物的司法程序；健全错案防止、纠正、责任追究机制，严禁刑讯逼供、体罚虐待，严格实行非法证据排除规则；逐步减少适用死刑罪名……所有这些宣示和规定，都不仅为中国法治发展和司法体制改革指明了方向，也为中国人权建设提供了行动纲领和指南。只有坚持以人为本，切实尊重和保障人权，才能最大限度地调动人民的积极性，在全面发挥社会创造力的基础上，实现社会和谐。

（七）始终坚持党的领导、人民当家做主和依法治国有机统一

发展社会主义民主政治，深化政治体制改革，健全社会主义法制，全面推进依法治国，加快建设社会主义法治国家，最根本的，是要始终不渝地坚持党的领导、人民当家做主和依法治国的有机统一。党的十八大报告指出，必须坚持党的领导、人民当家做主、依法治国有机统一，以保证人民当家做主为根本，以增强党和国家活力、调动人民积极性为目标，扩大社会主义民主，加快建设社会主义法治国家，发展社会主义政治文明。党

的十八届四中全会《决定》提出：必须坚持党领导立法、保证执法、支持司法、带头守法，把依法治国基本方略同依法执政基本方式统一起来，把党总揽全局、协调各方同人大、政府、政协、审判机关、检察机关依法依章程履行职能、开展工作统一起来，把党领导人民制定和实施宪法法律同党坚持在宪法法律范围内活动统一起来，善于使党的主张通过法定程序成为国家意志，善于使党组织推荐的人选通过法定程序成为国家政权机关的领导人员，善于通过国家政权机关实施党对国家和社会的领导，善于运用民主集中制原则维护中央权威、维护全党全国团结统一。

第二章

中国特色社会主义法律体系的形成和完善

全面推进依法治国，建设法治中国，需要通过法律确立的价值、法律设计的制度、法律规范的行为、法律建构的秩序等一系列方式和途径，才能得以实现。因此，有法可依、良法善治既是实行法治和依法治国的基本前提，也是价值法治化中国的基本要求。法律体系是一个国家全部法律规范的集大成者，是有法可依的系统化、整体化的集中表现形式，是通过国家全部现行法律规范这个整体来构建和谐社会的高级法律形态。在我国，形成中国特色社会主义法律体系，是全面推进依法治国、加快建设法治中国的重要前提和根本法律保障。

一　法律体系及其划分标准

何谓法律体系（legal system）？法律体系是立法者人为建构而成的，还是在历史发展中自然形成的？根据什么标准、原则来建构、解构或者划分一个国家的法律体系？什么是法律体系的协调及其发展？对于此类以及其他一些相关问题，中国学者在1980年代前半期，曾经有过一场大规模的讨论。① 这场讨论对于推动中国的法制建设，特别是立法工作，起到了无可置疑的重要作用。但是，在“依法治国，建设社会主义法治国家”的治国基本方略和政治文明的发展目标提出后，在明确提出中国到2010年要形成中国特色社会主义法律体系的历史任务后，过去关于法律体系协调发展大讨论所提供的理论成果和制度设计，显然难以适应和服务于今天建构社会主义市场经济基础之上的法律体系的需要。

（一）西方国家关于法律体系的理解

如众所知，西方法学——尤其是大陆法系国家（如法国、德国、意大利、西班牙等欧洲大陆国家，以及曾是法国、西班牙、荷兰、葡萄牙四国殖民地的国家如阿尔及利亚、埃塞俄比亚等及中美洲的一些国家）的法学——通常在两个意义上使用法律体系概念。

一是将法律体系视为法系。在英语中，“法系”和“法律体系”有时是用同一个词“legal system”表述。在英语法学著作中，用来指称法系“genealogy of law”的词还有legal family，legal group，legal genealogy和legal system。因此，有的西方比较法学家为了避免用语上的困难，特别是为了避免用“legal system”这一多义词来称呼“法系”，就用“法律传统”一词来代替。然而，一般来讲，西方学者通常将“法系”和“法律体系”视为同一个概念来使用，并把这个概念用于对世界法系的研究。

在西方比较法学家看来，世界上法系（法律体系）是多种多样的，例如美国学者威格摩尔在1928年出版的《世界法系概览》（*A Panorama of the World's Legal Systems*，Washington Law Book Company，1928），将世界

① 参见张友渔等《法学理论论文集》，群众出版社1984年版。该论文集收录的30多篇论文、文章，对中国法律体系和法学体系问题进行了较全面的探讨，深化了对这个问题的研究，也推动了当时的法制建设，至今仍有较大影响。

古代各国法律制度分成16个法系，即埃及法系、美索不达米亚法系（巴比伦法或楔形文字法）、希伯来法系、中华法系、印度法系、希腊法系、罗马法系、日本法系、伊斯兰法系、凯尔特法系、斯拉夫法系、日耳曼法系、海事法系、教会法系、大陆法系、英美法系。

德国比较法学家K. 茨威格特在1971年出版的《比较法总论》一书中，则赞同将世界法系分为7种的观点，即法国法系、日耳曼法系、斯堪的纳维亚法系、英吉利法系、俄罗斯法系、伊斯兰法系和印度法系。但是，茨威格特认为，也有一些国家属于“混血”法律体系，例如希腊、南非共和国、以色列、菲律宾、中华人民共和国和其他一些法律体系，“将这样一些法律体系指定属于某个法系是困难的”。尤其是人们往往发现，在某一个法律体系中，许多事项带着来自此一“母法”或者来自另一“母法”的特征。在这种情形下就不可能指定该法律体系整个归入单个法系，这时或者可能只是将该法律体系中的某一个领域的法律，比如只就家庭法、继承法或者只就商法加以归类。[①] 法国著名比较法学家达维德所著《当代主要法律体系》，实际讨论的多是法系问题。[②] 他说：“我们可以把法归类为‘系’，就像宗教方面（基督教、伊斯兰教、印度教等）、语言学方面（罗曼语、斯拉夫语、闪米特语、尼罗河流域语等）一样，可以忽略次要的区别不去管它，而确认‘系’的存在。”达维德认为：“把法归类成系，简化为少数类型，可以便于对当代世界各国法的介绍和理解。”

茨威格特在一定意义上将法系视同为法律体系，并认为构成某种法律体系的因素是：“①一个法律秩序在历史上的来源与发展；②在法律方面占

---

① ［德］茨威格特：《比较法总论》，潘汉典等译，贵州人民出版社1992年版，第139、141页。

② 其他论著还有J. H. 维格莫尔的《世界法律体系概论》（J. H. Wigmore, *A Panorama of the World's Legal Systems*）论述了世界上法系的多样性；另外，J. D. M. 德雷特的《法律体系导论》（J. D. M. Derrett, *An Introduction to Legal Systems*）专门介绍了7种法系的情况。

统治地位的特别的法学思想方法；③特别具有特征性的法律制度；④法源的种类及其解释；⑤思想意识因素。”[①] 由法律传统、法律的历史渊源等因素形成的法系，其各个法律的布局和建构，是在长期的历史发展中形成的，而这些法律最初产生的时候，并没有更多的“法律体系”理论，主要是现实的需要使然。所以，当西方比较法学著作把各个法系的历史渊源和构成状况描述清楚后，“法律体系”的轮廓自然就显现出来了。

另一个是习惯上将法律体系分为公法和私法的“两分法”。在古罗马法中，乌尔比安首先提出了公法与私法的概念。他认为，公法调整政治关系以及国家应当实现的目的；私法调整公民个人之间的关系，为个人利益确定条件和限度。[②] 这是从古罗马乌尔比安对法律体系做出公、私法划分以后，一直沿袭至今的划分方法。现代人们对于公法与私法的划分标准，有利益说、应用说、主体说、权力说、行为说、权利关系说等理论。在理论与实践中还衍生出了“现代公法的私法化和私法的公法化”现象。[③] 在公法与私法划分的基础上，当代法学家又派生出了介于公法和私法之间的“经济法”和“社会法”，使法律体系的划分成为“四分法”的格局。以公法和私法划分为基本前提，有的法学家建构了“五法体系”或者“六法体系”。“五法”即民法、商法、民事诉讼法、刑事诉讼法和刑法；“六法”即宪法、民法、刑法、行政法、民事诉讼法、刑事诉讼法。

把法律体系划分为公法和私法，其划分标准的各种理论虽然不尽相同，但基本认识前提是一致的，即承认经济社会关系具有公和私的不同性质，法律只是这种公私关系的一种表现形式、一种调整手段。把法律体系再划

① ［德］茨威格特：《比较法总论》，潘汉典等译，贵州人民出版社 1992 年版，第 131 页。

② 参见［意］彼德罗·彭梵得《罗马法教科书》，黄风译，中国政法大学出版社 1992 年版，第 9 页。

③ 参见李步云主编《法理学》，经济科学出版社 2000 年版，第 116—117 页。

分为“五法”、“六法”或者若干种类“法”，都是以承认私人领域和私有制经济关系为基础和前提的。

在普通法系国家，如英国（不包括苏格兰），美国（不包括路易斯安那州），以及曾是英国殖民地、附属国的国家如印度、巴基斯坦、新加坡、缅甸、加拿大（不包括魁北克省）、澳大利亚、新西兰、马来西亚等，其法律的基本分类不是公法和私法，而是普通法和衡平法。在法律的分类上，普通法和衡平法缺乏系统性和严格的标准，多数是从中世纪的诉讼形式发展而来的，如普通法系并没有单一的民法和商法，有关的内容分散在财产法、侵权行为法、合同法、信托法、票据法等法律中。[①]

（二）苏联关于法律体系问题的讨论

在苏联，学者们根据革命导师列宁于1922年确立的政治原则和政治逻辑：“我们不承认任何‘私法’，在我们看来，经济领域中的一切都属于公法范围，而不属于私法范围。……由此只是扩大国家干预‘私法’关系的范围，扩大国家废除‘私人’合同的权力……而是把我们的革命法律意识运用到‘公民法律关系’上去”[②]，从而否定了公法和私法划分的前提与标准。与此同时，为了显示社会主义法律体系与西方资本主义关于法律体系理论的根本区别，适应理想的社会主义公有制经济基础的性质，苏联学者另辟蹊径，“试图找到其特有的将法律体系划分为部门的‘独特的’主要标准”[③]。这种强烈的政治愿望和现实需要，引发了苏联学者对于法律体系的

① 吴大英、沈宗灵主编：《中国社会主义法律基本理论》，法律出版社1987年版，第216页。

② 《列宁全集》第36卷，人民出版社1959年版，第587页。

③ ［俄］B. B. 拉扎列夫主编：《法与国家的一般理论》，王哲等译，法律出版社1999年版，第161页。

理论争论。

“在1938—1940年的这种第一次争论中，得出了法分为部门的基础是实体标准——受法调整的关系的特殊性或法律调整对象的结论。依据这一标准，现行法律体系分为十个法律部门——国家法、行政法、劳动法、土地法、集体农庄法、财政预算法、家庭法、民法、刑法和诉讼法。”①

1950年代中期，苏联对法律体系问题争论有所发展，得出的结论是：除了将法律调整对象作为主要标准外，还必须划分出附加标准——法律调整方式。在1930年代的这次讨论中，苏联学者勃拉图西就提出，应当把调整方法也作为分类标准，但这一意见没有得到采纳。

1956年第二次讨论苏联法律体系问题时，大多数学者认为只以法律调整对象作为划分标准已不够了，几乎一致同意把法律调整的对象同法律调整的方法一起看作划分法律部门的统一根据。②

1981年，在苏联关于法律体系的讨论中，确认了将法律调整对象和方式作为法律部门划分的标准。

在1982年第三次关于苏维埃法律体系的讨论中，法律原则、目的和一系列其他因素被列入其中，作为法律调整对象和调整方法的补充。苏联学者对于法的部门的不断增多和系统构成因素的不断增加的反应是一致的：法的体系开始建立在融合了的多层次的基础上。例如阿列克谢耶夫认为，苏维埃法的体系可分为三组法的部门：①专业性（基本的）部门，包括国家法、行政法、民法、刑法、诉讼法；②其他基本部门，包括劳动法、土地法、集体农庄法、家庭法、财政法、社会保障法；③第二层次的综合部门，包括海洋法、银行法、经济法、保险法和自然保护法。

---

① ［俄］B. B. 拉扎列夫主编：《法与国家的一般理论》，王哲等译，法律出版社1999年版，第161页。

② 吴大英、任允正：《苏联法学界关于法的体系的讨论情况简介》，载张友渔等《法学理论论文集》，群众出版社1984年版，第287页。

到了1990年代中期，有的俄国学者逐步修改了苏联关于法律体系的看法，他们不仅承认了公法和私法的划分，而且还对法律体系做了有一定新意的界定："法律体系是指全部法律规范根据调整的对象（被调整关系的性质和复杂性）和方式（直接规定方式、允许方式及其他），分为法律部门（宪法、行政法、民法、刑法等）和法律制度（选举制度、财产制度、正当防卫制度等）。"① 显然，俄罗斯学者对于法律体系的界定，已经突破了原来狭窄的以调整对象和调整方法为内容的法律体系概念，而把法律制度加入其中，拓展了法律体系概念的范围。当然，中国学者在1980年代关于法律体系的界定中，也提到了"法律制度"，并把它当做构成法律体系的要素，但在论述中几乎没有涉及，给人的印象是法律制度与法律体系没有什么关系。②

历史发展的事实是，俄罗斯承袭了苏联的法律传统，又对它进行了一些改造和变创；社会主义中国也从"老大哥"那里学来了包括法律体系理论在内的"苏联法学"。俄罗斯已经并且仍在突破苏联法学的一些范畴，今天是否也应当以科学的实事求是的态度重新审视我们的法律体系理论呢？答案当然是肯定的。

（三）中国关于法律体系的理解

从新形势下中国建设社会主义法律体系的任务和目标要求来看，法学理论界关于法律体系建构的理论准备明显不足，亟待加强这方面的研究和探讨。例如，法律体系是建构而成还是自然生成的，就是一个颇有争议的问题。美国律师约翰·梅西·赞恩在《法律的故事》一书中，用生动平实

---

① ［俄］B. B. 拉扎列夫主编：《法与国家的一般理论》，王哲等译，法律出版社1999年版，第38—39页。

② 高等学校法学教材：《法学基础理论》，法律出版社1982年版，第268页。

的语言，对希腊政治哲学家柏拉图进行评价时，深刻地阐释了好的法律体系形成之不易。他说："好的法律需要经历无数次错误和失误，需要无数个世纪的艰苦努力才能形成，然而，天真的哲学家或立法者却以为他能够在几个小时之内就能建立完善的法律体系。洛克比柏拉图懂得多，他也曾试着为美国的一个小殖民地创立一套法律体系，其结果证明那套法律只不过是不切实际的谬论的大杂烩。此外，还有一个立法者边沁自认为对全世界的法律全都了解，这太荒谬了。他编了一部宪法，并自信这部宪法适合埃及的卡代弟夫和刚获得自由的南美共和国的那些印第安人、美国的一个州以及另外一些政治社会。有许多哲学家都像柏拉图一样，自以为上帝和大自然选定他们作为立法者，但他们全都错了。"① 以往，中国法学界对于法律体系的理解一般比较狭窄，认为"法律体系通常指由一个国家的全部现行法律规范分类组合为不同的法律部门而形成的有机联系的统一整体"②。即使学界现在的理解，基本上也没有能够跳出这个窠臼。什么是中国特色社会主义法律体系？2003年4月25日，在十届全国人大常委会关于《我国的立法体制、法律体系和立法原则》的法制讲座中，主讲人对这个问题作出了回答。所谓法律体系，是指一个国家的全部法律规范，按照一定的原则和要求，根据不同法律规范的调整对象和调整方法的不同，划分为若干法律门类，并由这些法律门类及其所包括的不同法律规范形成相互有机联系的统一整体。"关于法律门类划分，上届全国人大常委会经组织专题研究，按照基本上达成的共识，认为将我国的法律体系划分为以下七个门类比较合适"③，即宪法及宪法相关法、民法商法、行政法、经济法、社会法、

① ［美］约翰·梅西·赞恩：《法律的故事》，孙运申译，中国盲文出版社2002年版，第138页。

② 《中国大百科全书·法学》，中国大百科全书出版社1984年版，第84页。

③ 参见杨景宇《我国的立法体制、法律体系和立法原则》，2003年4月25日第十届全国人大常委会法制讲座第一讲。

刑法、诉讼与非诉讼程序法。中国学者的上述观点，主要是源于苏联的关于法律体系的传统理论。苏联这种理论的产生和发展，有特定的历史条件和背景。

显然，以苏联为代表的社会主义国家法律体系部门划分的实际意义，或许其政治价值大于其学术和实践价值，它存在的主要目的首先是为了解决法律体系姓“资”、姓“社”的问题，其次才是按照法律科学和法学传统来构建一个国家的法律体系。因为只有用这种划分理论和方法，才能取代公法和私法这种以承认私有制为经济基础合法前提的划分标准，才能彰显出这种新型法律体系的公有制性质及其比资本主义社会更先进的社会主义本质。

由于不采用上述部门法的划分方法仍然可以构建一个国家的法律体系，而且千百年来世界上绝大多数国家都不采用这种方法，但并不影响其法律体系的形成、存在和发展，因此，建构法律体系的路径是可以有所不同的，划分部门法的建构方法只是其中的一种。这实际上提出了以划分部门法的方法来建构法律体系的必要性问题，如果是出于意识形态的政治原因，或者是把它建立在马克思经典作家认为的未来生产力高度发达、消灭了私有制和剥削的社会主义社会高级阶段的基础上，那么以这种方法建构法律体系的必要性将大打折扣。

实际上，这两个划分标准的解释并不充分，在理论上存在许多不能自圆其说的地方。比如，以法律调整对象作为划分标准，我们将行政法划分为一个部门法，但为什么不能把立法法、司法法作为部门法单独划分出来？以法律调整方法作为划分标准，我们将刑法划分为一个部门法，但为什么不能把奖励法单独划分出来？此外，划分部门法还可以有其他标准。又如，以法律关系主体作为标准，我国有公务员法、人民警察法、法官法、检察官法等，为什么不把大量有关法律体系主体的法律聚合起来使之成为一个独立的法律部门呢？再如，按照既有的划分标准，为什么国际法可以划分为国际公法、国际私法、国际经济法，而国内法却不允许。显然，以法律调整的社会关系作为划分标准，在实践中并没有做到划分标准的统一，由此建构的法律体系的科学性难免不受到影响。实质上，法律部门的划分标准，是根据一个国家的现实政治、经济、社会的需要来决定的。没有绝对的法律部门划分标准，也没有一成不变的法律部门划分标准，更没有脱离本国实际照搬照抄别国做法的法律部门划分标准。

表2－1

序号	苏联	俄罗斯	中华人民共和国	中华人民共和国成立以前
1	国家法	宪法	宪法及宪法相关法	宪法
2	行政法	行政法	行政法	行政法
3	劳动法	社会法	社会法	
4	土地法	经济法	经济法	
5	集体农庄法	军事法		
6	财政预算法			
7	家庭法			
8	民法	民商法	民商法	民法
9	刑法	刑法	刑法	刑法
10	诉讼法	诉讼与非诉讼程序法	诉讼与非诉讼程序法	民事诉讼法、刑事诉讼法

中国学者关于法律体系的观点，实际上仅强调了对现行法律规范的部门划分及其整体性，而忽略了法律体系本身是一个母系统并由若干个子系统组成的基本事实。这涉及一个重要的前提，即我们确定法律体系及其构成要素的目的是对它进行划分—解构，还是对它进行综合—建构？当然，

解构与建构并没有绝对的界限，在一定意义上说，没有解构就没有建构；反之，没有建构，解构也就失去了存在的价值。但是，在法律体系问题上，建构应当是目的，解构只是手段，解构是为建构法律体系服务的。当我们把一部法律还原为（解构为）法律调整的一类社会关系或者一类调整方法时，它并不是立法者所需要的东西，而只是为达到立法目的所采取的一种被法学理论抽象了的理性的认知手段，立法者对于这种手段的运用常常是不自觉的，而且由于这只是实现立法目的的一种手段但不是唯一的手段，所以立法者还可以有其他手段来达成目标，甚至不采用这种认知手段，同样也可以制定大量法律。马克思曾说："无论是政治的立法或市民的立法，都只是表明和记载经济关系的要求而已。"[①] 在马克思讲的这个意义上，立法者是不可能也不应该按照"法律体系"的要求来创制法律的。哈耶克也非常清楚地指出：那种认为"所有的法律都是，能够是，也应当是立法者随心所欲发明的产物"，"认为所有的法律都是立法者意志的产物"的观点，是"一种谬误"，是"建构论唯理主义的一个谬种"[②]。当法学学者还在争论残疾人、青少年、老年人、妇女、消费者等保护性立法的归属时，即是按照主体还是按照调整对象，抑或是按照调整方法等来划分这些法律的体系归属时，它们已经被立法者实实在在地制定出来了。不管学者如何争论，不管把它们置于哪一个部门法领域，它们的存在都是合理的、必要的，都是不以学者的意志为转移的。在建构法律体系的问题上，"实践"总是母亲，"需要"总是父亲，实践和需要共同创造了法律体系，而不是法律体系造就了自己的父母。因此，对法律体系的认识和分析，应当从建构法律体系的实际需要出发，从法律体系的现实状况出发，加以理性地归纳、总结和分析，这样才有益于法律体系的建构。

---

① 《马克思恩格斯全集》第 4 卷，人民出版社 1958 年版，第 121—122 页。

② ［英］弗里德里希·冯·哈耶克：《法律、立法与自由》第 1 卷，邓正来等译，中国大百科全书出版社 2000 年版，第 115 页。

在立法前或者立法后，把一部法律划分在哪一个法律部门并不是最重要的，因为法律部门也是人根据现实需要而创造的，中国古代的民法刑法不分，诸法合体，西方古罗马的公法、私法之划分，皆有其存在的合理性，不论采取哪种认知方法来评判这些法律体系，它们无论是作为制度还是作为文化，都对自己依存的社会发挥了应有的作用，体现了其存在的价值。对于立法者而言，在立法前运用部门法的思维来给一部即将制定的法律定位，无非是考虑该法律的调整对象的归类，或者调整方法的一致。但在现实中，这种考虑必须服从于立法的现实需要，遵循立法的规程和技术要求。例如，制定香港和澳门基本法，首先考虑的是如何贯彻“一国两制”方针和相应的立法技术；制定立法法和监督法，也不是从宪法部门的划分出发而提出立法计划和立法动议的，立法者对于部门法划分的考虑几乎是无足轻重的。立法者在立法后运用部门法的思维来给法律定位，实际上就是将立法产品放在哪一个“货柜”的问题，如果能够根据部门法的划分理论在已有的货柜中找到一席之地，则可归入之；否则，就可另辟蹊径，再设一个能够容纳新法的货柜，这对于既有法律体系的统一性和完整性不会有任何损害。因为解决法律体系统一性和完整性的问题，主要依靠的是立法程序和技术，特别是依靠有效的违宪审查制度，而不是一种逻辑的法律体系理论。因为社会和社会关系是不断发展变化的，社会分工的细化和多样化是人类走向现代化过程中不可避免的发展趋势，由此必将带来法律关系的巨大变化，导致已有法律体系“货柜”的爆满，所以，用一种发展的、开放的宏大视野来认识和分析法律体系建构问题，是非常必要的。

◇二　中国特色社会主义法律体系形成的历史进程和重大意义

（一）中国特色社会主义法律体系形成的历史进程

中国共产党一向重视立法工作，早在新民主主义革命时期，在有条件的情况下，就经常通过立法来巩固革命成果，建立和维护人民民主革命政权。中华苏维埃共和国成立前，中国共产党领导的各革命根据地先后制定了地方性苏维埃组织法和革命委员会组织大纲等法律法规，例如，1927年11月的《江西省苏维埃临时组织法》、1929年8月的《闽西苏维埃政权组织法》、1930年3月的《信江苏维埃临时组织法》、1931年7月的《鄂豫皖区苏维埃临时组织大纲》，等等。中华苏维埃共和国在江西瑞金成立后，制定了《中华苏维埃共和国宪法大纲》以及《苏维埃组织法》《选举细则》《妇女生活改善委员会组织纲要》《惩治反革命条例》《婚姻条例》《婚姻法》《土地法》《劳动法》《暂行税则》，等等，初步创建了以《中华苏维埃共和国宪法大纲》为基础的新型革命法律体系的雏形。

抗日战争时期，革命根据地颁布了《晋冀鲁豫边区政府施政纲领》《晋察冀边区目前施政纲领》《陕甘宁边区施政纲领》《对巩固和建设晋西北的施政纲领》《山东省战时施政纲领》《山东省人权保障条例》《晋冀鲁豫边区保障人民权利暂行条例》《陕甘宁边区保障人权财权条例》《渤海区人权保障条例执行规则》《苏中区人权保障条例》《抗战时期惩治汉奸条例》《抗战时期惩治盗匪条例》《惩治贪污条例》《禁烟禁毒条例》《破坏金融法令惩罚条例》《陕甘宁边区土地条例》《陕甘宁边区土地租佃条例草案》《陕甘宁边区地权条例》《陕甘宁边区劳动保护条例草案》《晋冀鲁豫边区劳动保护暂行条例》《陕甘宁边区婚姻条例》《陕甘宁边区继承条例》《陕甘宁边区抗属离婚处理方法》《陕甘宁边区继承条例》《陕甘宁边区高等法院组织条例》《陕甘宁边区军民诉讼暂行条例》《陕甘宁边区县司法处组织条例草案》《晋察冀边区陪审暂行办法》《晋西北巡回审判办法》等大量法律法规。据统计，这个时期共颁布了51项有关选举的条例、规程、施行细则、办法、指示等，颁布了56项有关组织和会议规程的法律、条例、章程、指示等①，使中国共产党领导创立的新型革命法律体系雏形得到进一步发展。

解放战争时期，解放区人民政权继续重视立法工作。据不完全统计，这一时期，在宪法性立法方面，先后颁布了《晋察冀边区行政委员会施政要端》《苏皖边区临时行政委员会施政纲领》《陕甘宁边区宪法原则》《东北各省（特别市）民主政府共同施政纲领》《华北人民政府施政方针》等，在选举法方面，颁布法规、指示等8项，在组织法方面，颁布条例、规程等19项，在土地法、婚姻法、刑事法律等方面，也颁布了许多法律、条例和命令，为创立新中国的社会主义法律体系创造了重要立法经验和法制条件。

新中国成立前夕，中共中央在1949年2月28日发布的《关于废除国民党的六法全书与确定解放区的司法原则的指示》中明确指出："在无产阶级领导的工农联盟为主体的人民民主专政政权下，国民党的六法全书应该废除。人民的司法工作，不能再以国民党的六法全书为依据，而应该以人民的新的法律作依据。在人民新的法律还没有系统地发布以前，应该以共产党政策以及人民政府与人民解放军已发布的各种纲领、法律、条例、决议作依据。目前，在人民的法律还不完备的情况下，司法机关的办事原则应该是：有纲领、法律、命令、条例、决议规定者，从纲领、法律、命令、条例、决议之规定；无纲领、法律、命令、条例、决议规定者，从新民主主义的政策。"作为革命党的中国共产党对旧法律的态度在这个《指示》中得到了最好的解释："我们在抗日战争时期，在各根据地曾经个别地利用过

---

① 以上统计资料详见韩延龙、常兆儒编《中国新民主主义革命时期根据地法制文献选编》第1卷、第2卷，中国社会科学出版社1981年版。

国民党法律中有利于人民的条款来保护或实现人民的利益，在反动统治下我们也常常利用反动法律中个别有利于群众的条款来保护和争取群众的利益，并向群众揭露反动法律的本质上的反动性，无疑这样做是正确的。但不能把我们这种一时的策略上的行动，解释为我们在基本上承认国民党的反动法律，或者认为在新民主主义的政权下能够在基本上采用国民党的反动的旧法律。”革命党必须否定旧法治、旧法统，否则就等于承认自己的革命是非法的，革命后自己建立的政权是非法的。在第一届全国人民代表大会召开前，起临时宪法作用的《中国人民政治协商会议共同纲领》第 17 条规定：“废除国民党反动政府一切压迫人民的法律、法令和司法制度，制定保护人民的法律、法令，建立人民司法制度。”董必武曾经指出：“建立新的政权，自然要创建法律、法令、规章、制度。我们把旧的打碎了，一定要建立新的。否则就是无政府主义。如果没有法律、法令、规章、制度，那新的秩序怎样维持呢？”①

1954 年，董必武在第一届全国人民代表大会第一次会议上明确宣布：“现在国家已进入有计划的建设时期，我们的宪法已经公布，今后不但可能而且必须逐步制定比较完备的法律，以便有效地保障国家建设和保护人民的民主权利。”② “为什么把立法问题摆在前面？因为立法工作特别是保卫经济建设的立法工作，相应落后于客观需要，今后如果要按法制办事，就必须着重搞立法工作。”③

---

① 董必武：《论新民主主义政权问题》（1948 年 10 月 16 日董必武在人民政权研究会上的讲话），载《董必武选集》，人民出版社 1985 年版，第 218 页。

② 《董必武法学文集》，法律出版社 2001 年版，第 235 页。

③ 同上书，第 166 页。

为了加强立法，尽快为新中国人民民主政权提供法律基础和合法性[①]依据，在1954年宪法颁布实施前，新中国实行了分散立法模式，县以上各级人民政府都享有一定立法职权[②]，在其职权范围内对所辖行政区域内的部分或者全部事务依法行使立法职权来进行管理。在这种立法模式下，提高了立法效率，从中央到地方的立法速度大大加快。据统计，从1950—1953年，中央立法共435件，年均立法109件。地方立法虽无全面的详细统计数字，但从浙江、内蒙古以及上海的立法情况可见一斑。浙江在1950—1953年，共制定暂行法令条例和单行法规653件，年均立法163件；内蒙古在1950—1954年，制定各种条例和规范性文件368件，年均立法73.6件；上海在1950年到1954年9月，制定暂行法令条例和单行法规799件，年均立法159件。[③]

---

① 法国学者让－马克·夸克对合法性的界定是："合法性是对被统治者与统治者关系的评价。它是政治权力和其遵从者证明自身合法性的过程。它是对统治权力的认可。"被统治者的首肯，是合法性的第一个要求；得到社会价值观念和社会的认同，是合法性的第二个要求；法律对统治权力和价值观的认可，是合法性的第三个要求。这位学者在讲到为什么合法性对中国也适用时指出：首先，政治的合法性是中国人关注的政治问题。人民怎样评价政府的行为？中国人认为政府的责任是什么或者应该是什么？所有这些都是中国政府不可以忽视而且不能忽视的问题。其次，中国正在经历深刻的变革，特别是中国自19世纪被迫向西方开放以来所经历的变革的深刻性赋予了合法性特殊意义。再次，邓小平领导的经济改革使中国进入了一个过渡时期，它影响了社会的各个方面，当然也包括政治体制的合法性。毋庸置疑，经济增长以及它对中国社会产生的深远影响是中国政权政治合法性的源泉。参见［法］让－马克·夸克《合法性与政治》，佟心平、王远飞译，中央编译出版社2002年版，中译本序，第1—7页。

② 根据1950年1月6日政务院颁布的《省、市、县人民政府组织通则》的规定，省人民政府有权拟定与本省政务有关的暂行法令条例，报主管大行政区人民政府转请政务院批准或者备案。直辖市、大行政区辖市和省辖市的人民政府，有权拟定与本市政有关的暂行条例，报上级人民政府批准。县人民政府有权拟定与县政有关的单行法规报请省人民政府批准或者备案。

③ 参见吴大英等《中国社会主义立法问题》，群众出版社1984年版，第36、241页。

1954年9月，经过普选产生的第一届全国人大第一次会议，通过了中华人民共和国的第一部宪法，全面规定了国家的基本制度，并将前一阶段实行的中央与地方分享立法职权的制度改为中央集权的立法体制。

根据1954年宪法的规定，全国人大是国家最高权力机关，也是行使国家立法权的唯一机关。全国人大的立法职权包括：修改宪法；制定法律；监督宪法的实施。后来，我国在1975年和1978年对1954年宪法先后进行的两次大的修改中，均删去了“全国人大是行使国家立法权的唯一机关”的规定。

全国人大常委会是全国人大的常设机关，1954年宪法规定的全国人大常委会的立法职权包括：解释法律；制定法令；撤销国务院的同宪法、法律和法令相抵触的决议和命令；改变或者撤销省、自治区、直辖市国家权力机关不适当的决议；决定同外国缔结的条约的批准和废除。

1955年第一届全国人大第二次会议通过的《关于授权常委会制定单行法规的决议》，把享有国家立法权的范围扩大到了全国人大常委会。该项授权决议解释的理由是：“随着社会主义建设和社会主义改造事业的进展，国家急需制定各项法律，以适应国家建设和国家工作的要求。在全国人大闭会期间，有些部分性质的法律，不可避免地急需常委会通过实施。为此……授权常委会依照宪法的精神、根据实际需要，适时地制定部分性质的法律即单行法规。”[①] 1959年，第二届全国人大第一次会议进一步授权全国人大常委会在全国人大闭会期间根据情况的发展和工作的需要，有权修改现行法律中已经不适用的条文。1954年宪法规定，国务院的行政立法职权包括：根据宪法、法律和法令，规定行政措施，发布决议和命令；审查国务院发布的决议和命令的实施情况；向全国人大或者全国人大常委会提出议案；改变或者撤销各部部长、各委员会主任的不适当的命令和指示；

---

① 《中华人民共和国第一届全国人大第二次会议汇刊》，第995页。

改变或者撤销地方各级国家行政机关的不适当的决议和命令。

1956 年中共八大召开，刘少奇在党的八大政治报告中指出："我们目前在国家工作中的迫切任务之一，是着手系统地制定比较完备的法律，健全我们国家的法制"，"革命的暴风雨时期已经过去了，新的生产关系已经建立起来，斗争的任务已经变为保护社会生产力的顺利发展，因此社会主义革命的方法也就必须跟着改变，完备的法制就是完全必要的了"。

建立完备的法制必须加强立法，但由于 1954 年宪法采取的是中央集权的立法模式①，"立法权集中在中央"②，因此，这种立法模式在一定意义上延缓了我国法律体系的发展进程。据统计，从 1954 年宪法颁布到 1979 年，包括各种意见、办法、命令、决议、决定、通知、报告、答复、办法等在内的中央立法共 1115 件，年均 59 件，地方因无立法权所以记录为零。③ 中央集权的立法体制强有力地保证了中央对全国各项事业的集中统一领导，但也在相当程度上影响了地方积极性的发挥，阻碍了中国社会主义法制的全面发展。

"文化大革命"时期，以阶级斗争为纲，"和尚打伞，无法无天"，国家的立法工作被迫中断，"公、检、法"机关被砸烂，广大干部和人民群众的基本权利受到粗暴践踏，社会主义民主法制遭到严重破坏。

正是吸取了"文化大革命"惨痛的历史教训，党的十一届三中全会提出，为了发展社会主义民主，必须健全社会主义法制，使民主制度化、法

---

① 1954 年宪法规定，全国人民代表大会是行使国家立法权的唯一机关，有权修改宪法和制定法律。1955 年第一届全国人大第二次会议通过的《关于授权常务委员会制定单行法规的决议》，把享有国家立法权的范围扩大到了全国人大常委会。该项授权决议解释的理由是："随着社会主义建设和社会主义改造事业的进展，国家急需制定各项法律，以适应国家建设和国家工作的要求。在全国人民代表大会闭会期间，有些部分性质的法律，不可避免地急需常务委员会通过实施。为此……授权常务委员会依照宪法的精神、根据实际需要，适时地制定部分性质的法律即单行法规。"

② 《毛泽东选集》第 5 卷，人民出版社 1977 年版，第 276 页。

③ 参见吴大英等《中国社会主义立法问题》，群众出版社 1984 年版，第 241 页。

律化。从此，确立了在现代化建设中应当发展社会主义民主和健全社会主义法制的基本方针。健全社会主义法制，应当做到“有法可依、有法必依、执法必严、违法必究”。十一届三中全会还明确要求：“必须做到有法可依，从现在起，应当把立法工作摆到全国人民代表大会及其常务委员会的重要议程上来。”实现有法可依，成为新时期法制建设的首要任务。1980 年邓小平进一步重申：“要继续发展社会主义民主，健全社会主义法制。这是三中全会以来中央坚定不移的基本方针，今后也绝不允许有任何动摇。我们的民主制度还有不完善的地方，要制定一系列的法律、法令和条例，使民主制度化、法律化。”①

建立社会主义法律体系，实现有法可依，是新时期社会主义法治建设的一项长期任务，也是新时期立法工作的一个基本目标。1978 年邓小平在《解放思想，实事求是，团结一致向前看》中说过：“现在的问题是法律很不完备，很多法律还没有制定出来……所以，应该集中力量制定刑法、民法、诉讼法和其他各种必要的法律，例如工厂法、人民公社法、森林法、草原法、环境保护法、劳动法、外国人投资法等，经过一定的民主程序讨论通过……做到有法可依……国家和企业、企业和企业、企业和个人等之间的关系，也要用法律的形式来确定；它们之间的矛盾，也有不少要通过法律来解决。现在立法的工作量很大，人力很不够，因此法律条文开始可以粗一点，逐步完善。有的法规地方可以先试搞，然后经过总结提高，制定全国通行的法律。修改补充法律，成熟一条就修改补充一条，不要等待‘成套设备’。总之，有比没有好，快搞比慢搞好。”② 这些思想，符合当时实际，成为 1978 年以后一段时间内我国立法工作的指导方针，对于加快立

---

① 邓小平：《贯彻调整方针，保证安定团结》，载《邓小平文选》（1975—1982 年），人民出版社 1983 年版，第 318—319 页。

② 邓小平：《解放思想，实事求是，团结一致向前看》，载《邓小平文选》第 2 卷，人民出版社 1994 年版，第 146—147 页。

法速度、及时解决“无法可依”的问题具有重要的指导意义。

新时期法制建设开端最明显的标志是1979年的大规模立法。1979年7月，五届全国人大二次会议审议通过了刑法、刑事诉讼法、地方各级人大和地方各级政府组织法、全国人大和地方各级人大选举法、法院组织法、检察院组织法、中外合资经营企业法七个重要法律。“在一次会议上通过这样多的重要法律，这在我国社会主义立法史上还是第一次。”① 邓小平在人大会议期间指出：“这次全国人大开会制定了七个法律……这是建立安定团结政治局面的必要保障。这次会议以后，要接着制定一系列的法律。我们的民法还没有，要制定；经济方面的很多法律，比如工厂法等，也要制定。我们的法律是太少了，成百个法律总要有的……现在只是开端。”②

1982年，第五届全国人大常委会第五次会议工作报告中首次明确提出：“立法要从我国的实际情况出发，按照社会主义法制原则，逐步建立有中国特色的独立的法律体系。”

1987年，党的十三大报告在向全世界宣布“社会主义民主和法制的建设逐步发展，以宪法为基础的社会主义法律体系初步形成”的同时，明确指出：“中国正处在社会主义的初级阶段，必须以公有制为主体，大力发展有计划的商品经济；必须加快建立和培育社会主义市场体系，抓紧建立完备的经济法规体系，尽快制定有关私营经济的政策和法律，保护它们的合法利益。总之，法制建设必须贯穿于改革的全过程，国家的政治生活、经济生活和社会生活的各个方面，民主和专政的各个环节，都应做到有法可依、有法必依、执法必严、违法必究。”

1988年3月，七届全国人大一次会议指出：“过去五年立法工作的重大进展，使中国在国家政治生活、经济生活、社会生活的基本方面，已

① 吴大英、刘瀚等：《中国社会主义立法问题》，群众出版社1984年版，第64页。

② 邓小平：《民主和法制两手都不能削弱》，载《邓小平文选》第2卷，人民出版社1994年版，第189页。

经……是有法可依。以宪法为基础的社会主义法律体系已经初步形成。”李培传先生在《中国社会主义立法的理论与实践》一书中提出，1978—1990年“是我国大规模立法活动开展的时期，也是我国立法取得令人瞩目的成果的时期。一个具有中国特色的，以宪法为核心、多层次的社会主义法律体系，在几乎是一片空白和荒芜的基础上，初步形成……这些法律、行政法规、地方性法规和行政规章的制定，使我国的政治、经济、社会等方面，基本上有法可依了”[①]。

1992年邓小平南方谈话以后，为了深化经济体制改革，建立社会主义市场经济体制，1993年在中国共产党《关于建立社会主义市场经济体制若干问题的决定》中，提出我国“法制建设的目标是：加快经济立法，进一步完善民商法律、刑事法律、有关国家机构和行政管理方面的法律，本世纪末初步建立适应社会主义市场经济的法律体系”。1993年八届全国人大一次会议通过宪法修正案，把“中国正处于社会主义初级阶段”、“建设有中国特色社会主义的理论”和“坚持改革开放”等内容载入了宪法，明确规定“国家实行社会主义市场经济”，“国家加强经济立法，完善宏观调控”。这就为建立和发展社会主义市场经济提供了宪法依据，具有重大意义。建立社会主义市场经济体制必须有比较完备的法制作保障。现在规范市场经济主体行为、维护市场经济秩序和完善宏观调控的一些急需的法律还没有制定出来，因此加快立法刻不容缓。[②]

1994年，第八届全国人大常委会第二次会议提出：“按照宪法的要求，常委会把经济立法作为第一位的任务，争取在本届任期内大体形成社会主义市场经济法律体系的框架。”

1995年，全国人大常委会“继续把立法工作放在首位，加快经济立法，

---

① 李培传主编：《中国社会主义立法的理论与实践》，中国法制出版社1991年版，第356页。

② 彭冲：《中华人民共和国第八届全国人大常委会报告》（1993年）。

在形成社会主义市场经济法律体系框架方面迈出了重要步伐”。

1996 年，第八届全国人大常委会第四次会议工作报告指出，过去一年常委会的立法工作“在形成社会主义市场经济法律体系方面迈出了重要步伐，为改革开放和现代化建设的顺利进行提供了法律保障”。

1997 年，第八届全国人大常委会第五次会议工作报告总结道：常委会“抓紧立法，在建立社会主义市场经济法律体系方面迈出重要步伐……社会主义市场经济法律体系框架已初具规模”。

1997 年，党的十五大报告在确立依法治国基本方略的同时，明确提出了社会主义法治国家建设过程中的立法目标，是“到 2010 年形成有中国特色的社会主义法律体系”。

1998 年，第九届全国人大常委会第一次会议工作报告在总结立法工作时指出，过去五年的“立法不仅数量多，质量也有所提高，为形成具有中国特色社会主义法律体系奠定了基础”。今后的立法工作要按照党的十五大提出的目标和任务，“继续加强立法工作，把经济立法放在重要位置，提高立法质量，努力建设有中国特色社会主义法律体系”。

由上可见，随着我国经济社会体制改革的不断深化和社会主义民主法治建设的不断发展，我们对法律体系的理解和认识也在不断提高。从“建立有中国特色的独立的法律体系”发展为“社会主义法律体系初步形成”，从“形成社会主义市场经济法律体系框架”发展为“建立社会主义市场经济法律体系”，从“建立社会主义法律体系”发展为“形成中国特色社会主义法律体系”，从“初步形成”、“基本形成”发展为“形成”——所有这些变化，都显示了国家对立法工作认识的不断提高、对法律体系的认识不断完善、对形成中国特色社会主义法律体系实践过程的认识不断深化。

从 1997—2010 年形成有中国特色的社会主义法律体系，用 13 年时间实现这一立法目标，大致可分为三个阶段：

（1）九届全国人大期间——“初步形成中国特色社会主义法律体系”；

（2）十届全国人大期间——“基本形成中国特色社会主义法律体系”；

（3）十一届全国人大到2010年——“形成中国特色社会主义法律体系”。

2003年3月，十届全国人大常委会第一次会议工作报告总结指出：在前几届工作的基础上，经过不懈努力，构成中国特色社会主义法律体系的各个法律部门[①]已经齐全，每个法律部门中主要的法律已经基本制定出来，加上国务院制定的行政法规和地方人大制定的地方性法规，以宪法为核心的中国特色社会主义法律体系已经初步形成。十届全国人大及其常委会未来五年立法工作的目标是，“基本形成中国特色社会主义法律体系”。

2007年，党的十七大报告宣布，中国特色社会主义法律体系基本形成。

2008年3月，吴邦国委员长在十一届全国人大一次会议上指出：中国特色社会主义法律体系，是以宪法为核心、法律为主干，由宪法及宪法相关法、民法商法、行政法、经济法、社会法、刑法、诉讼与非诉讼程序法七个法律部门和法律、行政法规、地方性法规三个层次规范构成的统一整体。

2010年是形成中国特色社会主义法律体系的收官之年。最高国家权力机关将在适当时候正式宣布——中国特色社会主义法律体系已然形成。中国特色社会主义法律体系的形成，是全面推进依法治国的重要标志，是新中国法治建设取得的重大成就。

2011年3月10日，吴邦国委员长在十一届全国人大四次会议上说：到

① 在我国，法律的部门分类体系是建构法律体系的核心；在西方国家，所谓法律体系主要关注的是公法和私法的划分及其派生物。以确立法律部门作为划分法律体系的目标，首先遇到的就是把法律体系划分成法律部门的意义的问题，即如果不使用“部门”的概念来分解法律体系，是否会影响法律体系的构成，或者换言之，在不采用法律体系之部门划分的国家，是否其法律体系就不能构成为“体系”。回答当然是否定的。在英美法系和大陆法系国家，不采用“部门”的概念和方法来划分法律体系，但其法律体系照样能够合理存在并正常运转，并不会影响其法治的实施。

2010年年底，我国已制定现行有效法律236件、行政法规690多件、地方性法规8600多件。目前，涵盖社会关系各个方面的法律部门已经齐全……一个立足中国国情和实际、适应改革开放和社会主义现代化建设需要、集中体现党和人民意志的，以宪法为统帅，以宪法相关法、民法商法等多个法律部门的法律为主干，由法律、行政法规、地方性法规等多个层次的法律规范构成的中国特色社会主义法律体系已经形成，国家经济建设、政治建设、文化建设、社会建设以及生态文明建设的各个方面实现有法可依，党的十五大提出到2010年形成中国特色社会主义法律体系的立法工作目标如期完成。

（二）中国特色社会主义法律体系形成的标准

英国著名法理学家约瑟夫·拉兹教授在《法律的权威》一书中，从分析法理学的角度出发，认为一种完整的法律体系理论应当包括对四个问题的回答：

一是存在问题，即“一种法律体系存在的标准是什么”。如何区分现存的法律体系与那些已经停止存在的法律体系和从未存在过的法律体系，法律体系理论要提供一些标准以做出判断。

二是“特征问题（以及与之相关的成员资格问题）”，即决定一种法律归属于某一体系的标准是什么。人们可以从成员资格中推导出关于特质的标准，并回答哪些法律构成一种体系。

三是“结构问题”，即所有的法律体系是否都有一个共同的结构，或者某类法律体系是否具有共同的结构，属于同一个法律体系的那些法律是不是具有某些反复出现的关系模式。究竟是什么构成重要的法律体系之间的差别？

四是“内容问题”，即有没有一些法律会以这样或者那样的形式出现在所有的法律体系中或者某类法律体系中，有没有一些内容对于所有的法律体系都是不可缺少的，或者有没有一些重要的内容可以区分重要的法律类型。①

拉兹教授提出的观点尽管是分析法理学的，没有涉及法律体系的价值问题和实际运作问题，但他的观点给我们提供了有益的思想资源：法律体系并不是自然、自发形成的，而是立法者（主权者）人为构造的；法律体系并不仅仅是一种部门法的划分与构成体系，而是由多种从属性体系（子系统）、从属性要素构成的；构成法律体系的标准是多样的和多角度的。

从中国国情和实际出发，考虑历史原因和现实法治建设的状况，中国特色社会主义法律体系的形成应当符合以下主要标准。

一是法律体系的构成标准。在中国特色社会主义法律体系中，以宪法为核心、以法律为主干，包括宪法及宪法相关法、民法商法、行政法、经济法、社会法、刑法、诉讼与非诉讼程序法在内的各个法律部门，包括法律、行政法规、地方性法规和民族自治条例（单行条例）等在内的各层次法律规范，包括法典法与单行法、修改法与原定法、解释法与原定法、下位法与上位法、新法与旧法、特别法与一般法、程序法与实体法、地方法与中央法、国际法与国内法等在内的各类别法律，应当做到上下统一、左右协调、整体和谐，构成有机统一的法律体系整体。

二是法律体系的数量标准。截至目前，全国人大及其常委会制定了230多件现行有效的法律，国务院制定了600多件现行有效的行政法规，地方人大及其常委会制定了7000多件地方性法规，民族自治地方人大通过了近700件自治条例和单行条例，我国各种立法已达到较大数量规模，构成中国特色社会主义法律体系的各个法律部门已经齐全，各个法律部门中基本的、主要的、起支架作用的法律及其配套规定已经制定出来。新中国成立后，

① ［英］约瑟夫·拉兹：《法律体系的概念》，吴玉章译，中国法制出版社2003年版，第2—3页。

尤其是改革开放以来取得的大量立法成果，为中国特色社会主义法律体系的如期形成提供了必要条件，奠定了良好基础。

三是法律体系的调整范围标准。形成中国特色社会主义法律体系，要求国家的经济关系、政治关系、文化关系、社会关系、国际关系的各个方面，国家与公民、中央与地方、地方与地方、公民与公民、公民与社会组织、各个党派之间、各个民族之间、各种组织之间、权利与义务、权力与责任、人与自然、人与社会等各种重要关系，都应当纳入法律调整范围；国家政治生活、经济生活、社会生活和文化生活的主要方面，都应当实现有法可依。

四是法律体系的内部技术标准。中国特色社会主义法律体系应当配套，既无重要缺项，也无“摆设立法”。法律体系内部应当结构合理，体例科学，文字规范，逻辑严谨，前后一致，左右协调，上下有序，各类法律从精神到原则、从形式到内容、从规范到文本、从个体到整体，做到相互衔接、彼此协调、浑然一体。同时应将法律体系中的空白、矛盾、冲突、漏洞、重复和瑕疵等，尽最大努力减少到最低程度，并对过时落后和冲突矛盾的法律及时清理。

五是法律体系的价值实效标准。中国特色社会主义法律体系既是价值原则的法律化，也是行为规范的体系化。它所要求公民、法人和社会组织遵守的各种法律，要求执政党、立法机关、行政机关、司法机关和武装力量实施的全部法律，应当是符合中国国情和人民意志的良法，是体现公平正义和公序良俗、符合社会发展规律和人类文明进步潮流的善法。法律体系中各个门类、各种位阶和各种规范形式的法律，都应当在社会生活中发挥应有作用，通过良法善治，保障人权，实现立法目的。

（三）中国特色社会主义法律体系形成的重大意义

中国特色社会主义法律体系的如期形成，是新中国社会主义建设的伟大成就，是改革开放以来党的基本路线方针政策法律化的重大成果，是全面推进依法治国的重要标志，具有重大意义。

1. 中国特色社会主义法律体系的形成是新中国社会主义建设的伟大成就

现代国家立法的主要社会功能，是通过立法的形式，实现对社会关系的法律调整，对社会利益的法律分配，对社会秩序的法律规制，对社会建设成果的法律确认。法律对于社会进步发展的肯定作用是不言而喻的。1804年的《法国民法典》是拿破仑主持制定的，后来被命名为《拿破仑法典》。拿破仑在1821年病死前总结其一生时说过："我的光荣不在于打胜了四十个战役，滑铁卢会摧毁这么多的胜利……但不会被任何东西摧毁的，会永远存在的，是我的民法典。"① 毛泽东曾经指出："世界上历来的宪政，不论是英国、法国、美国，或者是苏联，都是在革命成功有了民主事实之后，颁布一个根本大法，去承认它，这就是宪法。"② 我国是一个成文法国家，社会主义法律体系是全部现行立法的集大成者，是国家各方面、各层次、各领域立法的综合结果，其首要的政治价值和社会功能，是以国家意志和法律规范的形式，对社会主义革命、建设和改革成果的予以确认和保护。1954年新中国制定的第一部社会主义宪法"巩固了我国人民革命的成果和中华人民共和国建立以来政治上、经济上的新胜利，并且反映了国家在过渡时期的根本要求和广大人民建设社会主义社会的共同愿望"，确认了千百年来受压迫的人民群众成为国家主人翁的事实。1982年宪法则"以法律的

---

① 《拿破仑法典》(《法国民法典》)，李浩培等译，商务印书馆1979年版，第3页，译者序。法国在大革命后之所以亟欲制定民法典，一个重要原因是，"革命既已成功，必须除旧布新，即通过成文法的制定来巩固资产阶级革命的胜利，并为资本主义的发展在法律上奠定基础"。

② 毛泽东：《新民主主义的宪政》，人民出版社1964年版，第693页。

形式确认了中国各族人民奋斗的成果，规定了国家的根本制度和根本任务”。宪法是中国特色社会主义法律体系的核心和基础，从 1954 年宪法到 1982 年宪法，规定了新中国的指导思想、根本任务、政治制度、经济制度和社会制度，规定了中华人民共和国的国体和政体、中央与地方的关系、公民的权利与义务等，充分肯定了新中国革命和建设取得的各项成果。从 1988 年对现行宪法的第一次修改到 2004 年的第四次修改，多次以修宪方式及时肯定了新时期改革开放的成功经验，确认了改革发展的积极成果。宪法具有最高法律效力，是我国立法的根本法律依据和法律基础。我国法律体系的形成，把新中国成立以来，尤其是 1978 年改革开放以来取得的成功经验和胜利成果，纳入了宪法法律确认和保障的范围，用宪法法律的形式最大限度地规定了社会主义现代化建设的基本要求，记载了各族人民在中国共产党领导下共同奋斗的主要历程，指明了未来中国改革发展的奋斗目标和基本任务。尤其是，中国特色社会主义法律体系的如期形成，以民主立法方式与时俱进地体现人民意志、维护人民利益，从而不断确认和巩固了社会主义革命、建设和改革的合法性基础，确认和巩固了中国共产党依法执政的合法性、权威性，有效地维护和实现了人民当家做主和尊重保障人权，极大地保障和推动了我国的社会主义物质文明建设、政治文明建设和精神文明建设。

2. 中国特色社会主义法律体系的形成是改革开放以来党的基本路线方针政策法律化的重大成就

社会主义法律是中国共产党领导人民制定的，不仅是人民意志的体现，而且是党的基本路线方针政策的条文化、法律化，是中国共产党的主张与全国各族人民意志相统一的法律表现形式。1997 年，中国共产党将“依法治国”确立为治国基本方略，将“建设社会主义法治国家”确定为社会主义现代化的重要目标，并提出了到 2010 年形成中国特色社会主义法律体系的重大任务。在新时期的立法实践中，每一次宪法的修改①、每一个五年立法规划的制定、每一部重要法律的出台……都坚持并体现了中国共产党对立法工作的领导②，体现了通过立法使党的基本路线方针和重大决策法律化的过程。

全国人大常委会高度重视立法与经济社会发展相结合，重视立法决策与改革开放重大决策相结合，重视立法对中国共产党路线方针政策的法律化。1978 年改革开放以来，全国人大常委会在不同时期针对不同情况，适

---

① 实践中，中国宪法的修正案通常首先是由执政的共产党提出建议而产生的。例如，十一届三中全会以后，党在致力于推进社会主义法制建设的同时，也在逐步地探索改革执政方式的道路。中共十四大明确提出我国经济体制改革的目标是建立社会主义市场经济体制。这是中共在领导人民进行经济体制改革方面做出的重大决策。为了使这一决策能够成为由国家机关贯彻实施于国家经济改革活动中的指导方针和原则，中共中央于 1993 年 2 月 14 日向七届全国人民代表大会常务委员会提出了关于修改宪法部分内容的建议，建议将建立社会主义市场经济体制以宪法的形式确定下来。七届全国人民代表大会常务委员会第三十次会议讨论了这个建议，并通过了宪法修改草案，提交八届全国人民代表大会第一次会议审议。1993 年 3 月 29 日，八届全国人民代表大会一次会议通过了宪法修正案，使社会主义市场经济体制在中国成为得到宪法确认的体制。1997 年 9 月，中国共产党召开了第十五次全国代表大会，大会通过的政治报告提出依法治国、建设社会主义法治国家的治国基本方略。为了使这一治国方略所体现的法治原则成为指导国家政权机关活动的确定不移的原则，中共在经过充分的调查研究、征求意见的基础上，于 1999 年 1 月 22 日向第九届全国人民代表大会常务委员会提出关于修改宪法部分内容的建议。九届全国人民代表大会常务委员会第七次会议经过认真的讨论，接受了这个建议，并依宪法规定的修宪程序向九届全国人民代表大会第二次会议提出了宪法修正案草案。全国人民代表大会的代表们在经过认真的审议后，普遍表示赞同，以绝对多数票通过了宪法修正案。从此，法治原则在中国宪法中得到确认。这些表明中共在向依法执政的道路上已迈出探索前进的步伐。参见石泰峰、张恒山《论中国共产党依法执政》，《中国社会科学》2003 年第 1 期。

② 党的十六届四中全会《决定》指出，中国共产党必须坚持民主执政、科学执政、依法执政。依法执政，就是党要紧紧抓住制度建设这个具有根本性、全局性、稳定性、长期性的重要环节，坚持依法治国，领导立法，带头守法，保证执法，不断推进国家经济、政治、文化、社会生活的法制化、规范化，从制度上、法律上保证党的路线方针政策的贯彻实施。

时提出了诸如“当前经济立法的重点，是围绕经济调整和体制改革来进行，以保障调整任务的顺利实现，巩固经济改革的成果”；“要把经过实践证明是正确的并长期适用的政策，通过法定程序转变为国家法律，要认真研究改革开放中出现的各种新情况、新问题，及时地把改革开放的成功经验用法律形式肯定下来”；立法要同改革和发展的实际紧密结合，要把实践证明是正确的东西，用法律形式肯定下来，巩固改革开放的成果，用法律推进和保障改革开放和现代化建设的健康发展；立法工作既要注意及时把改革中取得的成功经验用法律形式确定下来，对现有法律中不适应实践发展的规定进行修改，为改革发展提供坚实的法制保障，又要注意为继续深化改革留下空间，等等。

中国特色社会主义法律体系的形成，反映了我国改革开放和社会主义现代化建设的进程，是对30多年来改革开放所形成的基本经验的法律总结，是对社会主义现代化建设所取得成果的法律肯定，是对中国共产党领导人民进行建设和改革事业的基本路线方针政策的法律确认，是对中国特色社会主义道路、中国特色社会主义理论与实践的法律化概括。我国法律体系的形成，意味着中国坚持改革开放基本路线方针政策的方向不可改变，意味着中国走具有自己特色社会主义道路的选择不可逆转，意味着中国人民奔小康求幸福的决心不可动摇，意味着中华民族实现伟大复兴的目标必将实现。

3. 中国特色社会主义法律体系的形成是全面推进依法治国的重要标志

实行社会主义法治，推进依法治国，基础和前提是要做到有法可依。改革开放30多年来，加强立法始终是我国法治建设中居于优先地位的工作，以至于法学界把这种现象称为“以立法为中心的法治建设模式”。在邓小平加快立法工作的思想指导下，我国立法取得了明显成绩。

1978—1982年是我国立法全面恢复和发展时期。这一时期，除全国人大全面修改颁布了1982年宪法外，全国人大及其常委会还制定颁布了现行有效的法律22件（见表2-2）①。

表2-2　　全国人大及其常委会立法统计分析（1978—1982）

	宪法及宪法相关法	民商法	行政法	经济法	社会法	刑法	诉讼与非诉讼程序法
本时期立法数量（件）	7	3	6	2	2	1	1
占本时期22件立法的（%）	31.82	13.64	27.27	9.09	9.09	4.55	4.55
占所有同部门立法的（%）	17.95	9.38	7.59	3.70	11.76	100	14.29
占229件立法的（%）	3.06	1.31	2.62	0.87	0.87	0.44	0.44

1983—1992年是我国有计划商品经济背景下的立法时期。在1982年宪法的基础上，我国立法进入了快速发展时期。立法工作沿着两条背景性的主线展开：一是大力推进经济体制、政治体制改革，加强民主法治建设和精神文明建设；二是以经济建设为中心，建立适应有计划商品经济发展的

① 根据国务院新闻办公室2008年2月29日发布的《中国的法治建设》白皮书，截至该白皮书发布时，全国人大及其常委会共制定现行有效的法律229件，其中有23件是1978—1982年制定的，6件是1978年以前制定的：城市街道办事处组织条例（1954年）、公安派出所组织条例（1954年）、全国人大常委会批准国务院关于劳动教养问题的决定的决议（1957年）、全国人大常委会批准国务院关于华侨捐资兴办学校办法的决议（1957年）、户口登记条例（1958年）、华侨申请使用国有的荒山荒地条例（1955年）。

计划经济与市场调节相结合的经济体制。这一时期，除全国人大于1988年对1982年宪法做了个别修改外，全国人大及其常委会还制定颁布了现行有效的法律70件（见表2-3）。

表2-3　　全国人大及其常委会立法统计分析（1983—1992）

	宪法及宪法相关法	民商法	行政法	经济法	社会法	刑法	诉讼与非诉讼程序法
本时期立法数量（件）	16	9	19	18	5	无	3
占本时期70件立法的（%）	22.85	12.85	27.14	25.71	7.14		4.28
占所有同部门立法的（%）	41.02	28.12	24.05	33.33	29.41		42.85
占229件立法的（%）	6.98	3.93	8.29	7.86	2.18		1.31

1993—2002年是我国建立社会主义市场经济体制背景下的立法时期。加强立法工作，建立和完善社会主义市场经济法律体系，特别是抓紧制定与完善保障改革开放、加强宏观经济管理、规范微观经济行为的法律和法规是这一时期立法的主要任务。在这个时期，除全国人大于1993年、1999年对1982年宪法做了两次修改外，全国人大及其常委会还制定颁布了现行有效的法律98件（见表2-4）。

表2－4　　全国人大及其常委会立法统计分析（1993—2002）

	宪法及宪法相关法	民商法	行政法	经济法	社会法	刑法	诉讼与非诉讼程序法
本时期立法数量（件）	11	15	38	24	7	无	3
占本时期98件立法的（%）	11.22	15.30	38.77	24.48	7.14		3.06
占所有同部门立法的（%）	28.20	46.87	48.10	44.44	41.17		42.85
占229件立法的（%）	4.80	6.55	16.59	10.48	3.05		1.31

2003年至今是全面贯彻落实科学发展观背景下的立法时期。以法律的方式体现、保障和落实科学发展观的要求，是2003年以来中国立法工作的指导思想和中心任务。这一时期，除全国人大于2004年对1982年宪法做了必要修改外，全国人大及其常委会还制定颁布了现行有效的法律32件（见表2－5、表2－6）。

表2－5　　全国人大及其常委会立法统计分析（2003—2008.03）

	宪法及宪法相关法	民商法	行政法	经济法	社会法	刑法	诉讼与非诉讼程序法
本时期立法数量（件）	3	5	12	9	3	无	无
占本时期32件立法的（%）	9.37	15.62	37.50	28.12	9.37		
占所有同部门立法的（%）	7.69	5.62	15.18	16.66	17.64		
占229件立法的（%）	1.31	2.18	5.24	3.93	1.31		

表 2-6　　2008 年 3 月至 2011 年 9 月的立法统计

序号	法律名称	通过时间	通过机构	制定或修改
1	残疾人保障法	2008 年 4 月 25 日	全国人大常委会	修改
2	循环经济促进法	2008 年 9 月 2 日	全国人大常委会	制定
3	企业国有资产法	2009 年 1 月 20 日	全国人大常委会	制定
4	消防法	2009 年 1 月 20 日	全国人大常委会	修改
5	专利法	2009 年 1 月 20 日	全国人大常委会	修改
6	食品安全法	2009 年 3 月 2 日	全国人大常委会	修改
7	刑法修正案（七）	2009 年 3 月 2 日	全国人大常委会	修改
8	保险法	2009 年 3 月 2 日	全国人大常委会	修改
9	邮政法	2009 年 5 月 7 日	全国人大常委会	修改
10	全国人大常委会议事规则	2009 年 5 月 7 日	全国人大常委会	修改
11	人民武装警察法	2009 年 9 月 4 日	全国人大常委会	制定
12	农村土地承包经营纠纷调解仲裁法	2009 年 9 月 29 日	全国人大常委会	制定
13	统计法	2009 年 9 月 29 日	全国人大常委会	修改
14	驻外外交人员法	2009 年 11 月 2 日	全国人大常委会	制定
15	侵权责任法	2009 年 12 月 30 日	全国人大常委会	制定
16	海岛保护法	2009 年 12 月 30 日	全国人大常委会	制定
17	可再生能源法	2009 年 12 月 30 日	全国人大常委会	修改
18	选举法	2010 年 3 月 15 日	全国人大常委会	修改
19	国防动员法	2010 年 3 月 18 日	全国人大常委会	制定
20	著作权法	2010 年 3 月 18 日	全国人大常委会	修改
21	保守国家秘密法	2010 年 4 月 30 日	全国人大常委会	修改
22	国家赔偿法	2010 年 4 月 30 日	全国人大常委会	修改
23	人民调解法	2010 年 8 月 30 日	全国人大常委会	制定
24	预备役军官法	2010 年 9 月 2 日	全国人大常委会	修改
25	行政监察法	2010 年 10 月 18 日	全国人大常委会	修改
26	社会保险法	2010 年 11 月 2 日	全国人大常委会	制定
27	涉外民事关系法律适用法	2010 年 11 月 2 日	全国人大常委会	制定
28	村民委员会组织法	2010 年 11 月 2 日	全国人大常委会	修改
29	人大代表法	2010 年 11 月 2 日	全国人大常委会	修改

续表

序号	法律名称	通过时间	通过机构	制定或修改
30	水土保持法	2011 年 1 月 26 日	全国人大常委会	修改
31	刑法修正案（八）	2011 年 2 月 28 日	全国人大常委会	修改
32	非物质文化遗产法	2011 年 2 月 28 日	全国人大常委会	制定
33	车船税法	2011 年 2 月 28 日	全国人大常委会	修改
34	煤炭法	2011 年 4 月 25 日	全国人大常委会	修改
35	建筑法	2011 年 4 月 25 日	全国人大常委会	修改
36	道路交通安全法	2011 年 4 月 25 日	全国人大常委会	修改
37	个人所得税法	2011 年 7 月 1 日	全国人大常委会	修改
38	行政强制法	2011 年 7 月 1 日	全国人大常委会	制定

经过新中国成立以来 60 多年，尤其是改革开放以来 30 多年来的不懈努力，中国特色社会主义法律体系终于形成了。这个法律体系的形成，既是对改革开放 30 多年来中国共产党依法执政、立法机关民主立法、行政机关依法行政、司法机关建设公平正义司法体制、全体公民学法守法用法取得明显进步的充分肯定，是对举国上下弘扬法治精神、传播法治文化、坚持和实行依法治国基本方略取得的阶段性成果，也是对未来坚定不移地加强社会主义民主法治建设、不断完善中国特色社会主义法律体系提供的一个良好平台，是坚定不移地全面推进依法治国、加快建设社会主义法治国家的新起点。

4. 中国特色社会主义法律体系的形成是相对而言的，有着具体历史方位和时代语境

中国特色社会主义法律体系形成于社会主义初级阶段，与资本主义法律体系（或法系）相比，它坚持人民民主专政的国体，实行人民代表大会制度；坚持社会主义方向和道路，实行社会主义公有制和按劳分配制度；坚持以马克思主义为指导思想，建设社会主义精神文明；坚持共产党的领导，实行共产党领导的多党合作政党制度，等等，因此我国法律体系是社会主义性质的法律体系。

与马克思主义经典作家描述的发达社会主义阶段的法治（及其法律体系）相比，它是社会主义初级阶段的法治（及其法律体系），我国现阶段的民主法治建设还存在一些不容忽视的问题，法治发展与扩大人民民主和经济社会发展的要求还不完全适应，政治体制改革需要继续深化。这就决定了形成中国特色社会主义法律体系以后，它依然是初级阶段形态的法律体系，必然存在诸多不完善、待健全、须改革的问题，形成更加完善的法律体系将是一个长期艰苦的过程，需要不断努力。

与苏联东欧等原来的社会主义国家以及越南、朝鲜、古巴等现在的社会主义国家的法律体系相比，它是中国特色的社会主义法律体系，把马克思主义国家与法的普遍原理同中国社会主义现代化建设实践相结合，是形成中国特色法律体系的基本原则；学习借鉴世界法治文明有益成果并从中国的历史文化传统和现实国情需要出发，是形成中国特色法律体系的重要路径。

中国特色社会主义法律体系形成于我国经济社会政治等各项体制日益深化改革、不断完善发展的实践过程中。由于法律是一定政治经济社会关系的反映，立法是对一定政治经济社会改革发展变迁结果的确认，因此，我国继续深化经济体制改革，努力加强和谐社会建设，积极推进政治体制改革，这些经济社会政治关系的调整变化，必然对既有法律的持续性清理，对法律经常性的立、改、废，对法律体系的不断完善，提出新标准新要求，进而使法律体系处于相对稳定却经常变动的状态。在这种以全方位改革为主要特征的社会发展阶段，形成法律体系只能是相对的概念，持续完善法律体系以不断适应经济社会发展变迁的要求才是绝对的需要。

中国特色社会主义法律体系形成于加强社会主义民主政治建设、全面推进依法治国的实践过程中。我国社会主义民主还不够完善，社会主义法治还不够健全，依法治国基本方略尚未得到全面落实，这种客观条件必然影响到民主立法、科学立法的水平，影响到立法的选择、功能、内容、技术和结果，进而影响到整个法律体系的质量。所以，用高标准来衡量，从统筹法律体系的形式与内容、局部与整体、良法与善治等方面来看，目前形成的中国特色社会主义法律体系还存在诸多缺陷和不足，还只能算作“初步形成”或者“基本形成”中国特色社会主义法律体系。

三 形成中国特色社会主义法律体系的主要立法经验

反思新中国成立以来，尤其是改革开放以来中国的立法进程，可以总结出以下六条主要立法经验。

（一）坚持以宪法为依据，以国家的整体利益和人民的根本利益为出发点

宪法是治国安邦的总章程，是国家的根本法，具有最高法律效力，一切立法必须以宪法为根本法律依据，不得同宪法精神、宪法原则以及宪法条文相抵触。坚持依宪立法，这既是依法治国的内在要求，也是保证法治统一和权威的重要前提。只有以宪法为依据，才能使制定的法律符合我国社会发展的规律，符合改革和建设的需要。[1] 在立法过程中，必须严格按照宪法的原则和精神，保障公民的各项权利，合理划分国家机构的权限，规范国家机关及其工作人员的行为，正确处理人民群众依法行使权利和国家

---

① 田纪云：《第八届全国人大第四次会议全国人大常委会工作报告》（1996年）。

机关依法管理的关系。立法立足于维护最大多数人的最大利益，注意防止不适当地扩大部门的权力和利益或损害公民的合法权益，努力使制定的法律符合各族人民的根本利益和国家的整体利益，有利于保护和促进生产力的发展。①

坚持依宪立法，应当正确处理中央和地方、全局和局部、长远和当前、发达地区和欠发达地区的利益关系，维护好国家的整体利益和人民的根本利益；应当坚持统筹兼顾，正确认识不同利益诉求，正确处理权力与权利的关系，保证公民、法人和其他组织的合法权益不受侵害。既给予行政机关必要的手段，以确保行政权力依法有效行使，又注意对行政权力进行规范、制约和监督，促进行政机关正确行使权力，保持权力与权利之间的平衡；正确处理权力与权力的关系，坚持权力与责任相统一，体现权力与责任紧密挂钩、权力与利益彻底脱钩的原则；正确处理权利与权利的关系，统筹兼顾各方面的利益诉求，促进社会和谐稳定。

（二）坚持以经济建设为中心，把立法与改革发展的重大决策紧密结合起来

以经济建设为中心、坚持改革开放，是改革开放以来中国经济社会发展的主旋律。立法要适应并服务于经济社会发展和改革开放的需要，是中国立法的又一基本经验。

中国的立法者清楚地认识到，应当坚持立法与改革发展和现代化建设进程相适应，为改革发展和现代化建设创造良好的法治环境；应当认真总结改革开放和现代化建设的基本经验，把实践证明是正确的经验用法律肯定下来，巩固改革开放和现代化建设的积极成果，保障和促进经济社会又

---

① 田纪云：《第九届全国人大第一次会议全国人大常委会工作报告》（1998 年）。

好又快地发展。对于那些应兴应革的重大决策，尽可能做出法律规范，力求用立法引导、推进和保障改革开放和现代化建设的健康发展。[①] 采取积极、慎重的方针，严肃立法，成熟一个，制定一个，不成熟或没有把握的，不勉强制定，避免束缚改革的手脚，或因仓促制定，被迫频繁修改，使制定的法律具有稳定性和权威性。

对于立法中遇到的问题，要区别不同情况作出处理：改革开放实践经验比较成熟的，通过立法加以深化、细化，作出具体规定；改革开放实践经验尚不成熟，又需要作规定的，立法作出原则规定，为进一步改革发展留下空间；对于实践经验缺乏，各方面意见又不一致的，暂不规定，待条件成熟时再行立法。

1986 年，国务院在《关于第七个五年计划的报告》中指出，“经济体制改革的深入进行和国民经济的进一步发展，越来越要求把更多的经济关系和经济活动的准则用法律的形式固定下来，使法律成为调解经济关系和经济活动的重要手段”。

1992 年，中国共产党提出必须“加强立法工作，特别是抓紧制定与完善保障改革开放、加强宏观经济管理、规范微观经济行为的法律和法规，这是建立社会主义市场经济体制的迫切要求”。

1994 年，中国共产党提出“改革决策要与立法决策紧密结合。立法要体现改革精神，用法律引导、推进和保障改革顺利进行”。

1995 年，中国共产党要求“坚持改革开放和法制建设的统一，做到改革决策、发展决策与立法决策紧密结合”。

1997 年和 2002 年，中国共产党又进一步明确提出，“要把改革和发展的重大决策同立法结合起来”，要“适应社会主义市场经济发展、社会全面进步和加入世贸组织的新形势，加强立法工作，提高立法质量，到 2010 年

① 田纪云：《第八届全国人大第四次会议全国人大常委会工作报告》（1996 年）。

形成中国特色社会主义法律体系”。

立法与改革发展紧密结合，可从全国人大常委会的工作报告中略见一斑（见表2－7）。

表2－7　　从全国人大常委会工作报告看立法与改革发展相结合的内容

年份	关于立法与改革发展决策紧密结合的主要内容
1981	我们国家大，民族多，各地的政治、经济、文化的发展是不平衡的。立法应当注意全国千差万别的具体情况，避免一刀切。当前经济立法的重点，是围绕经济调整和体制改革来进行，以保障调整任务的顺利实现，巩固经济改革的成果
1986	为了适应经济体制改革和社会主义现代化建设的需要，必须根据轻重缓急和具体条件，积极负责地加快经济立法的步伐。由于全面的经济体制改革和教育、科技体制改革和教育、科技体制改革正在开展，一些重要的改革还在实践和积累经验的过程中，因此这些法律还需要根据条件逐步制定，在总结经验的基础上，成熟一个制定一个
1990	要把经过实践证明是正确的并长期适用的政策，通过法定程序转变为国家法律，要认真研究改革开放中出现的各种新情况、新问题，及时地把改革开放的成功经验用法律形式肯定下来
1995	继续加快经济立法，在形成社会主义市场经济法律体系框架方面迈出重要步伐。按照立法决策和改革决策紧密结合的要求，把制定保障和促进改革开放、加快建立社会主义市场经济体制方面的法律作为立法的重点
1996	立法要同改革和发展的实际紧密结合。要把实践证明是正确的东西，用法律形式肯定下来，巩固改革开放的成果，用法律引导、推进、保障改革和发展
1998	加快立法步伐，抓紧制定社会主义市场经济方面的法律。在立法工作中，始终注意坚持立法同改革、发展的重大决策相结合。认真总结改革开放和现代化建设的经验，把实践证明是正确的经验用法律肯定下来，巩固改革开放的成果，推进和保障改革开放和现代化建设的健康发展

续表

年份	关于立法与改革发展决策紧密结合的主要内容
2000	要把立法工作与国家改革、发展、稳定的重大决策更加紧密地结合起来，通过建立和完善有关法律制度，保障和促进各项事业的发展
2001	要继续围绕国家的中心工作，坚持立法与改革、发展、稳定的重大决策紧密结合，通过立法，把党的主张转变为国家意志，使立法工作更好地服务于国家工作的大局
2002	根据改革开放和建立社会主义市场经济体制的要求，适时制定、修改有关法律。把经过各地实践的成功做法和实施地方性法规的经验上升为法律
2003	不断加强和改进立法工作，坚持把立法与国家改革、发展、稳定的重大决策更加紧密地结合起来。紧紧围绕国家的中心工作开展立法，集中力量，保证急需制定和修改的法律，以及形成法律体系必不可少的重要法律适时出台，使立法工作服从和服务于国家工作的大局。既着眼于通过立法肯定改革成果，又注意为深化改革留有空间和余地
2004	立法工作思路是坚持围绕党和国家工作大局，为改革发展服务。既注意及时把改革中取得的成功经验用法律形式确定下来，对现有法律中不适应实践发展的规定进行修改，为改革发展提供坚实的法制保障；又注意为继续深化改革留下空间。要坚持从中国的国情出发，始终把改革开放和现代化建设的伟大实践作为立法的基础
2007	立法要准确把握改革开放和现代化建设的客观规律，统筹兼顾最广大人民的根本利益、现阶段群众的共同利益和不同群体的特殊利益，充分发挥法律在构建和谐社会中的规范、引导和保障作用
2008	要按照国家的战略部署和重大决策，以改革开放和现代化建设伟大实践作为立法基础，根据经济社会发展的客观需要，把在中国特色法律体系中起支架作用、现实生活迫切需要、立法条件比较成熟的立法项目作为立法重点，将改革开放和现代化建设的成功经验以法律形式固定下来。要紧紧围绕全面建设小康社会的奋斗目标，紧紧围绕改革发展稳定的重大问题，紧紧围绕人民群众普遍关心的热点难点问题，全面部署和统筹安排立法工作

坚持立法与改革发展和现代化建设相适应，把实践证明是正确的经验用法律肯定下来，巩固改革开放和现代化建设的积极成果，保障和促进经济社会又好又快地发展，为改革发展和现代化建设创造良好的法治环境。①

（三）坚持中国国情和特色，学习借鉴外国立法经验

立法必须从中国的基本国情出发，深刻认识和正确把握中国发展的阶段性特征，坚持以经济建设为中心，坚持改革开放，紧紧围绕全面建设小康社会的奋斗目标，围绕促进经济建设、政治建设、文化建设、社会建设协调发展来开展立法，促进各项事业的顺利发展。

中国正处于并将长期处于社会主义初级阶段，因此中国必须经历一个相当长的历史时期，才能实现工业化和现代化。虽然改革开放以来我们在各方面取得了巨大进步，但是，中国人口多、底子薄，城乡发展和地区发展很不平衡，生产力不发达的状况并没有根本改变，中国的市场经济体制还不够完善，民主法制还不够健全，社会不公、贪污腐败等问题仍然存在，社会主义制度还不够成熟；虽然“经过新中国成立以来特别是改革开放以来的不懈努力，中国取得了举世瞩目的发展成就，从生产力到生产关系、从经济基础到上层建筑都发生了意义深远的重大变化，但中国仍处于并将长期处于社会主义初级阶段的基本国情没有变，人民日益增长的物质文化需要同落后的社会生产之间的矛盾这一社会主要矛盾没有变”②，中国今天仍然是一个发展中国家。立法工作必须始终牢记这一基本国情，从这一基本国情出发，坚定不移地走中国特色的立法发展道路。

---

① 李培传主编：《中国社会主义立法的理论与实践》，中国法制出版社 1991 年版，第 328—331 页。

② 胡锦涛：《高举中国特色社会主义伟大旗帜 为夺取全面建设小康社会新胜利而奋斗——在中国共产党第十七次全国代表大会上的报告》。

立足于中国国情，从中国的实际情况出发，同时要借鉴古今中外好的、有益的东西，认真研究和借鉴国外立法的有益经验，但不照搬别国的立法体制。在制定各项法律时，要注意搜集、整理国外有关的法律规定，加以研究、比较，从中汲取对我们有用的东西。对于其中反映市场经济规律性、共同性的内容，以及国际交往中形成的国际法规范和惯例，大胆地吸收和借鉴，有的适合中国实际的法律规定可以直接移植，在实践中逐步完善。[①]例如，在民商法领域，民法通则、物权法、合同法等法律，兼采普通法系和大陆法系国家的诸多基本制度，吸收了国际通行的私法精神与立法原则。在行政法领域，吸收了现代行政法治中通行的比例原则、信赖保护等原则。在刑事法领域，刑法和刑事诉讼法借鉴和吸收了国外罪刑法定和公开审判等现代刑事法治的基本原则和精神。针对近年来刑事犯罪中出现的新情况，参照国外刑事立法经验，在刑事法律中规定了资助恐怖活动罪、洗钱罪、内幕交易罪、操纵证券期货交易价格罪、妨害信用卡管理罪等新罪名。在知识产权保护和环境保护的立法方面，也吸收了不少国外的立法经验。[②]

2011 年 3 月 10 日，吴邦国委员长在宣布中国特色社会主义法律体系如期形成的讲话中指出：我们还注意研究借鉴国外的立法经验，从中吸取那些对我们有益有用的东西，但绝不照抄照搬。各国的法律体系也不相同，我们不用西方某些国家的法律体系来套中国特色社会主义法律体系，外国法律体系中有的法律，但不符合我国国情和实际的，我们不搞；外国法律体系中没有的法律，但我国现实生活需要的，我们及时制定。从国情出发，大胆学习和借鉴包括西方两大法系立法成果在内的一切人类法治文明的积极成果，是改革开放以来我国立法工作的一条基本经验。

我国立法实践中，学习借鉴外国和港澳台立法经验的例子比比皆是[③]：

---

① 田纪云：《第九届全国人大第一次会议全国人大常委会工作报告》(1998 年)。

② 国务院新闻办公室：《中国的法治建设》白皮书，2008 年 2 月 28 日发表。

③ 顾昂然：《新中国改革开放三十年的立法见证》，法律出版社 2008 年版。

例一，1990 年全国人大第三次会议在审议修改 1979 年通过的《中外合资经营企业法》草案过程中，在是否应规定有的合资企业可以不约定合营期限这个问题上，有不同意见。为研究中外合资企业的合营期限问题，法工委研究部门曾查阅了 18 个国家和台湾地区有关外国投资企业的法律，其中，美、日、法、德、荷、意、比、卢森堡 8 个西方发达国家并未制定专门的外国投资法，外国人在其境内投资设立企业适用公司法或民法的有关规定。苏联、罗马尼亚、波兰、埃及、智利、印尼、泰国、新加坡等国和台湾地区制定了专门的外国投资法。这两类国家和地区的公司法、民法或外国投资法中对合资经营企业经营期限有不同规定。这些资料体现在修改后的《中外合资经营企业法》第 12 条中。

例二，专利法保护范围和期限。《专利法》自 1979 年开始起草，经过 5 年反复修改。在审议草案的过程中，对是保护发明、实用新型、外观设计三种专利，还是仅保护发明一种专利问题，一直有不同意见。不赞成规定保护实用新型和外观设计专利的人认为，我国实行专利尚无经验，一开始就搞三种专利不合适。但赞成三种专利的人认为，参加巴黎公约的国家都应保护外观设计专利。法工委和专利局人员查阅了许多国外资料。据了解，在世界上实行专利制度的 158 个国家中，有 38 个国家只规定保护发明专利一种，有 13 个国家规定保护三种专利，有 97 个国家规定保护发明和外观设计专利，但这些国家大多是将发明专利与实用新型专利合并一起的。最后 1984 年《专利法》规定了三种专利。

例三，劳动法的调整范围。1994 年 7 月，全国人大常委会通过《劳动法》。在审议该法草案过程中有不少意见，其中一直有争论的一个问题是劳动法的调整范围。第一种意见认为劳动法调整范围应包括所有劳动者，国家机关及其工作人员之间关系虽然是一种特殊的劳动关系，但仍是劳动关系。第二种意见认为，企业与其职工之间劳动关系，国家机关与其工作人员之间关系，两者在性质上是不同的，劳动法草案中许多规定不适用于公务员（例如并不签订劳动合同，公务员是常任的）。大多数国家，如美国、英国、加拿大、日本等国的劳动法也不适用公务员。至于事业单位和社会团体，它们与其工作人员的关系情况比较复杂，应以它们与其工作人员是否订立劳动合同而定其是否适用劳动法，教师、医生、科研人员各有其专业特点，许多问题应由专门法律予以规定。

例四，《侵权责任法草案（二次审议稿）》在借鉴国外侵权法立法经验上，特别体现了"大陆法系为体，英美法系为用"的立法指导思想，成功借鉴了大陆法系和英美法系侵权法的立法经验，适当融合了两大法系侵权法的立法优势，形成了很多比较合理的侵权责任规则。

全国人大及其常委会在立法过程中学习借鉴吸收域外立法经验的情况，还可参见表2－8。

表2－8　　22部法律在立法过程中吸收借鉴域外立法经验的情况

序号	中国法律名称	立法时间	立法借鉴域外法经验涉及的国家和地区	借鉴域外立法经验涉及的主要内容
1	食品卫生法	1982年11月	日本、美国、德国、罗马尼亚	本法的适用范围，食品卫生监督，禁止销售的食品，营业场所和设施的卫生要求，行政处理和处罚，刑事处罚
2	水污染防治法	1984年5月	美国、日本、苏联、罗马尼亚	主管机关，各类水质标准和污染物排放标准的制定，对超标排污和造成水污染危害的企业、设施实行限期改进及停工、停产的决定权，法律责任
3	药政法	1984年6月	苏联、日本、美国、英国、新加坡	药品管理的主管机关，药品生产、销售许可证或执照及其有效期限，进口药品的管理，新药的管理，违法药品问题

续表

序号	中国法律名称	立法时间	立法借鉴域外法经验涉及的国家和地区	借鉴域外立法经验涉及的主要内容
4	民法通则	1986年4月	美国、英国、德国、法国、日本	调整商品经济的主要法律——性质和作用：民法、商法、经济法、劳动法、社会法
5	企业破产法（试行）	1986年12月	英国、法国、意大利、荷兰、比利时、德国、爱尔兰	破产的条件，破产程序的提出，破产程序的分类，破产诉讼的司法管辖权
6	标准化法	1988年12月	波兰、匈牙利、捷克斯洛伐克、日本、法国、南斯拉夫	标准体系和标准的制定，标准的执行，产品质量认证，标准实施的监督检查，法律责任
7	环境保护法	1989年12月	美国、日本、苏联、罗马尼亚、韩国、德国	环境保护立法模式，关于“环境”的定义，污染物排放许可证制度，排污费，环境污染损害赔偿的诉讼时效，等等
8	中外合资经营企业法（修正案）	1990年4月	美国、日本、德国、荷兰、卢森堡、法国、意大利、苏联、罗马尼亚、波兰、埃及、智利、印度尼西亚、韩国、泰国、新加坡、马来西亚	公司法或民法中关于公司期限的规定，外国投资法中关于合营企业经营期限的规定
9	著作权法	1990年9月	美国、法国、德国、日本、苏联、意大利、英国、巴西、罗马尼亚、南斯拉夫、保加利亚；大陆法系、英美法系	著作权法保护的作品、作者，著作权的内容，著作权的归属，邻接权，对著作权的限制，著作权合同，侵权责任，职务作品版权归属，等等

续表

序号	中国 法律名称	立法 时间	立法借鉴域外法经验涉及的国家和地区	借鉴域外立法经验涉及的主要内容
10	水土保持法	1991 年 6 月	美国、印度、日本、苏联、澳大利亚、新西兰	水土流失情况，水土保持治理经验，水土保持治理措施，等等
11	税收征收管理法	1992 年 9 月	美国、英国、法国、印度、荷兰、加拿大、日本、德国	查询纳税人银行账户，纳税人离境管理，对欠税人财产和欠税人在银行存款的强制执行，对逃避纳税嫌疑人实施强制措施，征税强制执行措施，偷税逃税构成犯罪的条件，等等
12	海商法	1992 年 11 月	国际海事组织和英国法律专家	国际海上货运合同，提单运输中合同成立时间问题，国际海上运输与国内沿海运输的法律适用问题，船舶所有权和抵押权登记的效力，提单运输承运人的基本义务海上拖航中发生的损害赔偿责任，船舶优先权，对油轮救助的特别补偿，等等
13	矿山安全法	1992 年 11 月	美国、日本、印度；中国台湾地区	矿山安全的执法机关及其职权，矿山建设的安全保障，矿山事故的报告与处理，法律责任
14	商标法（修正案）	1993 年 2 月	美国、法国、德国、日本、意大利、泰国	对假冒他人注册商标行为的处罚，对伪造他人注册商标识别标志行为的处罚，对销售假冒他人注册商标的商品行为的处罚，对法人假冒、伪造注册商标行为的处罚，对假冒注册商标的商品的处理

续表

序号	中国法律名称	立法时间	立法借鉴域外法经验涉及的国家和地区	借鉴域外立法经验涉及的主要内容
15	反不正当竞争法	1993年9月	美国、德国、日本、韩国、匈牙利	立法体例：分别立法、统一立法和分散立法，主管机关及其职权，不正当竞争行为，民事、行政和刑事法律责任，等等
16	公司法	1993年12月	德国、日本、韩国、法国、英国、挪威、瑞典、意大利、瑞士、奥地利、美国、比利时、荷兰、丹麦等国家	股份有限公司、有限责任公司与无限责任公司的主要区别，公司的设立，股份、股票和公司债，股权的转让，公司的机构，股东会，董事会，监事会，公司的会计，年度会计报表及其审计，公积金，股息、控股公司和参与公司，公司的转化、合并、解散与清算，外国公司，法律中关于公司的罚则等
17	预算法	1994年3月	苏联、罗马尼亚、西班牙、日本、德国、泰国、英国、韩国	预算的收支平衡和赤字问题，预算的审批，预算的调整，对预算执行情况和决算的监督，等等
18	劳动法	1994年7月	美国、加拿大、英国、法国、日本、罗马尼亚、俄罗斯、保加利亚、波兰、匈牙利、蒙古、伊拉克等国家	劳动合同的内容，劳动合同的期限，劳动合同的形式，劳动合同的变更，劳动合同的终止，终止劳动合同的补偿等
19	仲裁法	1994年8月	荷兰、瑞士、瑞典、日本；国际商事制裁示范法	撤销裁决，不予执行裁决等

续表

序号	中国法律名称	立法时间	立法借鉴域外法经验涉及的国家和地区	借鉴域外立法经验涉及的主要内容
20	审计法	1994年8月	美国、奥地利、西班牙、加拿大、土耳其、德国、法国、新加坡、日本、印度、瑞典、约旦、沙特阿拉伯等国家	审计机关的设置，审计监督范围，审计调查的权限等
21	合同法	1999年3月	美国、加拿大、澳大利亚、德国、英国、意大利、西班牙、日本、法国、韩国等国家	合同法的发展情况，合同自由原则，合同效力，商务代理人，情势变更，公益捐赠，赠与合同，借贷合同，租赁合同，承揽制度，货物运输合同，旅游合同物的瑕疵担保，托收信贷合同，销售特许合同，委托合同，等等
22	立法法	2000年3月	美国、德国、英国、法国、日本、意大利、俄罗斯、白俄罗斯	立法权限划分，立法制度，地方立法，立法程序，宪法关于立法制度的规定，立法体制，立法指导思想，立法基本原则，授权立法，立法技术，等等

主要资料来源：顾昂然：《回望：我经历的立法工作》（法律出版社2009年版）、《立法札记：关于我国部分法律制定情况的介绍（1982—2004年）》（法律出版社2006年版）、《新中国民主法制建设》（法律出版社2002年版）；张春生：《中华人民共和国立法法释义》（法律出版社2000年版）；等等。

中国立法充分学习借鉴了包括西方立法经验在内的一切人类立法文明的有益成果，不仅大量学习借鉴了西方经济立法、民商事立法、环境保护和能源立法、社会立法等的经验，而且适量学习借鉴了西方民主政治立法、行政立法等的经验；不仅学习借鉴了西方大陆法系的立法经验，而且学习借鉴了普通法系和其他法系的立法经验；不仅学习借鉴了外国的立法经验，而且学习借鉴了中国香港、澳门和台湾地区的立法经验。如果立法的中国经验能够成立，那么，这种经验应当是中国国情与世界立法文明成果相结合的产物，它既是中国的，也是世界的。

（四）坚持民主立法、科学立法、高质立法

民主立法是人民当家做主的内在要求，是把人民的利益诉求和意志主张在民主法治框架下充分表达出来、有效汇集起来，通过立法程序上升为国家意志的重要途径。1978 年改革开放以来，在中国立法工作中，立法民主化、发扬立法民主等理念早已有所体现，但“民主立法”这个提法却是在进入 21 世纪后才正式使用的。九届全国人大四次会议的常委会工作报告提出：“力争做到立法决策的民主化、科学化。”十届全国人大以来，第二次会议的常委会工作报告提出“坚持立法为民”；第四次会议的常委会工作报告要求“立法民主化迈出新步伐”；第五次会议的常委会工作报告使用了“科学立法、民主立法继续推进”的提法。党的十七大进一步明确提出“要坚持科学立法、民主立法”。可见，民主立法在实践中已逐步成为中国立法工作的基本要求和应当长期坚持的重要经验。

坚持科学立法是中国立法的基本要求。毛泽东说过，“搞宪法是搞科学”。实现科学立法，要求立法工作应当秉持科学立法的精神、采用科学立法的方法、符合科学立法的规律、遵循科学立法的程序、完善科学立法的技术。坚持科学立法应当尊重立法工作自身的规律，立法工作既着眼于法

律的现实可行性，又注意法律的前瞻性；既着眼于通过立法肯定改革成果，又注意为深化改革留有空间和余地；既着眼于加快国家立法的步伐，又注意发挥地方人大依法制定地方性法规的积极性；既着眼于立足中国国情立法，又注意借鉴国外立法的有益做法。努力使法律内容科学规范，相互协调。[①] 改革开放以来的立法实践证明，只有坚持民主立法，才能保证人民意志、党的意志和国家意志的有机统一；只有坚持科学立法，才能保证立法符合自然规律、中国社会发展规律和立法自身规律的科学要求；只有坚持民主立法和科学立法，才能从根本上保证立法质量的提高。

加强民主立法是中国立法机关一向秉持的基本方针，但由于主客观多种原因，中国立法机关开门立法却是在20世纪90年代中后期逐步实行和推广的。

2008年3月，十一届全国人大一次会议强调，立法工作“要坚持国家一切权力属于人民，健全民主制度，丰富民主形式，拓宽民主渠道，从各个层次、各个领域扩大公民有序政治参与，保障人民依法实行民主选举、民主决策、民主管理、民主监督的权利”。2008年4月，全国人大常委会委员长会议决定，今后全国人大常委会审议的法律草案，一般都予以公开，向社会广泛征求意见。

1954年至2008年年底，全国人大及其常委会共有20部法律（宪法）草案向社会征求意见，其中，2000年至2008年12月，公布10部法律草案，占公布总数的50%，平均每年公布1.11部；1990年至1999年12月，公布4部法律草案，占公布总数的20%，平均每年公布0.40部；1978年至1989年12月，公布5部法律草案，占公布总数的25%，平均每年公布0.41部。1954年公布宪法草案1部，占公布总数的5%（见表2－9）。

---

① 李鹏：《第十届全国人大第一次会议全国人大常委会工作报告》（2003年）。

表 2－9　　全国人大及其常委会 20 部向社会征求意见的法律草案

名称	公布日期	征求意见的时间	收到意见	通过日期
1954 年宪法	1954 年 6 月 15 日	历时 2 个多月	对原来的草案再度作了修改	1954 年 9 月 20 日，一届全国人大一次会议通过
1982 年宪法	1982 年 4 月 26 日	至当年 8 月底	许多意见被采纳，近百处补充修改	1982 年 12 月 4 日，五届全国人大五次会议通过
全民所有制工业企业法	1988 年 1 月 12 日	至当年 2 月 25 日	提出的许多意见和建议被吸收	1988 年 4 月 13 日，七届全国人大一次会议通过
行政诉讼法	1988 年 11 月 9 日	至当年 12 月底	根据各方意见作了较多修改和补充	1989 年 4 月 4 日，七届全国人大二次会议通过
集会游行示威法	1989 年 7 月 6 日	至当年 8 月 10 日	根据各方意见进行了修改	1989 年 10 月 31 日，七届全国人大常委会第十次会议通过
香港特别行政区基本法	1988 年 4 月—1989 年 2 月	征求意见稿 5 个月；基本法草案 8 个月	仅第一次就作了 100 多处修改	1990 年 4 月 4 日，七届全国人大三次会议通过
澳门特别行政区基本法	1991 年 7 月 9 日—1992 年 3 月 16 日	征求意见稿 4 个月；基本法草案 4 个月	仅第一次就作了 100 多处修改和补充	1993 年 3 月 31 日，八届全国人大一次会议通过
土地管理法	1998 年 4 月 29 日	至当年 6 月 1 日	草案根据征求意见作了许多修改	1998 年 8 月 29 日，九届全国人大常委会第四次会议修订

续表

名称	公布日期	征求意见的时间	收到意见	通过日期
村民委员会组织法	1998 年 6 月 26 日	至当年 8 月 1 日	草案根据征求意见作了修改	1998 年 11 月 4 日，九届全国人大常委会第五次会议通过
合同法	1998 年 9 月 4 日	至当年 10 月 15 日	草案根据征求意见作了修改	1999 年 3 月 15 日，九届全国人大二次会议通过
婚姻法	2001 年 1 月 11 日	至当年 2 月 28 日	草案根据征求意见作了许多修改	2001 年 4 月 28 日，九届全国人大常委会第二十一次会议修正
物权法	2005 年 7 月 10 日	至当年 8 月 20 日	11543 件意见，很多都得以吸纳	2007 年 3 月 16 日，十届全国人大五次会议通过
劳动合同法	2006 年 3 月 20 日	至当年 4 月 20 日	191849 件，创人大立法史新纪录	2007 年 6 月 29 日，十届全国人大常委会第二十八次会议通过
就业促进法	2007 年 3 月 25 日	至当年 4 月 25 日	11020 件意见，约 70% 来自基层群众	2007 年 8 月 30 日，十届全国人大常委会第二十九次会议通过
水污染防治法	2007 年 9 月 5 日	至当年 10 月 10 日	2400 多条群众意见，67 封群众来信	2008 年 2 月 28 日，十届全国人大常委会第三十二次会议通过

续表

名称	公布日期	征求意见的时间	收到意见	通过日期
食品安全法	2008年4月20日	至当年5月20日	共收到11327件，其中通过中国人大网反映的9556件，通过人民网等网站提出的1570件，群众来信164封，报刊刊登的37件	2009年2月28日，十一届全国人大常委会第七次会议通过
刑法修正案（七）	2008年8月29日	至当年10月10日		2009年2月28日，十一届全国人大常委会第七次会议通过
防震减灾法	2008年10月29日	至当年11月30日	共收到意见建议7300多件	2008年12月27日，十一届全国人大常委会第六次会议修订通过
保险法	2008年12月28日	至2009年1月12日		2009年2月28日，十一届全国人大常委会第七次会议通过
社会保险法（草案）	2008年12月28日	至2009年2月15日	共收到70501件。其中通过中国人大网提出的意见68208件，通过主要报刊刊登的意见49件、来信2244封	

2011年4月25日，全国人大网公布《中华人民共和国个人所得税法修正案（草案）》全文，并向社会公开征集意见。草案计划将工资薪金减除费用标准，也就是个人所得税免征额，由当时每月2000元提高到每月

3000 元；同时，工薪所得 9 级超额累进税率也计划修改为 7 级。截至 2011 年 5 月 31 日，征求意见数已超 23 万条，创人大单项立法征求意见数之最。[①] 2011 年 6 月 30 日，十一届全国人大常委会第二十一次会议以 134 票赞成、6 票反对、11 票弃权，通过了《全国人民代表大会常务委员会关于修改〈中华人民共和国个人所得税法〉的决定》。

立法听证是开门立法的又一种重要形式。2005 年 9 月，在全国人大常委会初次审议的个人所得税法修正案草案规定个人所得税工资、薪金所得减除费用标准为 1500 元之前，全国人大法律委员会、财政经济委员会和全国人大常委会法制工作委员会在北京举行听证会，对这一减除费用标准是否适当，进一步广泛听取包括广大工薪收入者在内的社会各方面的意见和建议。这是国家立法机关第一次就立法问题举行立法听证会。

在地方立法机关层面上，立法听证的实践探索和制度建构早已展开。[②] 1999 年 9 月，广东省人大常委会就《广东省建设工程招标投标管理条例》

---

① 全国人大代表叶青回忆说：人民大会堂个税之争，“这是一次终身难忘的经历”，“是民意推动了个税改革”。他在微博中写道：23 万条建议，提高了 500 元，不容易。此次个税审议争论十分激烈。叶青说：“周一的讨论进行了约 3 个小时，主要分为三派：通过 3000 元的修改稿；下次再审议表决；提高免征额。这个结果，首先要归功于网民的呼吁和前期征集意见时 83% 的反对票。”叶青说：“我提的意见是免征额放在 4000 元，主要考虑到生活成本、网民意见、国家财政的承受能力。还有来自发达地区的代表委员提议免征额为 5000 元。总之，很多人大代表表示如果起征点放到 3000 元，就投反对票。出于这种压力，最后定在了 3500 元。周四表决时，20 分钟就通过了，并且是高票通过。反对票加上弃权票，只有 10%。”叶青认为，此次个税调整方式已经比较大幅度地考虑了民意：“原来的方案是 3000 元，基本上是政府部门的意见。作为人大要在政府部门与社会公众之间寻找平衡点。”下一步调整方向是把分类税改成综合税、每月交改为每年交、个人交改为家庭交。叶青坦言：“此次个税修正案征集意见时的 23 万条建议，对免征额最终提高 500 元，起到重大作用。希望这样的经验，成为各级听证会、座谈会的典范。网络已经成为重要的议政渠道，民意能推进个税改革，以后我们还要共同推进财政公开民主。”参见《人大代表亲历个税之争称 3 天提高 500 元不容易》，《长江日报》2011 年 7 月 1 日。

② 参见汪全胜《立法听证研究》，北京大学出版社 2003 年版。

（修订草案）举行听证会，开创了全国地方立法听证之先河。据不完全统计，截至2006年1月，全国已有31个省、市、自治区人大常委会选择与群众利益密切相关的46件地方性法规草案，先后举行了45次立法听证会。

尽管立法听证制度在充分征求民意、完善立法等方面发挥了重要作用，但它也存在着听证人员代表性不够、听证程序设置不够合理、听证过程“形同演戏”、听证结果不受重视等问题。与地方立法的总数相比，仍然存在举行过立法听证会的数量不足1%的问题。上述问题在不同程度上影响了人民参与开门立法的民主质量。

（五）坚持制定法律与修改法律并重，不断完善法律体系

改革开放以来，由于经济社会关系不断变迁，加之法律观念的转变和立法技术的提高，导致法律修改的任务越来越重，制定法律与修改法律并重，成为中国立法的主要做法和基本经验。在全国人大及其常委会制定的现行有效的229件法律中，有71件法律被修改，占现行有效法律总数的31%。按照7个法律部门进行统计，其修改率的排序情况是：刑法1件，修改1件，修改率100%；民法商法32件，修改15件，修改率46.8%；经济法54件，修改21件，修改率28.8%；诉讼与非诉讼程序法7件，修改2件，修改率28.5%；行政法79件，修改22件，修改率27.8%；宪法及宪法相关法39件，修改7件，修改率17.9%；社会法17件，修改3件，修改率17.6%。

从年份来看，现行有效法律的修改情况是：1978—1982年制定法律22件，没有修改法律，修改率为0；1983—1992年制定70件，修改1件，修改率为1.42%；1993—2002年制定98件，修改33件，修改率为33.67%；2003—2008年32件，修改37件，修改率为115.62%（见表2－10）。

表 2－10 现行有效法律修改数量排序统计（71 件）

按修改率排序		1978—1982	1983—1992	1993—2002	2003—2008
1	刑法 1 件，修改 1 件，修改率100%			刑法（1997），全国人大常委会关于惩治骗购外汇、逃汇和非法买卖外刑法修正案（五）（2005），刑法修正案（六）（2006），全国人大常委会关于惩治骗购外汇、逃汇和非法买卖外汇犯罪的决定（1998），刑法修正案（1999），刑法修正案（二）（2001），刑法修正案（三）（2001），刑法修正案（四）（2002）（1 件）	
2	民法商法 32 件，修改 15 件，修改率 46.8%			中外合资经营企业法（1990、2001），婚姻法（2001），商标法（1993、2001），专利法（1992、2000），外资企业法（2000），中外合作经营企业法（2000），著作权法（2001），收养法（1998），保险法（2002）（9 件）	公司法（1999、2004、2005），商业银行法（2003），票据法（1995、2004），拍卖法（2004），合伙企业法（2006），证券法（2004、2005）（6 件）

续表

按修改率排序		1978—1982	1983—1992	1993—2002	2003—2008
3	经济法54件，修改21件，修改率28.8%			统计法（1996），森林法（1998），会计法（1993、1999），草原法（2002），水法（2002），进出口商品检验法（2002），税收征收管理法（1995、2001），产品质量法（2000），农业法（2002）（9件）	对外贸易法（2004），审计法（2006），中国人民银行法（2003），公路法（1999、2004），动物防疫法（2007），节约能源法（2007），种子法（2004），银行业监督管理法（2006），渔业法（2000、2004），矿产资源法（1996），土地管理法（1988、1998、2004），个人所得税法（1993、1999、2005、2007）（12件）
4	诉讼与非诉讼程序法7件，修改2件，修改率28.5%			刑事诉讼法（1996）（1件）	民事诉讼法（2007）（1件）
5	行政法79件，修改22件，修改率27.8%			兵役法（1998），药品管理法（2001），海关法（2000），大气污染防治法（1995、2000），档案	义务教育法（2006），国境卫生检疫法（2007），学位条例（2004），海洋环境保护

续表

按修改率排序		1978—1982	1983—1992	1993—2002	2003—2008
5				法（1996），中国人民解放军军官军衔条例（1994），归侨侨眷权益保护法（2000），测绘法（2002），现役军官法（1994、2000）（9件）	法（1999），文物保护法（1991、2002、2007），水污染防治法（1996、2008），野生动物保护法（2004），律师法（2001、2007），道路交通安全法（2007）（13件）
6	社会法17件，修改3件，修改率17.6%			工会法（2001）（1件）	未成年人保护法（2006），妇女权益保障法（2005）（2件）
7	宪法及宪法相关法39件，修改7件，修改率17.9%		人民检察院组织法（1983、1986）（1件）	民族区域自治法（2001），法官法（2001），检察官法（2001）（3件）	地方各级人大和地方各级政府组织法（1982、1986、1995、2004），全国人大和地方各级人大选举法（1982、1986、1995、2004），人民法院组织法（1983、1986、2006）（3件）

由表2－10的统计可以看出，1978年以来，中国修改法律的数量越来越多。进入21世纪后，修改法律的数量明显超过了制定法律的数量，表明中国的立法进入了一个大调整的时期。

从对现行有效法律的修改次数来看，截至2008年2月，修改5次及5

次以上的法律有2件，占修改总数的2.8%；修改4次的有2件，占修改总数的2.8%；修改3次的有4件，占修改总数的5.6%；修改2次的有14件，占修改总数的19.7%；修改1次的有49件，占修改总数的69%。

如果对7个部门法的修改情况分别进行统计，可以进一步看出法律修改的内容、时间和频率：①宪法及宪法相关法共修改7件，其中修改5次及以上的无；修改4次的2件，修改率为28.57%；修改3次的1件，修改率为14.28%；修改2次的1件，修改率为14.28%；修改1次的3件，修改率为42.80%。②民法商法共修改15件，其中修改5次及以上的无；修改4次的无；修改3次的1件，修改率为6.66%；修改2次的5件，修改率为33.33%；修改1次的9件，修改率为60%。③行政法共修改22件，其中修改5次及以上的无；修改4次的无；修改3次的1件，修改率为4.54%；修改2次的4件，修改率为18.18%；修改1次的17件，修改率为77.27%。④经济法共修改21件，其中修改5次及以上的1件，修改率为4.76%；修改4次的无；修改3次的1件，修改率为4.76%；修改2次的4件，修改率为19.04%；修改1次的15件，修改率为71.42%。⑤社会法共修改3件，诉讼与非诉讼程序法共修改2件，它们均为修改1次。⑥刑法修改5次以上。

由上可见，中国对法律总体上是修改1次者居大多数，这表明立法机关对修改法律持比较谨慎的态度。

（六）坚持中国共产党的领导、人民民主和依法治国的有机统一

坚持“三者有机统一”是发展中国特色社会主义民主政治最重要、最根本的原则，也是中国立法工作取得的最重要、最根本的经验。共产党的领导是人民当家做主和民主立法、科学立法、高质立法的根本保证，人民

当家做主是社会主义民主政治和民主立法、科学立法、高质立法的本质要求；依法治国是党领导人民治理国家的基本方略，有法可依则是依法治国的前提条件。

在中国，法律是实践证明正确的、成熟的、需要长期执行的党的路线方针政策的具体化、规范化和法律化，立法则是把党的路线方针政策法律化的过程。党制定的大政方针，提出的立法建议，需要通过人大的法定程序，才能成为国家意志，成为全社会一体遵循的行为规范和准则。立法要坚持正确的政治方向，把党的领导、人民当家做主和依法治国有机统一起来，从制度上法律上保证党的路线方针政策的贯彻实施。在全面推进立法工作、完善中国特色社会主义法律体系的实践进程中，只有坚持这三者的有机统一，才能保证立法工作始终坚持正确方向，实现人民立法和立法为民。

四　不断完善中国特色社会主义法律体系

中国特色社会主义法律体系的如期形成，标志着我国法治建设进入了有法可依的新阶段，是我国社会主义民主法治建设史上的重要里程碑。这个法律体系的形成，对在新的起点上加强和改进立法工作，切实保障宪法法律实施，推进依法治国，加快建设社会主义法治国家，具有重要的现实意义和深远的历史意义。

同时应当看到，中国特色社会主义法律体系形成于加强社会主义民主政治建设、全面推进依法治国的实践过程中，完善的中国特色社会主义法律体系，至少应当具有以下特征：一是经济、政治、文化和社会生活的各个方面都有法可依；二是各类法律从精神到原则再到具体内容统一、协调、可行，将矛盾、冲突和漏洞减少到最低限度；三是无论法典还是单行法从形式到内容，各得其所；四是对过时、落后和冲突矛盾的法律能够及时发现，及时修改补充，做到法律变动与形势发展同步。所以，用高标准来衡量，中国特色社会主义法律体系的形成，仅仅是在整体上实现了有法可依，只是基本解决了无法可依的问题，它“本身并不是完美无缺的”，还存在一些缺陷和不足。用到 2020 年建成全面小康社会时“社会主义民主更加完善，社会主义法制更加完备，依法治国基本方略得到全面落实”的标准来衡量，用到 2050 年建成社会主义法治国家的战略目标来要求，形成更加民主科学完善的中国特色社会主义法律体系，将是一项长期而艰巨的历史任务。

（一）法治建设和立法工作实现五个转变

第一，无法可依的问题基本解决以后，全面推进依法治国的一项基本任务应当是实现依法办事，法治建设的关键应当从以立法为中心向切实实施宪法法律为中心转变，党和国家应当更加重视和加强宪法法律的实施，实现宪法法律实施与法律体系构建的全面协调发展。我国一方面立法速度很快，制定了大量法律法规，可以向世界自豪地宣布中国特色社会主义法律体系已经形成，但是另一方面，许多法律在有些地方、有些领域、有些情况下，基本上是形同虚设的，成为一纸空文。一些官员不把法律当回事，法律往往被视为约束别人的工具和手段，依法治国被有些干部当做“依法治民”的手段。有的群众也不把法律当回事，“信权不信法”，“信关系不信法”，“信访不信法”（不闹不解决，小闹小解决，大闹大解决）。无法可依的问题基本解决以后，现阶段我国法治建设的主要矛盾，是法律实施不好的问题，主要表现为明显存在的有法不依、执法不严、违法不究以及执法犯法、知法违法、领导干部不依法办事等，许多法律法规形同虚设。尤其是“选择性”实施法律，即需要公民尽义务或者要禁止公民做什么事情的法律法规，如税法、刑法、交通法规、安全检查法规等义务性、禁止性和惩罚性法律法规，实施得快捷、及时、到位；需要对官员行为进行约束的法律法规，有法不依的情况较为普遍；而需要国家、政府向公民和社会提供服务或者资源的法律法规，一般不容易及时全面兑现，如义务教育法、劳动法、就业促进法、环保法、食品卫生法，等等。这些现象和问题不同程度地存在，严重影响了宪法法律实施的效果，损害了宪法法律的权威。所以，有专家在“两会”期间说：有法不依比无法可依更可怕。中国特色社会主义法律体系如期形成后，应当把解决宪法法律有效实施问题作为未来法治建设的重点，实现从以立法为中心向切实有效实施宪法法律为中心转变，推动宪法法律实施与法律体系建构全面协调的科学发展。以宪法法律实施为重点来推进中国法治建设，在表2－11的统计中也可得到证明。

表2－11　　您认为当前我国法治建设的重点应当是什么

序号	投票项	百分比（%）	得票
1	全面推进依法治国	10	1208
2	树立社会主义法治理念	6	665
3	提高依法执政能力	9	1031
4	推进民主立法	5	598
5	建设法治政府	10	1133
6	深化司法体制改革	11	1281
7	加强宪法法律实施	28	3124
8	深化法制宣传教育	2	222
9	实现法治协调发展	22	2587
	总投票人数	100	11849

“中国法学网”截至2015年2月17日的统计。

第二，有法可依的法治目标基本实现以后，我国的依法治国和法治建设需要向纵深发展和推进，应当从以立法为中心加强法律制度规范建设，向以法治文化为重点加强法治精神、法治理念和法治意识建设转变，努力使法治成为人们的价值信仰和生活方式，实现法治文化与法律体系的全面协调发展。法律是文明社会不可或缺的行为规范，而立法创制法律规范的目的在于发挥其社会效用。如果说实践是检验真理的标准，那么法律实施效果就是评价法律体系完善与否的一个重要标准。因此，应当从全面推进依法治国、加快建设社会主义法治国家的角度，根据立法与执法、司法、守法、法律监督等法治环节协调发展的内在要求，深入研究法律实施对完善法律体系提出的有关“立、改、废”等问题。法律体系的形成，意味着长期制约我国法治运行的无法可依问题得到基本解决。此后，应当在高度重视和继续加强立法工作的同时，更加重视立法与执法、司法、守法、法律监督的衔接与配合，实现法律体系构建与宪法法律实施协调发展；更加重视充分发挥宪法法律在政治生活、经济生活和社会生活中的作用，从宪法法律实施效果的角度来检验、评价和要求法律体系的完善和发展，使我国法律体系不仅形成和表达于纸面的规范形式之上，而且完善和落实于现实生活的实践之中，真正成为全体公民信仰和一体化遵从的法律体系。

第三，中国特色社会主义法律体系形成以后，我国的立法工作应当从数量型立法向质量型立法转变，不仅要考察立法数量的 GDP，更要关注立法的质量和实效；不仅要有不计其数的纸面上的法律规范，更要有能够真正发挥作用的现实中的法治功能。以往我国立法工作中存在着“借立法扩权卸责”，立法的“部门保护主义”、“地方保护主义”、重复立法、越权立法，以及所谓“国家立法部门化，部门立法利益化，部门利益合法化”等不正常形象，都或多或少地与片面追求立法数量、忽视立法质量有关联。中国特色社会主义法律体系形成后，应当从以下几个宏观维度来把握和提高立法质量：①切实坚持民主立法和科学立法。立法是人民意志的体现，追求民主是现代立法的价值取向，因此立法能否充分保障人民参与并表达自己的意见，能否真正体现最广大人民的整体意志，就成为立法质量高低首要的价值性评判标准。换言之，这个特点实际上就是“以人为本”、“人民当家做主”以及“执政为民”等政治话语在立法上的表现和落实，是当代中国立法具有合理性、合法性的重要依据。社会主义中国立法的使命在于充分汇集和表达民意，由人民按照立法程序并以立法的方式做出决策和决定，再通过法律的执行和适用等途径，保障人民意志的实现。立法是否表达了民意，并不完全由立法者本身来评判，而主要应当由人民来判断和认可，由广大人民群众在法律制定出台以后对该法律是欢迎、接受、认同还是反对、排斥、抵制等态度做出检测。凡是遭到人民反对、排斥或者抵制的立法，无论其立法词句如何绚丽、立法技巧如何娴熟、立法逻辑如何严密、立法宣传如何漂亮，都不能认为是有质量的立法，甚至应当视为“负价值”、“负质量”的立法。②进一步完善立法程序。立法的利益平衡功能及其民主性价值是靠立法程序来保障和实现的，立法程序与立法实体价值之间，反映着程序正义与实质正义的关系，体现了立法程序对立法价值目标的规制和引导。法律的立、改、废制度，立法的提案制度、审议制度、表决制度，立法公开制度、立法听证制度、专家论证制度、公众参与立法制度以及立法备案审查制度、立法解释制度等，都是立法程序的重要组成部分。这些程序性制度，不仅要完备，而且应当符合科学化民主化的时代要求，符合我国国情。立法程序是否科学、是否有利于表达和汇集民意，主要应当通过立法程序的设计和制度安排来解决，使科学与民主在整个立法程序中相互融合、相互贯通、彼此统一，在立法程序的各个环节和具体制度中得到落实。在这方面，有许多成功的经验值得总结，但也有一些做法需要检讨和完善。例如，立法听证是为了听取立法涉及的各方利害关系人对法案的意见，从而协调相关利益关系而设计的制度，但在某些地方的立法听证的程序安排和实践中，由于立法信息不对称、立法资源不平衡、立法听证的民主参与不充分等原因，立法听证往往变成了立法民主的“走过场”。又如，在立法表决制度中，由于没有关于对法案逐条甚至逐款付诸表决的强制性规定，而通常是对整部法案进行表决，因此投票者如果对法案中的个别或少数条款有不同意见（反对意见），就会面临投票行为的两难选择，要么全盘否定，要么全盘肯定，而无论哪种选择，都将可能违背立法者的立法意志。③进一步强化立法的可实施性和可操作性。法律创制是人民意志的汇集和表达，法律实施则是人民意志的执行和实现，是使法律由纸面的法变为生活中的法、由文字变为现实的关键。实践是检验真理，同时也是检验立法质量好坏的根本标准。在良法善治的前提下，如果一部法律制定出来以后，不能被有效实施、形同虚设，成为一纸空文，那么它的立法质量就无从谈起。法律体系形成后，我国法治建设要解决的主要矛盾将是有法不依、执法不公、违法不究等问题。如果追根溯源，我国某些法律实施不好或者不能得到有效实施，很可能主要是因为立法造成的，由于立法的瑕疵、立法的漏洞、立法的空白、立法的冲突等立法质量问题，导致了法律实施的不作为或者乱作为。例如，某些地方关于禁止燃放烟花爆竹、限制养犬等立法之所以难以实施，甚至遭到群众抵制，很大程度上是由立法缺乏民意支持等原因造成的，很难说可以完全归责于行政机关执法不力或者司法机关司法不公。④进一步完善立法的整体协调性。立法的整体协调性主要强调法律体系、法治体系的协调发展。这种协调发展，一是包括单个法律内部的协调、同位阶法律之间的协调、不同位阶法律法规之间的协调、整个法律体系相互之间的和谐一致。二是包括立法的协调发展，主要指立法机关对法律的适时制定、修改、补充、解释、编纂和废止，通过这些活动使法律体系保持动态的协调发展。所谓“适时”，既可指代立法时机、立法条件成熟与否，也可指代因情势变化（包括上位法立、改、废等情况）而引起法律的制定、修改、补充、解释、编纂和废止。三是包括立法与行政执法、司法、法律监督、法治宣传教育的协调发展，即整个法治体系的整体建构和协调发展。在政治学意义上，立法过程就是政治决策的过程，立法成果就是政治决策的结果。这种决策质量的高低好坏，既影响着法治体系的整体设计和建构，又引导、制约着它的发展方向、发展路径、发展速度和发展质量。因此，当热衷于研究和规划法治政府、司法体制改革、法律监督制度完善等法治建设各个方面的改革时，必须具有宏观的整体法治思维意识，更多地关注通过提高立法质量来统筹规划和安排我国法治体系的整体改革和协调发展，以避免目前存在的法治局部改革越彻底、越成功，越能背离法治统一协调发展的整体目标的弊端。

在日常生活中，常常可以看到“百年大计，质量第一”、“质量是生命”等口号，这些口号折射出人们对于高质量日常生活产品的渴望和需求。同样，在政治生活和法治建设领域，立法是特殊的政治和法治产品，立法质量是人民民主和法治生活的生命。立法质量的好坏，直接关涉人民当家做主的政治生活质量的高低，关涉依法治国和社会主义政治文明建设的成败。

第四，我国法律体系形成以后，我国的立法工作应当从以创制法律为主，向统筹创制法律与清理法律、编纂法典、解释法律、修改法律、补充法律、废止法律的协调发展转变，使法律体系的清理、完善和自我更新更加制度化、规范化、常态化，使法律体系更加具有科学性、稳定性、权威性和生命力。

第五，我国法律体系如期形成后，我国的立法工作应当从“成熟一部制定一部、成熟一条制定一条”的“摸着石头过河”的立法模式，向科学规划、统筹安排、协调发展的立法模式转变，从立法项目选择的“避重就轻”、“拈易怕难”向立法就是要啃硬骨头、迎难而上、攻坚克难转变，使立法真正成为分配社会利益、调整社会关系和处理社会矛盾的艺术，成为在“矛盾的焦点上”划出的杠杠。

中国特色社会主义法律体系形成以后，我国立法工作的重点是如何进一步完善这个法律体系。按照科学发展观和全面推进依法治国的要求，在新的历史起点上完善中国特色社会主义法律体系，要求更高、难度更大、任务更艰巨。

（二）确立更加严格科学的中国特色社会主义法律体系标准

进一步完善中国特色社会主义法律体系，应当着眼于从深层次和整体上解决问题，确立更高更严的立法标准，使我国的立法水平和立法质量上一个新台阶。

1. 完善中国特色社会主义法律体系，应当把各种基本社会关系合理纳入法律调整范畴

法律是社会关系的调整器和社会利益的分配器，法律体系是调整社会关系和分配社会利益的集大成者。完善法律体系，应当把国家的经济关系、政治关系、文化关系、社会关系、国际关系的各个方面，以及各种重要的社会关系，都合理纳入法律调整范围，使国家政治生活、经济生活、社会生活和文化生活的主要方面，都实现有法可依。目前，我国还有许多社会关系没有能够纳入法律调整规范的范畴，仍存在一些立法空白。从一些专家学者建议近几年我国需要新制定的诸多法律，如新闻法、社团法、社区自治法、国家补偿法、公职人员财产申报法、机构编制法、户籍法、突发事件处置法、违法行为矫治法、行政程序法、行政强制法、商法通则、不动产登记法、电子商务法、宏观调控法、金融监管法、电信法、粮食法、能源法、社会保险法、基本医疗保障法、精神卫生法、农民权益保障法、住房保障法、法律援助法、社会救助法、慈善事业法、志愿服务法、社会信用法、个人信息保护法、海岛保护法、自然保护区法、陆地边界法、资产评估法，等等，就可对立法空白状况略见一斑。

当然，在强调和重视立法的同时，也必须看到立法固有的局限性，防止立法万能和过度立法，避免立法事无巨细、包打天下。立法对社会关系的调整，应当做到“法网恢恢，疏而不漏”，使民事立法、刑事立法、行政立法、经济立法和社会立法各自的比例均衡适当。诚如英国著名历史法学家梅因爵士所言：一个国家文明的高低，看它的民法和刑法的比例就能知道。大凡半开化的国家，民法少而刑法多，文明的国家，民法多而刑法少。① 应当尽快扭转社会立法滞后于经济立法、人权保障立法滞后于行政管理立法、民事立法滞后于刑事立法的状况。

2. 完善中国特色社会主义法律体系，应当做到成龙配套，既无重要立法缺项等“立法空白”，也无“摆设立法”、“过时立法”等重大立法瑕疵

从科学立法和立法技术的要求来看，完善中国特色社会主义法律体系，应当保证法典法与单行法、修改法与原定法、解释法与原定法、下位法与上位法、新法与旧法、特别法与一般法、程序法与实体法、地方法与中央法、国际法与国内法等各类法律，做到上下统一、左右协调、整体和谐，构成有机统一的法律体系整体。梁慧星教授2010年在人代会上提出修改25年前制定继承法的建议，认为应当扩大遗产的范围，完善继承权丧失制度，修改法定继承人的范围和顺序，规定各种遗嘱效力应同等，增加补充继承制度和遗嘱执行制度，完善遗产分割制度、代位继承制度和特留份制度等。此外，还有民事诉讼法、刑事诉讼法、行政诉讼法、森林法、城市居民委员会组织法、全国人大组织法、广告法、预算法、邮政法等大量法律需要修改。随着经济改革和社会转型推进到一个新的起点，改革开放中前期制定的大量法律的生命周期临近；随着依法治国基本方略的全面实施和立法能力的增强，我国已进入制定法律与修改法律并重的立法时代，完善旧法与制定新法的任务同样艰巨。应当通过法律清理以及修改、解释、补充、废止法律等立法措施，尽最大努力把法律体系中的空白、矛盾、冲突、漏

① 参见李祖阴为《古代法》中译本写的“小引”部分。[英] 梅因：《古代法》，沈景一译，商务印书馆1959年版。

洞、重复、过时落后和瑕疵等弊端或问题，消除到最低程度。①

3. 完善中国特色社会主义法律体系，应当实现良法善治

在我国，立法本质上是人民意志的汇集和表达，是分配公平正义的关键。如果立法不公，出现部门保护主义立法等立法腐败现象，则法律执行得越严、法律实施得越好，距依法治国的价值目标就越远。在依法治国的条件下，不仅要强调有法可依、依法办事，更要主张和实现良法善治。“法律只有反映规律、符合民心、顺应潮流，才能得到真诚信仰和自觉遵守，才能成为带有根本性、全局性、稳定性和长期性的社会公器。”② 我国法律体系既是社会主义价值原则的法律化，也是基本社会行为规范的体系化。

经过30多年的不懈努力，我国法律体系即将形成，法治建设中无法可依的问题已基本解决，但法律实施状况又如何呢？恐怕法律体系中各项法律得到切实遵守、执行、适用和应用的情况，不容乐观。在我国立法数量不断增多、法律体系如期形成以后，法律实施状况与立法发展却不成正比，呈现出法律制定得越多、法律得到有效实施的状况越差的趋势。所以，评价法律体系是否完善的一个重要标准，是不仅要看制定了多少部法律，不仅要看立法的GDP，更要看法律制定出来后的实际效果。完善的法律体系中各个门类、各种位阶和各种规范形式的法律，都应当在社会生活中发挥应有作用；立法者应当防止制定出来的法律徒具其名、形同虚设，成为一纸空文。中国特色社会主义法律体系应当得到尊重、遵守和实施，成为人们的行为圭臬和生活中的法律。国家和立法者则通过良法善治，依法办事，保障人权，才能真正实现立法的目的。

---

① http://www.legaldaily.com.cn/index_article/content/2010-03/11/content_2080384.htm?node=5955.

② 朱卫国：《立法质量决定法治质量》，《人民日报》2010年5月12日。

（三）加强中国特色社会主义法律体系的立法理论研究

在我国，立法是党的主张、人民意愿和国家意志相统一的体现，是经济社会发展和各方面体制改革成果的反映和记载，是新中国成立以来，尤其是改革开放以来各项重要方针政策的规范化和法律化。我国法律体系的形成，标志着我国立法理论的新发展，同时也对进一步完善立法理论提出了新要求。

立法实践是推动立法理论不断丰富发展的直接动力，立法理论则是指导立法实践不断深化进步的。立法水平的高低、立法质量的好坏、法律体系的完善与否，与立法文化、立法观念、立法理论的状况密切相关。

从历史渊源看，我国包括立法理论及其实践在内的法治建设，曾明显受到苏联社会主义法制理论的影响。新中国成立初期，我们“请进来”、“走出去”、“一边倒”，全面学习移植苏联的法律制度。改革开放以来，我们的立法工作思路有了重大调整。一方面，从中国国情和实践出发，围绕党和国家的经济建设和社会发展等中心工作，采取“摸着石头过河”、“成熟一条修改补充一条”、“宜粗不宜细”的立法方式，加快推进立法进程。这一特点，与探索中国特色社会主义建设道路的改革开放实践过程是相似的。这种立法方式，使我们用了 30 多年时间建成了中国特色社会主义法律体系，其作用巨大，功不可没。在改革开放的立法实践中，逐步积累了宝贵的立法经验，提出了许多重要的立法理论观点，为中国特色社会主义法律体系的形成提供了不可或缺的理论支持。

另一方面，我们在继承苏联社会主义立法理论过程中，又改造扬弃了许多不合时宜的东西，并结合学习借鉴当代西方法治文明的有益成果，在立法实践中逐步形成了中国特色社会主义的立法理论。从渊源上说，我国法律体系的构建理论和划分方法，是从苏联承袭过来的，其理论上的全民公有制经济特征和政治上的阶级斗争意识形态主导，在一定程度上影响甚至制约了我国建立在社会主义市场经济体制和构建和谐社会基础之上的法律体系的自我完善和全面发展。

在法律体系的构建理论方面，我们没有采用西方国家普遍使用的公法、私法、经济法、社会法等划分理论，而是基本上采用了苏联社会主义的法律体系原理。

毋庸讳言，由于我国立法基础薄弱，缺乏充分的立法理论研究和必要的立法经验支撑，现行法律体系还不够完善，与社会主义现代化建设和人民群众对立法的强烈诉求相比，与依法治国和建设社会主义法治国家对有法可依的基本要求相比，与立法的民主化、科学化和高质化要求相比，还存在相当差距。

在新的历史起点上不断完善中国特色社会主义法律体系，应当进一步加强法律体系构建理论和划分方法的研究，推进法律体系的创新发展。以下试举几例，以说明完善中国特色社会主义法律体系在法律体系构建理论方面，还有许多重要问题亟待研究和回答。

应当以中华法系的传统文化精髓和世界法律文化的有益经验作为完善现行法律体系的文化基础，以一个国家（中华人民共和国）、两种制度（社会主义制度和资本主义制度）、三个法系（内地的社会主义法系、香港特区的普通法系、澳门特区和台湾地区的大陆法系）和四个法域（内地、香港、澳门、台湾）作为研究构建中华法律体系的整体对象，以创新、开放、科学和包容的思维作为完善现行法律体系的方法原则，以公法、私法、社会法、综合法、国际法等作为划分法律体系的基本范畴，实现中国特色社会主义法律体系从理论到方法、从形式到内容、从借鉴到超越的全面完善和持续发展。

应当进一步加强中国立法基本理论研究，着力展开对立法哲学、立法政治学、立法社会学、立法经济学以及立法价值理论、立法权理论、立法主体理论、立法关系理论、立法体制理论、立法程序理论、立法技术理论、立法行为理论、立法解释理论、比较立法理论等的深入研究。通过系统深入研究立法基本理论，逐步构建中国特色社会主义立法理论体系，从而为我国法律体系的不断完善和进一步发展，提供更加科学、更加理性的思想指导和理论支持。

（四）制定和实施科学的立法发展战略和立法规划

如果说改革开放初期我国立法基本上是“摸着石头过河”，改革开放中期开始比较注意立法规划和科学立法，那么，未来进一步完善中国特色社会主义法律体系，应当更加重视立法的前瞻性和科学性，认真研究并制定国家立法发展战略，更加自觉地坚持科学立法、民主立法和高质立法，科学制定并认真实施立法规划。

第一，应当根据邓小平的战略构想和“三步走”的战略部署，到2050年我国人均国内生产总值达到中等发达国家水平，基本实现现代化，建成富强民主文明和谐的社会主义国家；根据世界形势发展变化的大格局和大趋势，结合中国到2050年的政治、经济、社会、文化和生态文明建设的战略目标，尤其是配合全面推进依法治国、到2050年基本建成社会主义法治国家的战略目标，研究并设计未来40年左右的国家立法发展战略，制定并不断完善中国特色社会主义法律体系的“时间表”和“路线图”，使中国法律体系在实现自身更加科学、更加民主、更加完善、更加有效的发展目标的同时，能够更高水平、更高质量地引导、服务、规范和保障建成社会主义现代化国家目标的顺利实现。

第二，应当全面贯彻落实科学发展观，根据到2020全面建设小康社会的目标——中国将成为工业化基本实现、综合国力显著增强、国内市场总体规模位居世界前列的国家，成为人民富裕程度普遍提高、生活质量明显改善、生态环境良好的国家，成为人民享有更加充分的民主权利、具有更高文明素质和精神追求的国家，成为各方面制度更加完善、社会更加充满活力而又安定团结的国家，成为对外更加开放、更加具有亲和力、为人类文明作出更大贡献的国家，结合全面推进依法治国的阶段性任务，研究制定2010—2020年的国家立法规划和年度立法实施办法，努力把全面建设小康社会的路线方针政策适当法律化，使2020年国家战略目标的实现有法可依和依法保障；努力把每年立、改、废的立法任务具体化，不仅要重视新法律的制定，更要重视法律清理和法典编纂、立法修改、立法补充、立法解释和法律废止，要使法律的立、改、废工作制度化、常态化；努力从制度上和程序上消除部门立法的弊端，稳定立法数量，提高立法质量，完善立法程序，改进立法技术，优化立法结构，实现立法与经济社会、立法与体制改革、立法与生态文明建设、立法与提高人民福祉的全面协调的科学发展。

第三，应当高度重视立法规划的民主性、科学性、权威性和严肃性，赋予立法规划必要的法律效力，确保各项立法任务高质量地完成。1991年，七届全国人大常委会出台了第一个正式的立法规划——《全国人大常委会立法规划（1991.10—1993.3）》。此后，八届全国人大常委会十分重视立法工作的计划性，制定了五年立法规划，每年都制定年度立法计划。九届全国人大常委会进一步提出，立法工作要做到“年度有计划、五年有规划、长远有纲要”。立法规划是指引和安排立法工作的重要前提，是完善中国特色社会主义法律体系的重要保障。“实行计划立法，可以使立法工作突出重点，使立法活动适应改革开放和现代化建设的需要；能够增强立法工作的主动性；可以防止立法工作中的重复、分散或遗漏现象，避免不必要的立法活动；有助于各部门之间的协调和有准备地参加立法活动，提高立法质量。”①认真实施立法规划，对提高立法质量和效率、完成立法任务至关

① 王丽丽、刘静波：《十一届全国人大常委会第五个立法规划权威解读》，《检察日报》2008年11月3日。

重要。在进一步完善我国立法规划工作过程中，应当强化公众和社会利益群体充分参与立法规划制定的民主性，避免领导个人意志和少数利益群体左右立法规划；应当强化立法规划符合科学发展和立法规律的科学性，防止主观主义的恣意妄为和随心所欲提出立法项目；应当强化国家立法机关主导编制立法规划的权威性，避免立法规划权旁落，尽可能减少“部门立法规划”的色彩；应当强化国家意志保障立法规划实施的法律效力，防止落实立法任务中的“避重就轻”、“拈易怕难”。当情势发生变化，不得已需要变更或者调整立法规划时，无论是新增立法项目，还是减少、延迟或者合并立法项目，都应当严格执行立法规划的论证和审批程序。

第四，应当认真落实全国人大常委会的立法规划。2008 年 10 月，十一届全国人大常委会出台了五年立法规划，规划制定或修改 64 件法律。其中，列为一类项目，任期内提请审议的法律草案 49 件；列为二类项目，研究起草、条件成熟时安排审议的法律草案 15 件。这个五年立法规划具有以下几个特点：一是立法规划坚持立法与经济社会发展相适应，坚持以人为本，推进科学发展、和谐发展，坚持统筹兼顾、合理布局，在加强社会领域立法、完善社会主义市场经济体制、推进民主政治建设、建设资源节约和环境友好型社会立法等方面，体现和落实科学发展观的要求。二是继续加强社会立法，规划的社会立法有社会保险法、基本医疗卫生保健法、精神卫生法、社会救助法、慈善事业法和老年人权益保障法（修改）6 项。这些法律出台后，我国社会领域的立法将更加健全，尤其是关系民生的社会保障方面的立法将比较完善，人民的社会权利将得到更好保护。三是制定法律与修改法律并重，立法项目总数下降为 64 件，修改法律的比例上升为 28 件。

全国人大常委会高度重视立法规划的落实，努力提高起草质量，做到立法项目的“任务、时间、组织、责任”四落实，为如期形成和进一步完善中国特色社会主义法律体系提供了重要保障。

（五）加快推进法典化的步伐

法典化也称为法典编纂，它是一种立法活动，是用颁布统一的、法律逻辑上完整的、内部一致的法典的办法，对调整同一类型的社会关系作出有系统的法律规定。所谓法典，是指就某一现行的部门法进行编纂而制定的比较系统的立法文件。在中国，最早出现的较系统的法典，是公元前5世纪战国时期李悝编纂的《法经》。公元前18世纪古巴比伦的《汉谟拉比法典》和公元6世纪拜占庭皇帝查士丁尼下令编纂的《查士丁尼法典》，都是古代西方著名的法典。法典编纂这一术语被认为是由英国政治法学家边沁发明的或至少是由他传到英国的。边沁认为，法典是完整的和全面的，除非通过立法程序，不得增补或修改。在英国，法典编纂几无进展，边沁生前提倡法典主义，号召进行立法改革，亦无人响应。直到他死后，19世纪后半期，才把某些传统的普通法领域变为制定法的立法，即法典化立法，例如汇票法（1882年）、动产买卖法（1893年）等。同期，韦斯特伯里大法官曾试图编辑《英国法律汇编》，并于1866年任命了一个皇家委员会，以检验法律汇编的作用。1867年该委员会提出报告，使这个计划流产。以后，斯蒂芬爵士起草了一部《证据法典》，但在议会仅经过了第一读。1879年他又起草了《刑事法典》和《刑事诉讼法典》。后者被送交议会，但仍未能逃出被搁置的厄运。法律编纂被宣布为1965年任命的法律委员会的目的之一，但却没有取得任何实质性的进展。法国比较法学家达维德在《英国法和法国法》一书中指出，在英国有许多法令汇编，它们包括整个一个法律部门，并且一眼看上去，其结构与法典并无不同。然而，英国的成文法“是由五百年来搜集的无数个别的议会法令、条例组成的，这些法令和条例彼此矛盾”[1]，而且由法院发展起来的判例法在英国已形成根深蒂固的传统，这种历史背景和其他条件相交织，决定了英国法典编纂举步维艰。

在法国等欧洲大陆国家和美国，法典编纂却备受青睐。在法国 17 世纪末和 18 世纪，制定了一些大法令，每一个大法令都是一个部门法的编纂。其中主张有 1667 年的《有关司法改革的民事法令》，它实质上是一部民事诉讼法典；还有 1670 年的《刑事法令》，1673 年的《商事法令》，1681 年的《海事法令》等。法国大革命爆发后，产生了消灭地方习惯和法律杂乱无章、通过建立全国法律体系来促进国家统一的广泛要求。1800 年，拿破仑任命了一个由四名法学家组成的委员会，负责民法典的起草工作。1804 年，《法国民法典》问世。继此之后，该委员会又先后编纂了《民事诉讼法典》《商法典》《刑法典》《刑事诉讼法典》。

在德国，蒂鲍于 1814 年写成《论制定全德法典的必要性》，主张制定一部全德适用的包括民法、刑法和诉讼法在内的法典。而萨维尼则以法律的发展应当通过民族精神的内在力量为据，竭力反对在德国进行法典编纂。然而，德意志帝国终于在 1896 年制定了民法典，并于 1900 年 1 月 1 日施行。除德国外，其他大陆国家也纷纷效法法国制定民法典，例如，奥地利（1810 年）、荷兰（1818 年）、意大利（1865 年）、葡萄牙（1867 年）、西班牙（1889 年）、瑞士（1898/1907 年）、希腊（1940 年）。在欧洲以外的民法典有：土耳其（1869/1876 年）、埃及（1875/1881 年）、伊朗（1927/1935 年）、日本（1898 年）等。

法典化是成文法国家法治文明，特别是立法文明程度的重要标志。法典化是我国民主立法、科学立法和高质立法的必然要求，也是完善中国特色社会主义法律体系的必然要求。目前，我国的法典化水平还很低，尚缺民法典、商法典、行政法典、行政程序法典、社会法典、经济法典、知识

---

① 《马克思恩格斯全集》第 1 卷，人民出版社 1956 年版，第 702 页。

产权法典、环境法典、人权法典、军事法典等基本法典。无疑，前一阶段的大规模法律清理为实现法典化创造了较好的条件，但是法律清理并不必然导致法典化，它只是为法典化做了一些基础性、前期性的准备工作，能否导致法典化，还需要进一步研究。

在我国，实现基本立法的法典化应当重视以下条件或者因素：

第一，法典所要调整的经济社会关系是否基本上已经定型。如果我国大规模的经济社会文化体制改革尚未基本完成，经济社会关系处于经常变动不居的状态，法典化的稳定性、权威性就会受影响。因此，实施法典化的前提条件，应该是被调整对象处于相对稳定的状态。

第二，法典所要调整领域的相关立法应该基本齐备，这样法典化才有立法的基础和前提条件。在相关立法有重要缺项或者不足时，直接推进法典化立法，可能会遇到极大的困难。

第三，法典化所需要的相关法学理论、立法观念、立法技术等要基本成熟到位，能够为法典化立法提供科学成熟的理论支持。

第四，法典化在立法技术上还要有相应的积累，具备必要的立法经验。无论如何，法律清理将对我国的法典化产生重要的基础性和前提性作用，但法律清理并不必然导致法典化，法典化比法律清理的要求更高、难度更大。

（六）推进法律清理的制度化、常态化

所谓法律清理，是指有权机关对以前制定的法律加以系统整理，以区别哪些可以继续适用，哪些需要补充或修改，哪些需要废止。法律清理是国家使法律体系协调和谐的重要手段，这种行为具有立法活动的性质，因此，只有有权机关可以行使法律清埋权。我国享有制定法律、法规权的机关或这些机关的授权机关有权对现行法律、法规进行清理。

新中国成立以来，国家对法律清理工作是比较重视的。早在1955年1月，周恩来在国务院常务会议讨论法规清理问题时就指出："对原政务院及其所属各部门发布的各项法规，及时进行一次整理是一项重要的工作"，要"在整理现行法规的基础上，建立经常的法规编纂工作"①。根据会议的决定和周恩来的这一指示，原国务院法制局在国务院所属各部门的协助下，于1956年有重点地对原政务院制定发布和批准发布的250件法规进行初步清理。清理结果分为下列五类：①继续适用的法规，计42件。主要包括现在仍可适用，或者仍可适用只是其中个别条款有些不合适而留待将来编纂时修改的法规。②继续适用而须加以修改的法规，计64件。③需要重新起草或合并起草来代替的法规，计55件。这类法规，主要是由于其中有些基本原则同当前情况和政策不符，需要制定新的法规来代替。其次还由于对同一问题规定不一，需要制定一个统一的法规来代替。④过时的法规，计42件。⑤已经废止的法规，计47件，其中包括已经明确废止或因组织机构撤销或者改变而当然废止的。

1980年彭真副委员长在五届人大常委会第十五次会议上②曾经对1980年以前新中国制定的1500多件法律、法令和相关规定进行过一次整理，当时没有用"清理"这个词，但实际上的作用是一样的。彭真副委员长说：建国以来制定的法律、法令，除同第五届全国人大和全国人大常委会制定的宪法、法律、法令相抵触的以外，继续有效。新中国成立后的17年，国家制定的法律、法令和行政法规有1500多件，其中许多法规现在仍然是适用的或者基本适用的。重申过去法规的效力，使我们在立法任务十分繁重、力量不足的情况下，可以集中力量去制定那些当前最急需而过去又没有的法规，特别是经济方面的法规。这是健全社会主义法制的一项重要措施。过去制定的法律、法令和行政法规，大体可以分为三种情况：一是由于历

---

① 《国务院公报》总第5号。

② 彭真：《中华人民共和国第五届全国人大常委会报告》(1980年)。

史的发展，已经完成了自己的历史使命，自然失去了效力。如土地改革法、私营企业暂行条例等。有些已为新的法律所代替，如1953年制定的选举法，1954年制定的人民法院组织法、人民检察院组织法等，已为五届全国人大二次会议制定的相应法律所代替。二是现在仍然适用或者基本适用但需稍加修改、补充的。属于这种情况的很多，如治安管理处罚条例、关于劳动教养问题的决定、关于国家行政机关工作人员的奖惩暂行规定、城市居民委员会组织条例等。三是需要做根本性的修改或废止的。这种情况是比较少的。哪些法规现在仍然适用，哪些法规要加以修改或补充，需要进行大量的调查研究，按照当前实际情况来决定。全国人大常委会、国务院及其所属各主管部门正在根据这个精神审查整理。对既有法律、法规进行必要清理，明确它们是否继续有效、是否需要修改或废除，对于大规模开展新时期的立法工作，具有重要的奠基意义。

1987年年底，全国人大常委会法制工作委员会对新中国成立以来、1978年年底以前颁布的法律（包括有关法律问题的决定）进行了清理。在清理的134件法律中，已经失效的有111件，继续有效或者继续有效正在研究修改的23件。此外，在1978年底以前，全国人大常委会批准民族自治地方的人民代表大会和人民委员会组织条例48件，因1982年宪法、地方各级人民代表大会和地方各级人民政府组织法及民族区域自治法已经制定，各自治地方都已经或正在另行制定自治条例，上述组织条例已因情况变化而不再适用。

另外，根据国务院的统一部署，前国务院办公厅法制局和国务院法制局从1984年至1987年年初，组织国务院各部门，对新中国成立以来至1984年年底的经国务院（含前政务院）发布或批准发布的3298件法规进行了全面、系统的清理。经过清理，将3298件法规中的442件因内容缺乏规范性、不符合法规标准，而改作一般文件处理。对余下的2856件法规作如下处理：①应予废止的法规，共1604件，其中包括已被新的法规代替，或与现行政策和法律抵触的法规446件；适用期已过或调整对象消失，失去效力的法规1158件。国务院已将这些法规明令废止和宣布失效。②需要作重大修改的法规，共279件。对这些法规将由国务院有关部门逐步列入立法规划，进行修改或重新起草。③继续有效的法规，共661件。这些法规包括全部条款适用的；基本原则和绝大部分条款继续适用，只是个别条款有问题，加以注释后仍可使用的。这些法规连同国务院1985年发布的继续有效的96件法规（共757件），将分类分卷编入《中华人民共和国现行法规汇编》，公开向国内外发行。④内部掌握执行或以密件发布的继续有效的法规，共312件。这些法规因有军事、外经贸、外事等方面不宜公开的内容，将由有关部门分别编为内部文件汇编，供有关人员使用。国务院各部门、各省、自治区、直辖市人民政府也对数以万计的地方性法规和规章进行了清理，根据不同情况分别作了处理。

法律清理是完善我国法律体系的重要技术手段。2011年3月10日吴邦国委员长在全国人大常委会工作报告中说，现行法规有的也存在不适应、不协调、不配套的问题。为此，在2009年完成对现行法律集中清理工作的基础上，2010年着重督促和指导有关方面开展了对现行法规的集中清理工作。国务院和地方人大高度重视，按照各自清理范围，在全面梳理基础上进行分类处理。到2010年年底，共修改行政法规107件、地方性法规1417件，废止行政法规7件、地方性法规455件，全面完成对现行法规的集中清理任务，保证了到2010年中国特色社会主义法律体系如期形成。

全国人大常委会组织对我国现行法律体系进行全面清理，是完善我国法律体系非常重要的手段，是推进依法治国的重要举措。因为每一次法律清理和法律体系的完善，通常是一个国家的经济、社会、文化发展到一个阶段，需要调整和完善法律体系以适应经济社会发展的需要。法律清理就是使法律体系能够更好地适应经济社会发展的一种立法措施。

2009年6月，全国人大常委会委员长会议最后提交的法律清理议案提出，需要废止和修改的法律共67件，其中建议废止的8件，建议修改的59件、141条。“这次法律清理工作把清理重点放在新中国成立初期和改革开放早期制定的与经济社会发展明显不适应的法律规定，以及法律之间明显不一致、不协调的突出问题上，主要解决法律中的‘硬伤’。”在清理技术上，这次法律清理对需要修改的法律采取了“打包”处理的方式，即“通过一个法律决定解决59部法律的修改问题”。当然，这并不是新中国成立后的第一次大规模法律清理，而是新世纪以来第一次大规模的法律清理。

法律清理的背景是为中国特色社会主义法律体系的完善提供技术上和制度上的保障。每当经济社会，特别是政治、文化发展到一个阶段，遇到一个转折点的时候，往往会对法律体系的完善提出新的要求。另一方面，法律法规实施到一定阶段，在某些方面与现实生活、经济社会的发展不相适应时，也需要对它们进行清理和完善。在立法过程中，由于立法者的预见性、技术手段等多种因素的局限，不可能预见到未来可能发生的各种问题，尤其是一些新情况新问题，由于立法预测性的局限和经济社会发展变动不居之间存在的现实张力，发展到一定时候需要通过法律清理等方式来使法律体系适应经济社会发展的需要。

法律清理，重点应在上位法，因为上位法的影响面大、法律效力高，应该通过上位法的修改带动下位法的完善。从内容和法律部门的角度来看，应当突出三个重点：一是有关国家体制和公权力运行的法律及其规范；二是有关尊重和保障人权的体制、程序和法律规范；三是有关经济与社会协调发展方面的法律规范。

在法律清理过程中，应该建立相应的标准、程序并设定有关权限。尤其是法律清理之后的结果应该怎样使用，全国人大法工委或者法律委员会把各个方面的清理意见研究后形成一个文件，是提交全国人大常委会来决定是否通过，还是提交全国人民代表大会来决定，或者是根据谁制定的法律由谁来审查认可法律清理的结果，或者是通过授权决定由全国人大常委会一并审查通过法律清理议案，这些问题都需要研究解决。

尤其是，应当使法律清理制度化、常态化。由于我国没有全面启动违宪违法审查机制，对于法律体系中存在或者发生的抵触、冲突、矛盾、不一致、瑕疵等问题，很难通过日常的执法司法活动被及时发现和有效纠正，因此不时开展的“运动式”“打包”的法律法规清理，对于完善法律体系就显得非常重要。但是，由于集中清理法律体系往往面临时间紧、任务重、发现问题难的困难，这种法律清理常常会有一些“漏网之鱼”。例如，最高人民检察院检察长在2011年的“两会”期间指出：人民检察院组织法到现在为止还规定有打击反革命分子的内容，这一条款明显与经济社会发展改革开放不符，不符合现在的法律要求。因为早在1997年修改刑法时，就将反革命罪改为危害国家安全罪；1999年宪法修正案也把“反革命”改为“危害国家安全”，诸如此类的现象还很多。如何解决，在现行体制机制下，一个行之有效的预防和解决办法，就是使法律法规清理制度化、常态化。具体来讲，可以考虑的路径，一是在制定每一部新法或修改旧法时，在法案中同时附上受到该法影响需要修改调整的其他法律法规的明细表，以供立法者审议表决时参考；二是立法机关在每年向代表大会所做的工作报告中，对上一年度法律法规清理情况一并做出报告；三是最高人民法院、最高人民检察院在每年向全国人大所做的工作报告中，对上一年度法律体系中需要清理的情况一并做出报告；四是推行“开门清理”，鼓励公民、媒体和社会各界随时向立法机关报告已发现需要清理的情况，并提出清理的建议，等等。

第三章

比较法视野下的当代中国法治模式

1978年中国改革开放以来法治建设和法学研究取得长足发展的一个重要原因，就是比较法的迅速普及和广泛运用。无论是在立法和执法领域，还是在司法和法律监督方面，通过“异中求同、同中求异”等多种比较法的运用，中国的法治建设和法学研究有了更加宽广的视野、更加深刻的比较、更加多样的选择和更加有效的借鉴，为中国法制现代化插上了腾飞的翅膀。改革开放前20多年，中国的法治建设和法学研究比较偏重于对英美法系和大陆法系的研究、学习和借鉴；进入21世纪以来，随着中国国内改革的不断深化和对外开放的日益扩大，中国法学需要有更加全球化和多样化的目光和视野，需要适当跳出英美法系和大陆法系两大西方主流法律文化和法治模式的窠臼，向更加全球化、世界化和多样化的其他法治模式、法治文明和法治经验学习，以博采世界诸种法治文明之优长，广纳各国不同法治模式之精髓，全面推进中国法治文明的发展。

一 关于“中国模式”和“中国法治模式”的讨论

（一）关于“中国模式”的不同观点

在国外学术视野中，“中国模式”是相对于欧美模式、苏联模式、拉美模式等多种模式而言的，通常用作对中国发展经验的一种概括。

一些中国学者认为，“中国模式”这个概念首先是由美国《时代》周刊高级编辑乔舒亚·库珀·雷默（Joshua Cooper Ramo）于2004年5月在《北京共识：提供新模式》中提出的。但实际上，早在20世纪80年代，邓小平就一再提到中国模式。例如，1980年5月邓小平说，中国革命没有按照俄国十月革命的模式，而是从中国的实际情况出发，走农村包围城市、武装夺取政权的道路。既然中国革命的胜利靠的是马克思主义普遍真理同本国具体实践相结合，中国就不应该要求其他发展中国家都按照中国的模式进行革命，更不应该要求发达的资本主义国家也采用中国的模式。[①] 1988年5月邓小平进一步指出：“世界上的问题不可能都用一个模式解决。中国有中国自己的模式，莫桑比克也应该有莫桑比克自己的模式。”[②]

什么是“中国模式”？在国外一些学者的眼中，“中国模式”大致上具有以下几个特点：第一，原创性，它是中国基于自己国情的独立创造，是解决中国经济问题的“实用的模式”。第二，渐进性或曰增量改革，它“以一种循序渐进、摸索与积累的方式，从易到难地进行改革，并吸取中外一切优秀的思想和经验”。第三，人民性，它致力于实现绝大多数人的利益。第四，稳定性，它意味着强有力的政府主导和政治稳定。

在一些中国学者看来，“中国模式”既不同于苏联模式，也不同于西方发达国家的社会发展模式，而有着自身鲜明的制度特色：中国不实行全面私有化，而实行以公有经济为主导的多种所有制经济共同发展的混合所有制；虽然也引入了市场经济制度，但政府调节和干预的程度比西方国家要强大得多；在政党体制方面，中国不实行两党制和多党制，坚持中国共产党的一党领导，但又不是“一党政治”，而是“一党领导、多党合作”的政党体制；中国没有推行议会政治，不搞“三权分立”和“两院制”，而实行

① 《邓小平文选》第2卷，人民出版社1994年版，第318页。
② 《邓小平文选》第3卷，人民出版社1993年版，第261页。

人民代表大会制度和民主集中制；在中国内地实行社会主义制度，允许在香港、澳门和台湾实行资本主义制度；中国虽然允许不同思想流派的存在，但始终坚持马克思主义在意识形态领域中的主导地位，政治意识形态的一元与社会思潮的多元处于并存的局面。

许多外国学者认同并使用“中国模式”这个概念，但也有一些外国学者持否定意见。例如，德国杜伊斯堡—埃森大学政治学研究所/东亚学研究所所长托马斯·海贝勒认为，由于“中国正处于从计划经济向市场经济的转型期，因此我认为所谓的‘中国模式’并不存在。中国的这一转型期将伴随着急剧的社会变革和政治改革，这一过程是渐进的、增量的，在这样的条件下，中国谈论‘中国模式’还为时过早”。同时，他也承认“中国的发展进程有着自己鲜明的特征，有其特殊性，甚至可以认为是独一无二的”①。美国俄勒冈大学教授、中国问题研究专家阿里夫·德里克认为，“‘中国模式’只是一个想法，而不是一个概念或思想，因为它与概念和思想没有多少密切联系，相互间或者共同的认识累加并不一定就是共识”。

还有不少外国学者反对所谓“中国模式”，因为在他们看来，中国之所以成功，恰恰是没有什么“模式”。而“中国模式”这一概念反而掩盖了中国经济成功最重要的因素：把握机会，中国的改革方式也许比其实际的政策更为有趣，如果真有一条经验，那就是对改革持开放和实事求是的态度。

有一些中国学者也不同意使用“中国模式”的概念。他们认为，“模式”一词有示范、样本的含义，但中国并无此示范之意。② 他们解释说：“中国的体制还没有完全定型，还在继续探索。讲‘模式’，有定型之嫌。这既不符合事实，也很危险。”③ 他们倾向于以“中国案例”或“中国特

① ［德］托马斯·海贝勒：《关于中国模式若干问题的研究》，《当代世界与社会主义》2005年第5期。

② 赵启正：《中国无意输出“模式”》，《学习时报》2009年12月7日。

③ 李君如：《慎提“中国模式”》，《学习时报》2009年12月7日。

色”替代“中国模式”。之所以怀疑或者否定“中国模式”的概念，原因极为复杂，大致有以下几种：一是过去中国深受“模式”之苦。新中国成立之后，中国曾照搬照抄苏联的“斯大林模式”，在中国建设过程中遭遇过曲折，出现过失误。1978 年以后的改革，首先针对的就是苏联社会主义模式的弊端。二是“中国模式”这个概念是由外国人提出来的，由于国外学者对“中国模式”的解释受到其使用动机的影响（如用来鼓吹“中国威胁论”），加之文化背景的差异，国外学者的解释有时难免有些偏颇，因此中国学者不太愿意接受。三是有一种担忧，害怕过多宣传“中国模式”会引起其他国家的反感，影响中国的外交关系，影响中国的国际形象。四是认为“中国模式”还面临着许多挑战，还处在形成和发展过程中，现在谈“中国模式”尚未成熟。

（二）关于“中国法治模式”的问题

1949 年中华人民共和国成立以来，尤其是 1978 年实行改革开放 30 多年来，中国的法治建设和依法治国事业取得了巨大成就，中国的法治对于经济体制改革、社会体制改革、政治体制改革以及文化卫生教育体制改革的引导、规范和保障作用，是有目共睹的不争事实。随着“中国模式”有争议的“形成”，“中国法治模式”问题也逐渐显现出来。在关于“中国法治模式”的研究方面，由于受到整个理论界关于“中国模式”不同主张的影响，中国学者关于“中国法治模式”的讨论，一方面尚未充分展开和深入，因此发表的研究成果并不多见；另一方面，在某些已有的涉及“中国法治模式”问题的讨论中，大致有以下三种观点。

第一种观点认为，中国探索并走出了一条符合自己国情的法治发展道路，积累了许多正反两个方面的法治建设经验，提出并实施了依法治国基本方略，实现了法治建设的阶段性目标，“中国法治模式”已经形成。

第二种观点认为，虽然中国的法治建设和依法治国取得了巨大成就，形成了与中国国情和现实文化条件相适应的法治建设经验和法治发展道路，但是这些经验、这条道路是否就形成了“中国法治模式”，还应当观察，不宜轻易下结论。

第三种观点认为，中国的依法治国基本方略刚刚开始实施 10 多年，改革开放以来的法治建设也不过短短 30 多年，许多法治基本问题（如司法独立、法律面前人人平等、无罪推定、法律的规范性和可预测性等）没有解决，中国的法治建设还在发展变化之中，远没有定型，根本谈不上已经形成“中国法治模式”。

由上可见，目前要确切地说“中国模式”和“中国法治模式”已经形成，恐怕还为时尚早，应当谨慎地做出这个结论。但是，如果从中国法治建设的实际功能以及中国实施依法治国基本方略所取得的成就来观察，似乎又可以使用“中国法治模式”这个概念来描述法治建设和法治发展的中国现象，用“中国法治模式”这个术语来表达对于中国依法治国状况的理解，以便于中外学者的沟通与交流。

二　当代“中国法治模式”的历史渊源

中国是一个具有五千年文明史的古国，中华法系源远流长。早在公元前 21 世纪，中国就已经产生了奴隶制的习惯法。春秋战国时期（公元前 770 年—公元前 221 年），中国开始制定成文法，出现了自成体系的成文法典。唐朝（公元 618 年—公元 907 年）时，中国形成了较为完备的封建法典，并为以后历代封建王朝所传承和发展。中华法系成为世界独树一帜的法系，古老的中国为人类法制文明作出了重要贡献。

1840 年鸦片战争后，中国逐渐沦为半殖民地半封建的社会。为了改变国家和民族的苦难命运，一些仁人志士试图将近代西方国家的法治模式移植到中国，以实现变法图强的梦想。但由于各种历史原因，他们的努力最终归于失败。

1949 年中华人民共和国的成立，开启了中国法治建设的新纪元。1978 年中国改革开放之初，就确立了“发展社会主义民主，健全社会主义法制”的原则，制定了中国法制建设的“十六字”方针：有法可依，有法必依，执法必严，违法必究。其中，制定大量法律法规，建立中国特色社会主义法律体系，解决“有法可依”问题，是改革开放前 30 年中国法治建设的重点工作和优先任务。1997 年中国将“依法治国”确立为治国基本方略，将“建设社会主义法治国家”确定为社会主义现代化的重要目标。1999 年，中国将“依法治国，建设法治国家”载入宪法，中国的法治建设揭开了新篇章。进入 21 世纪，中国的法治建设继续向前推进，取得了举世瞩目的成就。尤其是 2012 年中国共产党十八大召开以后，在法治中国建设方面提出了一系列新目标和新要求，强调要全面推进依法治国，加快建设社会主义法治国家，坚持科学立法、严格执法、公正司法、全民守法，坚持法治国家、法治政府、法治社会一体建设，坚持依法治国、依法执政、依法行政共同推进，尊重和保障人权，维护宪法和法律权威，全面深化行政执法体制改革和司法体制改革，努力建设法治中国……所有这些理念、要求和改革措施，总结了中国法治建设的基本经验，规划了未来中国法治发展的路线图，初步形成了中国法治建设的模式。

当代“中国法治模式”既不是空穴来风的臆想，也不是凭空设计的楼阁，而是从中国国情出发，在学习继承借鉴古今中外人类法治文明有益成果的基础上，逐渐形成和发展起来的。在 1958 年之前，中国主要是学习移植苏联社会主义法制模式的相关内容；1978 年改革开放以后，尤其是 1990 年代以来，中国又比较多地学习借鉴美国、英国、德国、法国、日本等西方国家法治模式和法律制度的有益内容。

总体来看，当代“中国法治模式”大致有以下四个历史渊源。

第一是苏联社会主义法制模式的影响。毛泽东说：“十月革命帮助了全世界的也帮助了中国的先进分子，用无产阶级的宇宙观作为观察国家命运的工具，重新考虑自己的问题。走俄国人的路——这就是结论。”[①] 意识形态和国家制度倒向苏联，意味着对苏联模式的全盘接受，其中包括法制模式的选择在内。

1931 年中国共产党领导建立中华苏维埃的政权体制和法律制度，主要是苏联制度的搬用。当时制定的中华苏维埃共和国的《宪法大纲》《婚姻条例》《政府组织法》《中央组织法》《地方组织法》《选举法》《军事裁判所暂行组织条例》《处理反革命案件和司法机关暂行程序》《裁判部暂行组织和裁判条例》等，为中华苏维埃政权的建立及其法律制度的形成奠定了法制基础。这些法律中的许多内容，就是通过梁柏台[②]等人从苏联法制中引进的。

1949 年中华人民共和国成立以后，中国奉行“请进来”、“走出去”、“一边倒”政策，全面学习移植苏联的法制模式。如中国 1954 年宪法基本上是以苏联 1936 年宪法为蓝本制定的。刘少奇在关于 1954 年宪法草案的报告中指出，中国的宪法“参考了苏联的先后几个宪法和各人民民主国家的宪法。显然，以苏联为首的社会主义先进国家的经验，对中国有很大的帮助。中国的宪法草案结合了中国的经验和国际的经验”。比较中国 1954 年

---

① 《毛泽东选集》第 4 卷，人民出版社 1991 年版，第 1472 页。

② 梁柏台（1899—1935 年），1920 年加入中国社会主义青年团，1922 年进入莫斯科东方大学学习，同年转入中国共产党。1924 年到海参崴工作，在伯力法院当过审判员，致力于法律研究和司法工作。1931 年夏从苏联回国后在闽西苏维埃政府工作，曾任保卫局局长。在全国“一苏”、“二苏”大会上当选为中央执行委员。1933 年 4 月被任命为司法人民委员部副部长，7 月被任命为内务人民委员部副部长；1934 年 2 月被任命为中央司法人民委员部副部长，兼任最高法院主审之一。苏区时期他共同审理了一批重要刑事案件，为苏区的法制建设作出了贡献。1935 年 3 月，梁柏台在率领部队通过国民党军队的封锁线时负伤被俘后被杀害。

宪法和苏联1936年宪法，可以清楚地看到这两部宪法和从宪法体制到宪法规定的政权体系是多么的相同。

在立法方面，大量的苏联法律制度被引进，重视土地法、婚姻法、刑事法律方面的立法，经济法的概念被接受。例如，多数国家将法律体系分为公法、私法和社会法，但在中国，由于受到苏联的影响，不以公法、私法为划分标准。中国接受了苏联的模式，又根据自己的实际情况做了调整。目前，中国特色社会主义法律体系划分为七个法律部门，它们是宪法及宪法相关法、民商法、行政法、经济法、社会法、刑法、诉讼与非诉讼程序法。

在司法方面，关于法院的设置和上下级法院的关系、人民陪审员制度、审判的组织、刑事审判原则、审判程序也都是向苏联学习的。设立独立的检察机关并赋予法律监督职权，完全是照搬苏联的检察制度。当时苏联的社会主义法制理论、法制模式和法律制度，成为建立新中国法律制度非常重要的来源。[①] 新中国成立初期建立法律制度，基本上走了一条“全盘苏化”的道路，苏联法制模式成为中国法制最主要的历史渊源。

第二是中国共产党领导人民政权建设中的法制建设经验。从中国国情出发、从中国实践出发、从国家的中心任务出发，学习苏联的法制模式，在构建人民民主政权法律制度的实践中不断积累经验，这是新中国法律制度历史渊源的实践基础和主要来源，当代“中国法治模式”的许多原则、制度和做法，都肇始于此。今天中国法制体系中独具特色的很多制度设计和司法原则，都能够从中华苏维埃共和国的法制中寻找到源头，如公开审判和巡回法庭制度，提倡在审判活动中“重视证据、重视程序”、审判要公开、调解制度，等等；抗日战争时期创造的“马锡五审判方式”、调解与审判相辅相成的做法和原则，对新中国法制建设产生了重要影响，成为当代

① 参见何勤华《关于新中国移植苏联司法制度的反思》，《中外法学》2002年第3期。

“中国法治模式”的重要渊源。

马锡五审判方式是以抗日战争时期陕甘宁边区高等法院马锡五庭长名字命名的审判方式，其主要内容是简化诉讼手续，实行巡回审判、就地审判。这种审判方式具有以下特点：一是深入基层，调查研究，彻底查清案件真相，不轻信偏听，草率从事；二是就地审判，不拘形式，在群众参与下处理案件，一切为了人民方便，审判案件公开；三是诉讼手续简易方便，便利人民诉讼；四是坚持原则，将法律精神与群众要求结合起来。这一审判方式在边区政权所辖范围内得到普遍推广，后来一度受到冷落。21 世纪以来中国深化司法改革，大力提倡和推行马锡五审判方式。

第三是中国古代传统法律文化和法律制度的影响。中国是一个具有五千多年文明史的古国，中华法系源远流长。以国家权力为后盾、以解决社会纷争为主要内容的司法活动，早在夏代已出现，其后经历了数千年的发展，形成了较为完备的中华法律制度体系和以儒家“中庸”思想为核心的东方司法文化传统。例如，中国古代法律制度具有以下特点：引礼入法，礼法结合；法自君出，权尊于法；家族本位，伦理法治；天人合一，情理法统一；民刑不分，重刑轻民；司法行政不分，司法从属行政；刑讯逼供，罪从供定；援法定罪，类推裁判；无讼是求，调处息争（“无讼”是中国古代司法追求的最高价值目标，是国泰民安、民风淳朴的象征）；依法治官，明职课责。当代“中国法治模式”的产生和发展，既要大革几千年封建专制制度和封建文化的命，又要古为今用、推陈出新，汲取中华法系源远流长的文化养分。例如，中国古代有“重典治吏”的刑法传统，现行中国刑法第 238 条关于非法拘禁罪的规定：“国家机关工作人员利用职权犯前三款罪的，依照前三款的规定从重处罚。”中国古代有“调处息争”的法律传统及制度，崇尚“无讼是求”的境界，然而，在现实中却难以避免客观存在的各种纷争和矛盾，为了缩小理想和现实之间的差距，实现“贵和持中”和秩序稳定，统治阶层探索一些“无讼”的途径和模式，建立了“调处息争”的法律机制；当代中国有人民调解、行政调解、法院调解、仲裁调解。[1] 2010 年 8 月，全国人大常委会专门通过了《中华人民共和国人民调解法》，使调解这一“东方之花”得以制度化、法律化和国家意志化。过去中国对中国古代传统法律文化和法律制度的认识不深、重视不够，批判多于继承，否定多于认可，致使它对当代“中国法治模式”的影响十分有限。

第四是西方法律文化和法治模式的影响。1900 年中国清末变法和 1911 年辛亥革命以后国民党统治中国的时期，法律制度主要是通过日本向西方大陆法系国家学习，但都没有真正成功。中国共产党领导的人民司法建设，从 1931 年革命根据地创建法制到 1949 年新中国成立初期全国性人民法律制度的建立，多是向苏联老大哥取经学习的。1950 年代后期，中苏关系交恶后，由于复杂的历史原因和特定的历史条件，中国逐渐走上了忽视法制、崇尚人治的道路。1978 年改革开放以后，尤其是 1990 年代苏联解体、东欧剧变以来，中国在加强社会主义法治建设、落实依法治国基本方略、建立法律体系、深化司法体制改革的过程中，比较多地注意吸收和借鉴西方发达国家法治建设的有益经验。例如，在民商法领域，中国的民法通则、物权法、合同法等法律，兼采普通法系和大陆法系国家的诸多基本制度，吸收了国际通行的私法精神与立法原则，确认契约自由、意思自治与主体平等，保障公共财产和公民私人合法财产；在行政法领域，中国吸收了现代

---

① 中国当代的调解制度是指人民政权的调解制度，它已形成了一个调解体系，主要的有以下四种：(1) 人民调解。即民间调解，是人民调解委员会对民间纠纷的调解，属于诉讼外调解。(2) 法院调解。这是人民法院对受理的民事案件、经济纠纷案件和轻微刑事案件进行的调解，是诉讼内调解。对于婚姻案件，诉讼内调解是必经的程序。至于其他民事案件是否进行调解，取决于当事人的自愿，调解不是必经程序。法院调解书与判决书有同等效力。(3) 行政调解。它分为两种：一是基层人民政府，即乡、镇人民政府对一般民间纠纷的调解，这是诉讼外调解。二是国家行政机关依照法律规定对某些特定民事纠纷或经济纠纷或劳动纠纷等进行的调解，这些都是诉讼外调解。(4) 仲裁调解。即仲裁机构对受理的仲裁案件进行的调解，调解不成即行裁决，这也是诉讼外调解。

行政法治中通行的比例原则、信赖保护等原则；在刑事法领域，中国的刑法和刑事诉讼法借鉴和吸收了国外罪刑法定和公开审判等现代刑事法治的基本原则和精神。针对刑事犯罪中出现的新情况，中国参照国外刑事立法经验，在刑事法律中规定了资助恐怖活动罪、洗钱罪、内幕交易罪、操纵证券期货交易价格罪、妨害信用卡管理罪等新罪名；在知识产权保护和环境保护的立法方面，中国也吸收了不少国外的法治经验。

改革开放以后中国基本上放弃了向苏联法制模式的学习，法治建设更多地转变为向美国、英国、德国、法国、日本等西方国家法治模式和法治经验的学习、借鉴甚至移植，而在从中国国情出发，坚持中华法律文化传统等方面，则有所不足。事实上，当代西方法律文化和法律制度对中国法治建设的作用是一柄双刃剑：一方面，中国大量吸收和借鉴包括西方法治文明在内的一切人类法律文明的有益成果，可以加快中国法治建设、法律体系构建和推进司法改革的步伐；但另一方面，如果不从中国实际出发，照搬照抄西方法治模式和立法经验，也会影响甚至阻碍中国法治建设和司法改革的进程。

三　当代“中国法治模式”的主要特点

当代中国的法治模式，是指中国特色社会主义的法治模式或者法治发展道路。在分析当代“中国法治模式”的主要特点时，在政治哲学和政治体制上，有四个重要的参照系作为比较分析的前提。

第一，“中国法治模式”是人民民主共和国的法治模式，它既不是中华封建帝国的法制模式，也不是西方君主立宪制的法治模式。“中国法治模式”坚持人民当家做主，实行人民共和国体制，不仅不能搞封建专制主义，不能实行封建帝制，而且要从思想文化、政治法律、体制机制、行为作风上坚决肃清封建主义余毒，坚决铲除“人治”。

第二，“中国法治模式”是社会主义性质的法治模式，而不是资本主义模式。所以，“中国法治模式”不仅必须坚持中国共产党的领导、人民民主专政、社会主义道路和马克思主义的“四项基本原则”，尤其是必须坚持中国共产党领导和社会主义道路，而且必须坚决反对走全盘西化、照搬照抄西方法治模式的法治发展道路。

第三，“中国法治模式”是社会主义初级阶段的法治模式，而不是发达社会主义阶段的法治模式。所以，“中国法治模式”还不完善、不发达、未成熟，存在有法不依、执法不严、违法不究、贪赃枉法、渎职滥权等问题和不足；它还必须长期努力发展，不断反对人治，完善法律体系，改革司法制度，培育法治文化，树立法治权威。尤其是，在一定条件下还允许某些非社会主义的社会现象和经济因素存在。

第四，“中国法治模式”是中国特色的社会主义法治模式，而不是苏联东欧等国家的社会主义法治模式。所以，“中国法治模式”必须从中国国情和实际出发，更多地体现中华传统法律文化的精华，学习借鉴古今中外的法治文明成果，走中国自己的法治建设道路，绝不能照搬照抄西方国家的法治模式。

概括起来讲，“中国法治模式”有以下主要特点。

（一）以经济社会建设为中心，加强法治建设

以经济建设为中心、坚持改革开放，是中国经济社会发展的主旋律。立法和法治要适应并服务于经济社会发展和改革开放的需要，是“中国法治模式”一个基本特点。改革开放30多年来，中国的立法、行政执法、司法、法律监督、法律服务、法学教育、法学研究基本上都是围绕经济建设和改革开放这个中心展开的。2002年以后，法治建设更加重视社会和谐发

展的问题，以经济建设为中心逐渐转变为以经济社会又好又快发展为中心。

以经济建设为中心，是1978年开始的中国改革开放的指导方针，也是法治建设和立法工作的中心工作。例如，1980年全国人大提出，要集中力量去制定那些当前最急需而过去又没有的法规，特别是经济方面的法规。适应四个现代化建设的需要，加强经济立法工作。1985年，全国人大常委会在总结过去五年的立法工作时指出，过去五年来，常委会进一步加强了经济立法工作，抓紧研究草拟中外合作经营企业法、外商独资经营企业法、海关法、海商法、公司法以及矿产资源法、劳动法、土地法等重要法律。其中，有些由于体制改革还处于探索试验、积累经验的阶段，制定法律可能还要费些时间。中国这样一个大国，各地政治、经济、文化发展很不平衡，因此，法律只能解决最基本的问题，不能规定太细，太细就难以适用全国。各地把对外开放、城市经济体制改革中需要解决的法律问题，要立哪些法，提了出来，常委会将分别轻重缓急，有计划地根据具体情况努力加快经济立法工作。

1986年，国务院在《关于第七个五年计划的报告》中就指出："经济体制改革的深入进行和国民经济的进一步发展，越来越要求把更多的经济关系和经济活动的准则用法律的形式固定下来，使法律成为调解经济关系和经济活动的重要手段。"1987年，党的十三大报告明确提出：必须一手抓建设和改革，一手抓法制。法制建设必须贯穿于改革的全过程……法制建设必须保障建设和改革的秩序，使改革的成果得以巩固。应兴应革的事情，要尽可能用法律或制度的形式加以明确。1992年，党的十四大报告要求，必须"加强立法工作，特别是抓紧制定与完善保障改革开放、加强宏观经济管理、规范微观经济行为的法律和法规，这是建立社会主义市场经济体制的迫切要求"。1994年，党提出"改革决策要与立法决策紧密结合。立法要体现改革精神，用法律引导、推进和保障改革顺利进行"。1995年，党进一步要求："坚持改革开放和法制建设的统一，做到改革决策、发展决策与立法决策紧密结合。”

1997年和2002年，党又明确提出：“要把改革和发展的重大决策同立法结合起来”，要“适应社会主义市场经济发展、社会全面进步和加入世贸组织的新形势，加强立法工作，提高立法质量，到2010年形成中国特色社会主义法律体系”。立法与改革发展紧密结合，也可以从全国人大常委会的工作报告中体现出来。坚持立法与改革发展和现代化建设相适应，把实践证明是正确的经验用法律肯定下来，巩固改革开放和现代化建设的积极成果，保障和促进经济社会又好又快地发展，为改革发展和现代化建设创造良好的法治环境，是“中国法治模式”的一个基本特点。

改革开放30多年，中国经济的增长速度和国民收入增长速度，远远超过了世界的平均速度，目前已成为世界第二大经济体。中国过去30多年在减少贫穷人口方面成绩显著，远远超过印度和越南。据世界银行的数据，中国的贫穷人口，从改革初1981年的65%大幅减少到2001年的18%左右，其下降幅度是世界少见的。中国1980年建立四个经济特区，1992年接受市场经济，2001年加入世界贸易组织，2008年成功应对国际金融危机，在迈向市场经济和经济全球化方面，是发展中国家中做得最出色的。在经济高速持续发展过程中，中国的法治模式逐渐形成并发挥了不可或缺的引导、规范和保障作用。

（二）立足中国国情和实际，学习借鉴人类法治文明的一切有益成果

近代以来，中国的法治建设主要依赖法律移植。1978年改革开放以来，大量借鉴和移植西方法律制度仍然是“中国法治模式”的主要措施之一。然而，如何从中国自己的国情出发创造法律制度，形成中国特色的法治模式，是中国法治建设面临的重大课题。在这方面，中国秉持的基本原则是：

立足中国国情和实际，学习借鉴（移植）人类法治文明的一切有益成果。

在“中国法治模式”形成的过程中，中国大量学习和移植了西方或苏联东欧的法律概念和法律制度。例如，中国采用的许多法律概念来自西方法律文化，比如立法、行政、司法、民主、法治、人权、宪政、公司、法官、时效、权利、义务、法律关系、法律责任、法律行为、紧急避险等重要概念，以及罪刑法定、无罪推定、法律面前人人平等、保障人权等原则，甚至像法学院以及宪法、行政法、民法、刑法、诉讼法等学科划分的概念，也是来自西方法律文化。中国的人民检察院制度主要是学习苏联的模式；中国的法官、检察官、律师、公证员任职资格考试合而为一，则主要是学习英美法系的做法。

另一方面，中国的法治建设也始终坚持要从中国国情和实际出发，不照搬照抄西方法治经验和法治模式。中国坚持自己的特色和实际需要，例如中国实行人民代表大会制度，而不搞三权分立；实行民族区域自治制度，而不搞联邦制或者邦联制；采用“一国两制”方针解决港澳台问题；实行人民调解制度、信访制度、马锡五审判方式等颇具中国特色的纠纷解决方式，等等。

目前，中国的法治发展模式正经历重要转型，即从偏重于学习和借鉴西方法律制度为取向的追仿型法治道路，转向以适应中国具体国情解决中国实际问题为基本目标、立足自身发展和自主创新的自主型法治道路。

（三）法治进程的政府主导、上下结合、稳步推进

中国有自己独特的国情，因此中国的法治模式必须具有自己的特点，不同于世界上任何一个国家的法治模式，而是“政府主导，上下结合，各方参与，稳步推进”的法治模式。在中国，无论是改革开放初期

倡导发展民主、健全法制，还是1990年代中后期提出和确立依法治国基本方略；无论是开展全民普法教育，还是创建法治城市；无论是推进依法行政，还是改革司法体制，绝大多数情况下，均是政府发动、政府主导、政府支持的政府行为，是中央政府与地方政府的上下结合，是政府与社会和企业的上下结合，是政府与公民的上下结合，是领导者与被领导者的上下结合。在这种上下结合模式中，最突出的中国特色，就是中央发出号召、提出要求，由地方执行和实施；政府制定规划、下达命令，由公民、企业和社会遵守执行；领导者阐明道理、发出指示，由被领导者执行、遵守和实施。

中国的法治建设总体上是政府主导型的法治，是由中央最高决策层决定实行依法治国、建设社会主义法治国家之后，从中央向地方用组织和教育手段逐渐向下推行的；由中央发动，主要从地方、基层和行业开始实施。依法治国由政府推进而不是民间自发生成，因此，其前景很大程度上取决于政府对法制目标和实现步骤的战略设计，取决于国家，特别是领导人的决心和规划。

中国这种政府主导推进依法治国的方式，好处是易于启动，在中央政府的统一号令下，各级政府和各行各业、各个方面，都可以较快发动起来，投入依法治国的事业中。政府可以运用国家的权威和人力、物力及财力，动员并组织全社会普遍参与依法治理工作，在短期内见到成效，产生轰动效应。但是，这种推进依法治国的方式同样有相当多的弊端，最大的弊端是把依法治国当做一种以运动方式实施的政府行为，民间的力量没有真正动员起来，而政府行为往往容易把政府自己置于法治之外，把社会和群众作为治理的对象。同时，政府行为如果不能被民众理解和接受，推进依法治国不能持之以恒，不能制度化、法律化，再加上组织领导方式失当、宣传教育不力、体制改革滞后、实践操作缺乏力度等原因，也存在使依法治国夭折的可能性。

在中国，法治建设和依法治国实际上被视为政治发展的重要内容和政治体制改革的重要方面。在理念和事实上，中国的政治和法律是很难区分的，而且是政治先于且优于法律（法治），例如“政法大学”、“政法委员会”、“政法工作”等概念的普遍运用，就是明证。因此，适用于政治体制改革的一切指导思想、原则要求和操作步骤，总体上都适用于中国的法治建设和依法治国的实践过程。例如，中国政治体制改革要坚持的基本原则是：有领导、有步骤、有组织、积极稳妥、循序渐进地实施，这同样适用于法治建设——必须坚持和加强中国共产党对法治建设的领导，必须与经济社会文化发展相协调，必须循序渐进。又如，政治体制改革要符合邓小平提出的要求，有利于增强党和国家的活力，有利于调动人民群众的积极性、主动性和创造性，有利于维护国家统一、民族团结和社会稳定，有利于促进经济发展与社会和谐进步，这同样适用于依法治国——依法治国就是广大人民群众在中国共产党的领导下，依照宪法和法律规定管理国家事务，管理经济文化事业，管理社会事务，保证国家各项工作都依法进行，逐步实现社会主义民主的制度化、规范化、程序化，使这种制度和法律不因领导人的的改变而改变，不因领导人看法和注意力的改变而改变。依法治国是发展社会主义市场经济的客观需要，是社会文明进步的重要标志，是国家长治久安的重要保障。

（四）法治与德治相结合，以法治为主导

在中国历史上，法治和德治一直是治理国家的两种根本手段，如同车之两轮、鸟之双翼，对调整社会关系、维护社会秩序发挥了重要的作用。德治在中国传统社会中所指的主要是治国方式，它有两重基本含义：一是指充分重视道德的教化作用，并通过道德的教化与规范作用进行社会管理和国家治理的治国方式。孔子就曾说过，“道之以政，齐之以刑，民免而无

耻；道之以德，齐之以礼，有耻且格”①。二是指充分重视为政者的道德典范意义，并通过这种典范作用来治理国家和管理社会的治国方式。“德治”是中国古代儒家政治思想和伦理思想的一项重要内容，其地位非常清楚，就是道德优于法律，“德治”重于“法治”，即所谓“德主刑辅”。

在当代中国法治建设中，法治与德治是始终紧密结合的，但在不同时期，两者结合的侧重点有所不同。21 世纪初，中国领导人曾提出“依法治国与以德治国相结合”的观点，受到法学界的质疑。从一般原理上讲，中国法学界对于法律与道德、法治与德治的结合是没有异议的，认为从维护和保障社会的稳定来说，法律和道德有着同样重要的作用，它们相互联系、相互补充。道德规范和法律规范应该相互结合，共同发挥作用，有了良好的道德素质，人们就能自觉地扶正祛邪，扬善惩恶，有利于形成追求高尚、激励先进的良好的社会风气，从而保证社会主义市场经济的健康发展，促进整个民族素质的提高。但是，在中国这个有着数千年“德主刑辅”封建人治传统的国家，历史上缺少民主法治传统，缺少法治的历史根基；尤其是，1997 年中国刚把依法治国确立为治国理政的基本方略，依法治国的重要性、必要性开始被人们所理解和接受，在这种情况下，强调依法治国与以德治国的结合，会极大地削弱人们对依法治国基本方略的理解、尊重和实施，甚至有可能在以德治国口号的掩护下出现人治的复辟。从中国的现实情况来看，法治作为人们行为的低度标准还远远未能得到遵守和实现，违法犯罪行为与日俱增，社会矛盾纠纷层出不穷，法律秩序屡屡受到挑战，法治权威虚弱无力，在这种法治尚且力不从心的情况下，突然强调道德的作用，凸显以德治国的理念，既脱离中国社会的实际，也难以解决现实问题。所以，中国法学界在对待法治与德治的关系问题上，一方面从理论上认同两者紧密相连、相辅相成，法治并不否定道德的重要作用，强调道德

① 《论语·为政》。

是法治必不可少的思想条件与文化基础，但同时认为，在现阶段必须坚持依法治国基本方略，坚持以法治为主，既不能用德治取代法治，也不能用以德治国削弱或者冲击依法治国。

（五）坚持法治统一性和多样性的统一

中国是一个单一制国家，坚持法治统一是中国宪法规定的基本原则。在法治统一原则下，中国的地方政府要服从中央政府，地方立法不得同中央立法相抵触、下位法不得同上位法相抵触，法院和检察院的司法体制是统一的，适用法律的标准、解释法律的原则、执行法律的程序等都是统一的。最高人民法院将死刑复核权从省高级人民法院收回最高人民法院，进一步统一并规范了死刑的适用条件和标准，从严控制了死刑的适用；最高人民法院实行案例指导制度，以减少判案的随意性。在法治统一的前提下，中国的法治又在一定程度上存在多样性，以适应中国地域广大、民族文化多元、经济社会发展不平衡等现状。

第一，在国家制度上，中国实行“一国两制”方针，在中国内地实行社会主义制度，在香港、澳门和台湾地区实行资本主义制度。在中国内地实行社会主义法系模式（按照法国比较法学家达维德在《当代主要法律体系》和德国比较法学家茨威格特在《比较法总论》中关于世界法系的划分标准），在香港特别行政区实行英美法系模式，在澳门特别行政区和台湾地区实行大陆法系模式。

第二，在立法体制上，实行一体多元的立法体制，即在全国统一的立法体制之下，中央与地方在立法职权的事项上有所划分，有些立法事项为中央专属，地方立法机关不得涉足。全国的省级人大及其常委会、省会市的人大及其常委会、较大市的人大及其常委会享有地方立法权，海南、深圳、珠海、厦门、汕头享有经济特区立法权。民族自治地方的人民代表大会享有制定自治条例和单行条例的权力，自治条例和单行条例可以在一定条件下变通中央立法和上位法。根据《中华人民共和国立法法》第66章第1款的规定，自治条例和单行条例在两个方面可以对法律、行政法规作出变通规定。一是国家法律明确授权变通的事项。截至2012年，中国共有婚姻法、继承法、民法通则等10余部现行法律和3部行政法规做出了授权规定，民族自治地方可以在不违背上述法律基本原则的前提下制定变通或者补充规定。二是法律虽未明确授权，但是法律规定不完全适合民族自治地方实际的，自治条例和单行条例可以对有关规定予以变通。截至2010年年底，中国155个民族自治地方共制定现行有效的自治条例139件、单行条例777件；根据本地的实际，对法律和行政法规的规定作出变通和补充的有75件，内容涉及婚姻、继承、资源开发、计划生育、未成年人保护、社会治安、环境保护以及土地、森林、草原管理等。

第三，在国家司法考试制度方面，近年来，适应形势发展需要，司法部不断改革完善国家司法考试制度。一是着力解决中西部地区和基层法律人才短缺问题，对中西部地区及少数民族地区实行特殊政策，适当放宽中西部地区和基层报名学历条件、降低录取分数线。例如，2013年中国司法考试的合格分数线为360分，西藏自治区的合格分数线放宽为280分。对于使用少数民族语言文字试卷参加考试的少数民族应试人员单独确定合格分数标准。二是扩大考生范围，2004年起允许香港、澳门特别行政区永久性居民中的中国公民报名参加考试，2008年起允许普通高校在校四年级学生和台湾居民参加考试。2013年全国报考人数达43.6万人，比2012年增加3.2万人。

此外，在解决矛盾纠纷方面，中国许多地方在相对于中央和地方政府制定的“国家法”（成文法）之外，还有大量“地方法”（不成文法）存在，它们多表现为形形色色、千差万别的乡规民约和风俗习惯等。这些“地方法”的内容有时甚至是与国家法的规定相冲突的，但在许多落后边远的农村和少数民族地区，它们却非常有效且成本低廉，对于许多矛盾纠纷的解决发挥了重要作用。

（六）坚持中国共产党的领导、人民民主和依法治国三者有机统一

2002 年，党的十六大报告把发展社会主义民主政治、建设社会主义政治文明确定为全面建设小康社会的重要目标，并指出："发展社会主义民主政治，最根本的是要把坚持党的领导、人民当家做主和依法治国有机统一起来。"2005 年，《中国的民主政治建设》白皮书明确指出："中国的民主政治建设遵循以下原则：坚持中国共产党的领导、人民当家做主和依法治国的有机统一。这是中国发展社会主义民主政治最重要、最根本的原则。"2008 年，《中国的法治建设》白皮书在总结中国法治建设经验时又一次强调说："中国人民深刻认识到，全面贯彻落实依法治国基本方略必须……坚持中国共产党的领导、人民当家做主、依法治国有机统一，保证中国共产党在法治建设中始终发挥总揽全局、协调各方的领导核心作用，保障广大人民群众依照宪法和法律的规定实现当家做主的权利，保证国家各项工作都依法进行。"毫无疑问，"三者有机统一"已成为中国民主政治和法治模式最根本、最重要的本质特征。

中国共产党的领导是人民当家做主和依法治国的根本保证。邓小平曾经说过："中国由共产党领导，中国的社会主义现代化建设事业由共产党领导，这个原则是不能动摇的；动摇了中国就要倒退到分裂和混乱，就不可能实现现代化。"人民当家做主是社会主义民主政治的本质要求，依法治国是执政党领导人民治理国家的基本方略。"三者有机统一"的提出，对中国政治体制改革方向做出了重大调整，即从 1980 年代以"党政分开"为目标的政治体制改革，转向了以"三者有机统一"为目标和特色的政治发展和法治建设。"三者有机统一"的提出，对处理依法治国与中国共产党领导的关系提供了指导原则。例如，有人认为，既强调实行依法治国，又强调必

须坚持党的领导，到底是党大还是宪法法律大？这就涉及如何理解和对待两者关系的问题。在“三者有机统一”的原则下，党的领导主要是通过制定大政方针，提出立法建议，带头守法，保证执法，推荐重要干部，实施对国家和社会的领导。“三者有机统一”强调以党的领导保证民主法治建设的社会主义方向，以人民民主的发展保证党的先进性和中国法治的正义性，以法治保证党的领导、人民当家做主的地位及其实现。

四 当代中国法治发展水平的比较

可从纵向与横向两个维度对新中国法治建设做出评价。在纵向上，从今天我国法治建设的发展水平与我国10年前、30年前、60年前的水平相比，无论在社会主义法治理念还是在社会主义民主法治实践方面，无论在中国特色社会主义法律体系构建还是在中国特色社会主义法治体系建设方面，无论在立法执法司法还是在学法用法守法方面，无论在法律制度法律程序还是在法治精神法治机制方面，无论在领导干部依法办事的能力和水平还是在公民的法律意识和法治观念方面，都取得了举世瞩目的成就。在横向上，我国60多年法治建设发展到今天的巨大成就，与当代西方发达国家的法治水平相比，我们在许多方面并不比西方法治逊色。

以下是国际上和中国香港及内地关于评价法治状况（水平）的指数情况，可作为我们评估当下我国法治水平的参照系。

（一）“世界正义工程”（the World Justice Project）的法治评价指数

“世界正义工程”是由美国律师协会、联合国际律师协会、泛美律师协会、泛太平洋律师协会等律师组织发起成立的，它们于2008年7月3—5日在维也纳举办“世界正义论坛”。论坛有来自不同国家和地区、不同行业的500—700名领导人和专家出席，目的是厘清法治的观念，提出“法治指数”作为评估一个国家法治状况的标准。“法治指数”旨在形成一个全球的统一规范，用以衡量一个国家遵循法治的程度。

“世界正义工程”提出评价法治的四个基本原则：第一，法治是一个所有人，包括政府都受之约束的体系；第二，法治是以公正制定、公开广泛被理解和稳定的法律为基础的体系；第三，法治具有强有力的、所有人都可以获取救济的执法渠道，能够公正地被执行；第四，法治体系拥有具备各方面知识的、胜任的、独立的、道德操行良好的律师和法官。以此为基础，“世界正义工程”提出法治指数的14种主要指标，分为三大部分：第一部分强调法治的宪法化和制度化，以保证执政权力受到约束；第二部分关于立法，包括议会立法和行政立法；第三部分关于执法，包括对法律法规的执行和管理。

“世界正义工程”的法治指数强调：衡量一个国家的法治状况，不能只着眼于法律条文，还应关注实际执行情况；法律制定过程必须公开，集思广益，并向普通公民、媒体和其他独立的渠道传递信息；法律对基本人权，包括公民和政治权利、经济社会和文化权利提供保护；法律必须清晰、连贯、易懂，并留有预见性；法治的公正无私，要靠独立并负责任的律师和法官来支撑。

（二）世界银行的法治评价标准

世界银行认为，法治的本质在于人民究竟在何种程度上信任和遵守该国的法律，法律是否公平和能否预期，财产权怎样得到保障。因此，衡量法治状况的主要指标应包括犯罪发生率、司法效率、法律的可预测性和契约履行状况。在世界银行每年公布的“全球政府监管指数”中，“法治指数”是其中一个重要内容。

（三）香港的法治评价指数

香港是国内最先尝试用指数测评法治状况的城市。在香港的法治指数中，列举出七项法治要素及其要件。这些要素和要件被认为是达到法治标准应当具备的最低标准和要求（详见表3－1）。

表3－1　香港的法治指数

	序号	法治的一级条件	法治的二级条件
法治的分类指数	1	现有法律符合健全法律的基本要求	法的一般要求；公开性要求；稳定性要求；明确性要求；法不溯及既往；不得要求不可能的行为；与一般社会价值相符合
	2	政府依法行事	
	3	具有防止政府任意行使权力的规则程序	
	4	法律面前人人平等	
	5	执法公正	政府的行为与公布的法律相符合；司法独立
	6	普遍的司法公正	法院审判公正；法官独立；起诉政府决定或者行政行为的程序
	7	程序公正	无罪推定原则；自然正义原则；证据法则；公平审判

香港法治指数评估采用精英打分为主，民众调查为补充。

（四）上海、北京、南京、余杭的法治评价体系

上海市法治指标评价体系分为10项：司法指标、执法指标、普法指标、

法律监督指标、公共安全指标、社会参与指标、法律资源指标、法律服务指标、基础指标、其他指标。

北京市的法治环境评价指标体系分为立法、执法和司法、物质投入保障、公民权利保障4个方面的层次结构。

南京市法治评价标准分为以政府诚信、企业诚信、中介组织诚信、个人诚信为具体指标的诚心诚信评价标准体系；以城市政治安定、经济安全、市民生活安宁、城市生态安全为具体指标的安全评价标准体系；以城市政治生活法治化、经济生活法治化、文化生活法治化、社会生活法治化为具体指标的评价标准体系。

浙江省杭州市余杭区法治评价标准为：党委依法执政，政府依法行政，司法公平正义，权利依法保障，市场规范有序，监督体系健全，民主政治完善，全民素质提升，社会平安和谐。

（五）比较（评价）法治发展水平的原则

在与外国法治发展水平进行比较时，可从三个层面来把握：

一是法治建设的政治指导思想。与西方资本主义法治国家比，我们建设的是社会主义法治国家，两者有本质的区别；与其他社会主义国家比，我们建设的是中国特色社会主义法治国家，我们的法治建设必须立足国情，从中国社会主义初级阶段的实际出发。从这个层面上进行定性比较，我们要着重把握法治的阶级性、政治性及其社会主义本质特征，绝不能搞西方资本主义法治。

二是法治建设的历史文化条件。不同的历史传统和文化条件，影响并决定了不同文化特征的法治体系，如大陆法系、英美法系、斯堪的纳维亚法系、中华法系、伊斯兰法系等。我国法治体系属于社会主义法系范畴，具有明显的大陆法系特征。评价一个国家的法治状况，必须充分考虑其法治的历史文化传统与现实社会条件、政治因素与文化因素。在这个层面进行法治比较，应主张“异中求同、同中求异”，绝不能妄自菲薄，也不要妄自尊大。

三是法治建设具体的原则、制度和程序。在法治实现形式及法治操作和技术层面上，世界法治具有某些共同的概念、价值、原则、规范和程序。在这个层面上，不同意识形态、不同文化传统和社会制度国家之间的法治，具有比较高的可比性和可借鉴性。以西方为参照系评价和判断中国法治发展水平，主要是从这个层面进行的，但同时要结合前述两个层面的内容和要求做出全面评价。

比较评价时，政治上必须立场明确：我国法治是中国特色社会主义民主法治，绝不能搞资产阶级专政的西方法治；要坚持人民代表大会制度，绝不能搞西方的三权分立、两院制；要坚持共产党领导的多党合作和政治协商的政党制度，绝不能搞西方的两党制、多党制。总之要坚持共产党领导、人民当家做主和依法治国有机统一。从法治实现形式方面，我们提出从法治文化背景、法治发展道路、立法、行政执法、司法、守法六个维度，对中国与俄罗斯、日本、法国、德国、美国的法治进行初步比较（详见表3－2、表3－3、表3－4、表3－5）。

表3－2　　中国与俄罗斯法治发展比较

序号	比较事项	中国	俄罗斯
1	法治文化背景	封建传统很长，历史上缺乏民主法治传统；新中国成立后坚持马克思主义政治法律观，学习苏联建设中国社会主义法律制度。改革开放以来，坚持从国情出发，学习借鉴包括西方法治文明在内的一切人类政治文明的有益成果建设中国特色社会主义法治国家	农奴制封建传统历史久远；十月革命后奉行马克思列宁主义的国家与法思想，建成了世界上第一个社会主义国家的法治体系；苏联解体后全盘接受西方法治理念和法律制度，普京在经济领域调整了全面学习西方的方向，但法治领域的调整较少

续表

序号	比较事项	中国	俄罗斯
2	法治构建标准	思想上：中国化的马克思主义和社会主义法治理念；方向道路上：中国特色社会主义民主政治发展道路和“三者有机统一”；主要原则上：人民主权、保障人权、法治统一权威、依法执政、民主立法、依法行政、公正司法、自觉守法、监督制约权力	全盘采用西方标准：普选制、议会制、多党制、三权分立、媒体自由
3	立法	全国人大制定和修改基本法律，全国人大常委会制定和修改法律，国务院制定行政法规，省级人大及其常委会制定地方性法规，较大市的人大及其常委会制定地方性法规，经济特区所在地的人大及其常委会根据授权制定特区法规。民族自治地方人大制定的自治条例和单行条例，可以对法律、行政法规的规定做出变通规定。国务院各部委制定部委规章，有立法权的地方人民政府制定地方规章	联邦立法体系分系包括：俄罗斯联邦宪法，联邦宪法性法律，联邦条约，联邦法律、法典，联邦总统的规范性文件，联邦委员会和国家杜马、联邦政府、联邦各个部、国家委员会和其他主管部门的规范性文件，联邦向联邦主体授权的协议，联邦签署的国家间条约和政府间协定。联邦宪法和联邦法律在俄罗斯联邦全境地位最高，保障联邦法律体系的统一。联邦立法体系分系进一步分为：共和国的宪法和法律体系，边疆区、州、联邦直辖市的宪章和法律体系，自治州和自治专区的宪章和法律体系
4	行政执法	行政执法指导思想由管制型政府向服务型政府、由以行政手段管理向以法治方式管理的模式转变；制定具有行政拘束力的依法行政实施纲要，强调政府依法行政，	①行政执法指导思想经历了从苏联时代的“管理法”向俄罗斯时期的“控权—平衡法”的转变；②行政法治内容：国家管理、地方自治、行政法主体、国家公务、行政违法、行政

续表

序号	比较事项	中国	俄罗斯
4	行政执法	建设服务型的法治政府；加强并完善行政立法，健全行政执法司法机制，保障行政权力依法行使，监督防止行政权力滥用	处罚、行政强制、行政诉讼、行政程序、行政审理、行政司法等；③执法依据：《对侵害公民权利和自由的行为及决定的法院控告法》《俄罗斯联邦民事诉讼法》《俄罗斯联邦仲裁程序法》；④诉讼机关：普通法院审理的行政诉讼案件，仲裁法院审理的行政案件
5	司法	单一制政体下，法治和司法体系都是全国统一的，设立最高法院、高级法院、中级法院和基层法院，实行两审终审制 十年司法改革和司法体制改革，在观念、制度、程序、体制、机制等诸多方面进行了改革，取得了一定的成功，但也面临许多新的问题和挑战 如何在深化政治体制改革和全面落实依法治国基本方略的过程中，深化司法体制改革，提高宪法法律实施的可诉性和实效性，建设公正高效权威的司法机关，是下一步司法建设和改革需要认真研究解决的重大问题	联邦司法体系由联邦法院和联邦主体法院构成，其中联邦法院由三个分支体系组成：俄罗斯联邦宪法法院、普通法院系统、仲裁法院系统 司法改革：①审判原则改革：多种审判形式同时并用原则（陪审团制、法官与人民陪审员制、独任制、合议庭制），陪审团参加法庭审理原则，保护被告权利原则，诉讼程序和发布文件使用俄语原则；②司法机关判决执行改革：设立司法警察制度和强制执行制度；③法官地位改革：法官具有独立的组织保障、法律保障、财政保障、社会物质保障以及继续教育保障；④法官监督体制改革：成立法官理事会和法官最高鉴定委员会，总统有法官任命权，没有对法官职务的解除权，法官鉴定委员会有该权利，每年大约

续表

序号	比较事项	中国	俄罗斯
5	司法		50 名法官被该委员会解职 《俄罗斯联邦宪法法院法》和《俄罗斯联邦司法体系法》规定宪法法院是负责宪法监督的司法机关，是宪法解释机关。其职权范围包括宪法诉讼案件的审理权（法律文件的合宪性、职权纠纷案件、具体案件适用法律的合宪性、审理与弹劾总统相关的案件），宪法解释权，立法提案权，其他权利
6	守法	尽管存在一些不尽如人意的问题，但总体上是这些问题正在逐步得到解决的过程中，守法的法治状况向着好的方向发展。随着全面落实依法治国基本方略、深化司法体制改革和法治宣传教育，守法和法治实施状况将越来越好	司法腐败，效率低下，执法环境恶劣，法律实施状况较差；治安不佳，人权得不到保障；公民主体意识丧失，信仰危机，泛自由主义和无政府主义的抬头；民族主义、恐怖主义、分裂主义、种族矛盾严重制约着俄罗斯法治化进程；公民法律意识淡薄，尤其是年轻人丧失信仰、法律虚无主义盛行，酗酒、暴力、犯罪案件持续上升，媒体推波助澜（暴力、色情、凶杀等）严重影响了俄罗斯青年一代身心健康
相似点比较	（1）	过去同属于社会主义法系，法学理论和法律体系有较多相似的内容	
	（2）	法治建设中存在人治色彩	
	（3）	法治发展道路，借鉴西方法治理念和本国实际相结合	

续表

序号	比较事项	中国	俄罗斯
不同点比较	(1)	坚持、发展和创新社会主义法学理论	摒弃社会主义法学理论，全盘西化
	(2)	走中国特色社会主义民主法治发展道路	按照西方法治社会标准构建
	(3)	法治建设具有"欧美与国情"结合的特点	法治发展趋向"融欧亲美"
	(4)	实行国家控制的法治模式	实行社会控制的法治模式
总体评价	中国与俄罗斯法治发展比较，总体而言是各有千秋，但中国法治下的社会治安状况以及中国依法治国的发展趋势明显好于俄罗斯		

表3-3　　中国与日本法治发展比较

序号	比较事项	中国	日本
1	法治文化背景	在儒家传统文化重义务轻权利、重国家（集体）轻个人、重人治轻法治、重调解轻诉讼等方面有较多相似的文化渊源	明治维新前与中国很相似，之后越来越多地学习西方，但也在很多方面保留了自己的政治文化传统，如天皇制度、注重纠纷的调解解决等
2	法治发展道路	清末法制改革开始大量向西方——主要是德国和日本——学习；共产党领导的法制建设前期较多地学习了苏联的法制；改革开放以来学习西方法治明显增多	明治维新以来，大量移植和继受西方法治文化与制度。二战前，法国法和英国法都对日本产生过影响，但主要是德国法，日本的许多法律制度和法学思想都直接来源于德国。二战后，美国法对日本产生了重要影响，许多制度按照美国模式进行了改革。经过多年发展，日本已成为兼具大陆法和英美法特征的现代法治国家

续表

序号	比较事项	中国	日本
3	立法	人民代表大会制度基础上的立法体制；立法中比较重视借鉴日本、德国、美国、英国等西方国家的立法经验	三权分立前提下，学习德国和美国的立法较多，国会实行两院制立法，行政立法和地方自治立法权力增强，但注意从日本国情出发，不照搬照抄
4	行政执法	缺乏明确稳定的行政编制法规范，行政法律的执行和对行政权力的监督有待加强	为确保行政执法效果，对行政组织有严格规定；重视行政许可、行政处罚、行政强制等正式与非正式程序的运用；重视行政运行的公开度，对行政机关的活动实行严密监督机制
5	司法	坚持中国特色社会主义司法制度的本质和特征，学习借鉴西方经验改革司法体制；违宪违法审查由立法机关负责	学习西方现代司法制度，强调司法独立，实行统一司法考试制度，正在进行司法改革；实行美国式的违宪审查制度
6	守法	轻规则，守法意识在加强过程中；重调解轻诉讼，大致是按照“情、理、法”的顺序解决纠纷	重规则、重团体观念，守法意识很强；强调人与人之间的“和”，主张以和为贵，重视调解，大量纠纷通过调解解决
7	基本结论	学习借鉴日本法治现代化的经验应当优于其他西方国家；坚持从国情和社会主义性质出发，发扬中国传统文化的优势和特点	

表 3 – 4　　　　中国与法国、德国法治发展比较

序号	比较事项	中国	法国	德国
1	法治文化背景	法国和德国的法律思想和法律制度，对中国法治都有不同程度的重要影响 中国法治在性质上属于社会主义法系，但在法律形式上基本上可归为大陆法系范畴 法国的政治法律思想家孟德斯鸠、卢梭、狄骥等人，《法兰西内战》《人权宣言》《民法典》等，对中国法治产生过重要影响。狄骥在 20 世纪 30 年代曾经来中国帮助国民党政府起草宪法 德国的思想家马克思、黑格尔、康德及法学家萨维尼、耶林等人，德国的《民法典》《魏玛宪法》	法国是大陆法系的发源地之一，现代世界法律中的许多重要法典、制度和原则，如近代历史上最早的民法典、刑法典、商法典、刑事诉讼法典、民事诉讼法典等成文法典，现代法中的破产、公司、公证人、商标、民事代理、诉讼保全等制度，法律面前人人平等、三权分立、法不溯及既往、法官自由心证、正当防卫等原则，都起源于法国	德国是大陆法系的典型代表国家之一。其法律体系按照罗马法的传统分为公法与私法。私法以个人意思自治为本位，根本任务是规范私人之间的关系，调整私人之间的利益冲突；公法以作为高权者的国家为本位，主要任务是确立国家权力的基础与界限。有关公法的纠纷由宪法法院和行政法院系统管辖；有关私法（民商法）的纠纷由普通法院管辖
2	法治发展道路			
3	立法		立法形式包括法律、紧急条例、条例和部门规章。议会平均每年通过 100 部法律，其中一半与国际条约相关，另一半是国内法律。通常，一部法律的相关实施细则有 10 个左右，每年政府需要制定约 500 个实施细则。宪法委员会负责对法律的合宪性进行审查	德国形成了宪法、刑法、刑事诉讼法、民法、商法、民事诉讼法和行政法等基本的法律部门，各法律部门一般均有一部法典为其基础和核心，并以其他众多的单行法为补充。德国政党法是世界上最早的政党立法，意在限制和规范政党行为
4	行政执法		行政法院已有两百多年历史，在控制行政权滥用、保护公民合法权益方面起着重要作用；判例在行政法占据	二战后德国进入“社会法治国行政”时期，国家拥有广泛社会管理职能。当代德国行政执法的主要发展：注重行

续表

序号	比较事项	中国	法国	德国
4	行政执法	等重要法律，对中国法治产生过重要影响 清廷修法大臣沈家本曾亲赴欧洲各国考察了解资本主义法治的历史和现状，引进西方法律。在其主持下，先后翻译了俄、法、德、荷、意、日、比、美、瑞士、芬兰等国的法典和著作共33种	重要地位；行政法治原则是法国行政法的核心原则；对行政执法监督效果明显	政效率和服务行政；加强行政立法；经济行政法不断发展；改革行政组织，扩大政府及职能部门的社会经济职能，强化政府对社会经济的干预；改革行政手段，提高行政活动的效率性、透明性；改革公务员法；强化司法救济制度
5	司法		设有两套相互独立的法院系统——行政法院系统和普通法院系统（司法法院系统）共存，并行运转。2001年，司法法院系统共处理刑事案件9936950件，民商事案件2297462件。行政法院系统共受理案件151371件，结案146181件。截至2005年11月，法院共有法官7402人，其中5584人为审判法官，占77.77%；1818人为检察官，占25.32%。2005年，在各律师公会注册的律师总数为44054人，其中大巴黎地区律师21473人，占律师总数的近一半	法院奉行司法独立原则，司法权由独立的法院行使，审判只服从法律，法官实行终身制。司法权分为刑事、民事、行政、财政和社会五种司法权，分别由五种法院行使。普通法院分为初级、区域、州、联邦四级法院；行政法院分为初级、高级、联邦三级；财政法院分为州和联邦两级；劳工法院分为初级、州和联邦三级；福利法院分为初级、州和联邦三级。还设有联邦宪法法院，监督对联邦基本法的遵守，裁决联邦与州之间以及联邦各机构之间的纠纷

续表

序号	比较事项	中国	法国	德国
6	守法		截至 2006 年 1 月，法国人口为 6100 万。2006 年发生在法国本土的犯罪案件总数为 3725588 件，犯罪率为 61.03‰。其中盗窃犯罪占案件总数的 55.83%，诈骗和经济金融犯罪占 8.97%，侵害人身犯罪占 10.08%，包括毒品犯罪的其他犯罪占 25.12%。在被追查的人中，男性占 84.92%，女性占 15.08%；成年人占 81.67%，未成年人占 18.33%；法国人占 79.27%，外国人占 20.73%	德国人有着较高的法治意识和守法习惯，在遵纪守法方面具有很强的自觉性。这种意识和习惯，与德国的学校教育是分不开的。德国各州的教育法都有关于培养学生守法和讲公德的条款。德国学校能够指导学生了解他们应尽的公民义务和道德标准，培养公民的责任感。家庭教育深刻影响着子女人生观、道德观的形成
7	总体评价		宪法委员会——合宪性审查制度；对公权力有效监督。立法创新，刑法承认法人犯罪体现出某种实用主义倾向。注重对英美法系和社会主义法系中一些制度的借鉴，如英美法国家刑事诉讼法中的辩诉交易制度、中国的调解制度等	我国在立法方面与德国法治的差距亦在逐步缩小。但我国法治建设中仍然存在立法质量不高、执法不到位、司法不公正、公民法治意识不强、法律得不到有效实施等问题，这与德国法律实施较为有效、公民法治观念较强还有较大差距

表 3－5　　中国与美国法治发展比较

序号	比较事项	中国	美国
1	法治文化背景	在中国传统法律文化基础上，主要学习西方大陆法系经验；在社会主义制度基础上主要学习苏联社会主义法治经验	普通法系、英国普通法传统，美国建国后的国情和实际需要，孟德斯鸠等的法治理想主义，开国元勋的努力
2	法治发展道路	人民代表大会制度，共产党领导的多党合作和政治协商制度，人民民主，法治和法学坚持中国化马克思主义指导、坚持“三者有机统一”，民主、人权、法治发展的循序渐进	实行三权分立、两党制、总统制、普选民主等制度，法治和法学中贯穿了个人自由主义和实用主义，权利实现和法治发展循序渐进
3	立法	人民代表大会制度下的立法体制，行政立法趋强，司法解释对立法越来越大的补充作用，人大行使违宪违法审查权	国会立法为主导，行政立法趋向增强，法官立法作用明显，违宪审查制度在很大程度上协调立法诸关系
4	行政执法	依法行政、建设法治政府工作正在推进过程中，实现这个目标需要较长时间；执法违法现象时有发生	总统权力大，执法机关重视依法行政，对行政权监督力度大，但警察等违法现象明显
5	司法	坚持中国特色社会主义司法制度的本质和特征，追求司法公正高效权威，法院无违宪审查权，司法解释作用过大，律师作用一般	联邦与州的司法分权，司法独立（法官独立），法官造法，法院行使违宪审查权，律师的作用较大
6	守法	历史上缺少民主法治传统，民众轻视规则，守法意识在加强过程中；重调解轻诉讼，大致是按照“情、理、法”的顺序解决纠纷	法治文化基础深厚，公民、企业、社会组织的法治意识较强，通常按照法、理、情的顺序解决纠纷；违法犯罪较多，社会治安状况令人担忧

续表

序号	比较事项	中国	美国
7	总体评价	我国法治建设成绩显著，但在规范行政权力、司法独立性、律师队伍建设、法学研究教育水平等方面差距明显，美国教授认为，在技术、程序、法治实现程度上中国大致相当于美国20世纪前半叶的水平	美国建国以来经过两百多年的时间，已形成较为成熟的法律结构、法律制度和法律职业群体，公民法律意识较强，法治水平已经发展到较高阶段

通过与某些西方国家相比较，从总体上看，我们或许可以得出以下初步结论：中国在立法方面与西方法治国家相差不多，但在执法、司法、法律监督、守法和法治观念等方面，还有相当大的差距。

第四章

通过法治实现公平正义

◇一 何谓法律意义上的公平正义

公平正义是社会主义的核心价值，是法治中国的灵魂。公正是法治的生命线。全面推进依法治国，必须坚持法治建设为了人民、依靠人民、造福人民、保护人民，以保障人民根本权益为出发点和落脚点，保证人民依法享有广泛的权利和自由、承担应尽的义务，维护社会公平正义，促进共同富裕。司法公正对社会公正具有重要引领作用，司法不公对社会公正具有致命破坏作用。必须完善司法管理体制和司法权力运行机制，规范司法行为，加强对司法活动的监督，努力让人民群众在每一个司法案件中感受到公平正义。全面推进依法治国应当以促进公平正义、增进人民福祉为出发点和落脚点。那么，什么是法律意义上的公平正义？

公平正义是人类社会恒久存在的价值哲学问题之一，也是人类社会生活中最有争议和歧见的问题之一。古往今来，人们思想认识关涉的几乎所有价值评判问题，人们社会活动追求的几乎所有利益和权利问题，人们社会行为引发的几乎所有关乎是非曲直的裁断问题，都与公平正义具有高度相关性。究竟何谓公平正义（公平、公正、正义），不同历史时期、不同社会群体、不同学科理论、不同学派学者、不同阶级阶层、不同利益立场和观察视角等，都有着不同的界定和解释，有些甚至有着截然相反的界定和解释。正如奥地利著名规范分析法学家凯尔逊所言："自古以来，什么是正义这一问题是永远存在的。为了正义的问题，不知有多少人流下了宝贵的鲜血与痛苦的眼泪，不知有多少杰出的思想家，从柏拉图到康德，绞尽了脑汁；可是现在和过去一样，问题依然未获解决。"① 美国统一法理学家博登海默也说过："正义有着一张普洛透斯似的脸（a Protean face），变幻无常，随时可呈不同形状并具有极不相同的面貌。当我们仔细查看这张脸并试图解开隐藏其表面背后的秘密时，我们往往会深感迷惑。"②

在中国语境下，公平正义问题涉及三个关键词：公平、公正和正义。

所谓公平（fairness），一般用于地位相等的人们之间，是一种同位对等性的用语。公平包括公民参与经济、政治和社会其他生活的机会公平、过程公平和结果分配公平，等等。

所谓公正（impartiality），通常指社会权威机构和个人在处理社会事务时应秉持不偏不倚、不枉不纵、公而无私的立场和态度。"以法官（仲裁者）和双方当事人所构成的法律关系为例，公平观念侧重于考察双方当事人权利的享有和维护，公正则侧重于对居间者行为公允而无私的要求；公平的核心是平等，同等案件同等对待；公正的核心是无私、中立，它意味着居间者既要不受自身情绪的影响，又要排除外界的任何压力，还要无视当事人双方的任何身份背景等。"③

所谓正义（justice），主要是对政治、法律、道德等领域中的是非、善恶作出的肯定判断。正义是公正的义理，包括社会正义、政治正义和法律

① 转引自张文显《二十世纪西方法哲学思潮研究》，法律出版社 1996 年版，第 575 页。

② ［美］E. 博登海默：《法理学：法律哲学与法律方法》，邓正来译，中国政法大学出版社 1999 年版，第 252 页。

③ 麻宝斌：《社会正义与政府治理：在理想与现实之间》，社会科学文献出版社 2012 年版，第 5 页。

正义等。作为道德范畴的正义，它与“公正”是同义，主要指符合一定社会道德规范的行为；作为法律范畴的正义，有时也表述为“公平正义”，包括法律的形式正义与实质正义，主要指符合法律程序规范和法律实体规定的行为，尤其是司法裁判行为。

与此相关联的还有两个词，一个是社会正义，另一个是社会公平。所谓社会正义（social justice），是指“给每个人他（她）所应得”；而所谓社会公平（social fairness），则是指对待人或对待事要“一视同仁”。在这里，社会公正带有明显的道德“价值取向”，它所侧重的是社会的“基本价值取向”，并且强调这种价值取向的正当性。而社会公平则带有明显的“工具性”，它所强调的是衡量标准的“同一个尺度”，即用同一个尺度衡量所有的人或所有的事，或者说是强调一视同仁，用以防止对于不同的人或不同的事采取不同标准的情形。至于尺度本身是不是合理、正当的，公平就不予以考虑了。所以，凡是公正的事情必定是公平的事情，但是公平的事情不见得是公正的事情。这是一些学者认为社会公正与社会公平最为重要的区别。

事实上，在有些西方学者看来，“‘公平’一词常被用来解释‘正义’，但是与‘正义’一词的一般意义最为切近的词是‘应得的赏罚’。一个人如果给了某人应得的或应有的东西，那么前者对后者的行为便是正义的行为”①。对正义的理解和认识，往往表现为一种“应当”或者“应然”的道德评价。而是否“应当”或者“应然”，则来自一个社会的文化传统中形成的道德体系。柏拉图认为正义就是“善”，“这种善的概念控制着每个人并且影响到他的灵魂，即使他有了点错误。如果是这样，每种所做的行为就与这种善相一致，并且人性的任何部分受善的控制，那么我们得管它叫正

① ［美］彼彻姆：《哲学的伦理学》，雷克勒等译，中国社会科学出版社1990年版，第327—328页。

义，这是整个人类生活中最美好的”[①]。查士丁尼法学总论开篇就宣称：“正义是给予每个人他应得的部分的这种坚定而恒久的愿望。”

英国著名法学家哈耶克在《法律、立法与自由》这部鸿篇巨制中用了很大篇幅讨论公平正义问题。在哈耶克看来，“所谓正义，始终意味着某个人或某些人应当或不应当采取某种行动；而这种所谓的‘应当’（ought），反过来又预设了对某些规则的承认：这些规则界定了一系列情势，而在这些情势中，某种特定的行为是被禁止的，或者是被要求采取的”[②]。换言之，“每个人都应当得到他所应当获得的东西（而不论是善果还是恶果），被人们普遍认为是正义的；然而，每个人应当得到他所不应得的善果，或者被迫承受他所不应蒙遭的恶果，则被人们普遍认为是不正义的”[③]。不过，哈耶克对社会正义的概念倾向上是持否定态度的。他说穆勒“把‘社会正义’与‘分配正义’这两个术语明确视作同义词”。“社会应当平等地对待所有应当平等地获得这种平等待遇的人，也就是说，社会应当平等地对待所有应当绝对平等地获得这种平等待遇的人。这就是社会的和分配的正义（social and distributive justice）所具有的最高的抽象标准；应当是所有的社会制度以及所有有道德的公民的努力在最大程度上聚合在一起，以达致这一标准。”[④] 哈耶克指出：“正义、民主、市场经济或法治国这些术语原本有着十分清晰的含义，但是在加上‘社会的’这个形容词以后（如社会法治国 sozialer Rechtsstaat），它们却可以被用来意指人们所喜欢的几乎任何一种东西。

---

① ［古希腊］柏拉图：《法律篇》，张智仁、何勤华译，复旦大学出版社 2001 年版，第 295 页。

② ［英］弗里德里希·冯·哈耶克：《法律、立法与自由》（第二、三卷），邓正来等译，中国大百科全书出版社 2000 年版，第 52 页。

③ ［美］约翰·罗尔斯：《正义论》，何怀宏等译，中国社会科学出版社 1988 年版，第 225—233 页。

④ ［英］弗里德里希·冯·哈耶克：《法律、立法与自由》（第二、三卷），邓正来等译，中国大百科全书出版社 2000 年版，第 118 页。

‘社会的’这个术语已成为政治话语（political discourse）之所以混乱不堪的主要根源之一。”① 由于“人们在力图赋予‘社会正义’这个概念以意义的时候，最为通常的做法就是诉诸平均主义的一些理据（egalitarian considerations)”②，而事实上，“我们并不拥有评断正义的肯定性标准（positive criteria of justice)，但是我们却确实拥有一些能够告知我们何者是不正义的否定性标准（negative criteria)”③。哈耶克进一步解释说，如果“甲得的多而乙得的少”这种状况并不是某个人的行动所意图的或可预见的结果，那么这种结果就不能被称作是正义的或不正义的……所谓“社会的”正义或“分配的”正义在自生自发秩序中确实是毫无意义的，只是在一个组织中才会有意义。④ 因为“正义绝不是对那些在某个具体场合中遭遇的利害攸关的特定利益所做的一种平衡，更不是对那些可以确认的阶层的利益所做的一种平衡”⑤。在哈耶克看来，“正义是人之行为的一种属性”，只有人的行为才存在正义与不正义的问题——“严格地说，唯有人之行为才能被称为是正义的或不正义的。如果我们把正义与不正义这两个术语适用于一种事态，那么也只有当我们认为某人应当对促成这一事态或允许这一事态发生负有责任的时候，这些术语才会有意义。一个纯粹的事实，或者一种任何人都无力改变的事态，有可能是好的或坏的，但却不是正义的或不正义的”。“把‘正义’一术语适用于人之行动以外，或支配人之行动的规则以外的种种情势，乃是一种范畴性的错误。”⑥

美国著名政治思想家罗尔斯在《正义论》一书中主张，对所有的社会

---

① ［英］弗里德里希·冯·哈耶克：《法律、立法与自由》（第二、三卷），邓正来等译，中国大百科全书出版社 2000 年版，第 140 页。

② 同上书，第 142 页。

③ 同上书，第 65 页。

④ 同上书，第 53 页。

⑤ 同上书，第 60 页。

⑥ 同上书，第 50 页。

基本价值——自由和机会，收入、财富和自尊的基础——都要平等地分配，除非对其中一种或所有价值的一种不平等分配合乎每一个人的利益。基于这种正义理念，他提出了两个正义原则：一是平等自由原则；二是差别原则和机会的公正平等原则。第一个原则不难理解，而差别原则是指分配的正义要“合乎最少受惠者的最大利益”。正义通过包括立法在内的各种制度的合理分配而得到实现。分配的价值取向是实现正义，而正义的外在形式就是公平的利益——有形的或无形的各种利益。显然，罗尔斯把形式正义和实质正义对应起来理解，认为形式正义就是“类似情况得到类似处理，有关的同异都由既定规范来鉴别。制度确定的正确规范被一贯地坚持，并由当局恰当地给予解释。这种对法律和制度的公正一致的管理，不管它们的实质性原则是什么”①；形式正义在内容上包括“应当意味着能够”、“类似情况类似处理”、“法无明文不为罪”、保护司法诉讼正直性的自然正义观的准则，则形式正义也就是法治。

我国学者卓泽渊教授指出，公正可能被理解为公平的同义语，也可能被理解为正义的同义语，或者被理解为公平正义的统称。在汉语中，公平与正义或许有较大的差别。公平似乎更侧重于居于相对关系人之外的裁判主体或裁判规则的合理性与公允性。正义似乎更侧重于终极的合理性与合道义性……在有关辞书中常常可以见到的是，将公平、正义，或者公正、公平并列。② 鉴于中文的语言习惯和行文的方便，在本章的讨论中一般不对“正义、公平正义、公正”几个词语作出区分，但特别需要时除外。

既然“我们没有任何关于什么是公正什么是不公正的结论性知识”③，

---

① ［美］约翰·罗尔斯：《正义论》，何怀宏等译，中国社会科学出版社 1988 年版，第 54 页。

② 卓泽渊：《作为和谐社会法治价值的公正》，载李林等《构建和谐社会的法治基础》，社会科学文献出版社 2013 年版，第 161 页。

③ ［英］麦考密克、［奥地利］魏因贝格尔：《制度法论》，周叶谦译，中国政法大学出版社 1994 年版，第 266 页。

“既然没有人能够确定何者为正义者，那么就必须有人来决定何者为合法条者”①，那么就必须由法律来确定公平正义的具体内容、行为方式、权利义务标准等，并通过法律方式、法律程序来实现公平正义。

与道德意义上的公平正义相比，法律范畴或者法律意义上的公平正义具有以下特点：其一，明确性。法律意义上的公平正义在主体、客体和内容等方面都是明确清楚的，谁享有权利、承担义务，如何履行职责、实施行为，法律关系的形成与变更，等等，都有明确的法律依据。其二，规范性。法律意义上的公平正义是由国家宪法、法律、行政法规或者地方性法规予以抽象概括、具体表述和明确规定的，通常表现为权利与义务、权力与责任、利益与行为等，法律规定和法律依据是公平正义的根本准据，也是区分公平正义与非公平正义的根本标准。其三，统一性。法律意义上的公平正义坚持法治统一和法律面前人人平等原则，在一国主权的范围内、在法律效力所及的领域内对所有主体都一视同仁，司法机关对类似的情况做出类似处理，除法律规定外不允许任何特权和特殊利益存在。其四，可诉性。法律意义上的公平正义是明确、具体和可预期的，法律关系主体在认为其受到不公平和不公正对待时，认为其权利受到侵害时，可以也应当依法通过司法诉讼程序寻求救济，法院是实现法律意义上公平正义的最后一道防线。

二　为何要通过法治实现公平正义

在西方法律文化中，法是关于正义与不正义的科学，正义则是法追求的最高价值。西语中的正义“JUS”是个多义词，有公正、公平、正直、

① ［英］弗里德里希·冯·哈耶克：《法律、立法与自由》（第二、三卷），邓正来等译，中国大百科全书出版社2000年版，第71—72页。

法、权利等多种含义，是指具有公正性、合理性的观点、行为、活动、思想和制度等。正义的最低要求是，分配社会利益和承担社会义务不是任意的，要遵循一定的规范、程序和标准；正义的普遍性要求是，按照一定的标准（如量的均等、贡献平等或身份平等）来平等分配社会利益和义务；分配社会利益和义务者要保持一定的中立。正义也可以用来表达安全、秩序、和谐、宽容、尊严、幸福等美好的个人和社会的伦理状态。从这个意义上讲，人类社会之所以需要法律和法治文明，一个重要原因，就是要追求和保障正义价值目标的实现。

在西语中，英语的 Law、拉丁文的 ius 和 lex、法文的 droit 和 loi、德文的 recht 和 gesetz 等，都可以用来表述法或法律，而“ius”、“droit”、“recht”等词语不仅有“法”的意思，还兼有权利、公平、正义等内涵。可以说，在西方话语中，法或法律与公平正义具有与生俱来的内在联系，甚至认为法是正义的工具，如亚里士多德说：“要使事物合于正义，须有毫无偏私的权衡，法恰恰是这样一个中道的权衡。”[①] 古罗马法学家赛尔苏斯则说：“法是善良公正之术。”

在我国，法亦具有公平正义的含义。据《说文解字》的考证，汉语中“法”的古体是“灋”。“灋，刑也，平之如水，从水；廌，所以触不直者去之，从去。”[②] 从这一解释可以看出，“灋”字“平之如水，从水”，表明法有“公平”之意或公平之象征；“廌，所以触不直者去之，从去”，表明法有“明断曲直”之意或“神明裁判”之威严。何谓法律？管子说：“尺寸也，绳墨也，规矩也，衡石也，斗斛也，角量也，谓之法”；[③]“法者，天下之仪也。所以决疑而明是非也，百姓所悬命也”。“法律政令者，吏民规矩

---

① ［古希腊］亚里士多德：《政治学》，吴寿彭译，商务印书馆 1981 年版，第 169 页。

② 转引自《梁启超全集》，北京出版社 1999 年版，第 1258 页。

③ 《管子·七法篇》。

绳墨也”[1]；“法者，民之父母也”[2]。墨子说：“百工为方以矩，为圆以规，直以绳……故百工从事，皆有法所度。”孟子说：“不以规矩，不能成方圆。”《商君书》说：“法者，国之权衡也。”

由上观点可见，在中西方的法律文化中，法或法律是评判和认定曲直对错、合法与非法、违法与犯罪、权利与义务、责任与惩罚等的根本依据，是化解矛盾纠纷的规矩和准绳，法或法律都不仅具有规范性、明确性和可操作性等行为特征，而且具有与公平正义、理性自由等相联系的价值特征，是把道德意义上不确定的公平正义通过法律予以具体化、条文化、规范化、统一化和标准化的重要制度安排。

在当今中国社会，我们常常看到以下情景：在城市，某些违章建筑被行政执法机关依法拆除后，当事人却堂而皇之地打出“讨公道、讨人权、讨正义”的标语对抗行政执法行为，要求予以赔偿并恢复原状；在农村，某农村支部书记在20世纪50—60年代因为挪用公款赌博被撤职、开除党籍，今天不仅要求政治上平反而且要求赔偿50多年来的“经济损失”，包括他可能担任更高职务的“经济损失”；在大学，没有评上高级职称的人有意见，因为他们认为领导和评委对他们不公，评上高级职称的人也不满意，因为他们觉得自己早就应当得到这个职称了；在政府机关，得到提拔使用的人不满意，因为他觉得其同学比自己差但在若干年前人家就担任这类职务了，没有得到提拔使用的人更不满意，因为他觉得自己没有功劳也有苦劳，没有苦劳还有疲劳；在商界，赚了钱的“大款”不满意，认为自己太辛苦，没有后台和靠山，挣的是“辛苦钱”、“血汗钱”，没有赚到钱的贫民更是不满意，怨天怨地怨政府、仇官仇富仇社会；打赢官司的当事人抱怨法官狠、律师黑、诉讼费贵、诉讼程序烦琐，打输官司的当事人则认为司法不公、司法腐败，法官贪赃枉法；有些人端起碗吃肉、放下碗骂娘，边

---

① 《管子·七主七臣篇》。

② 《管子·法法篇》。

享受改革开放的成果、边诅咒政府和社会；有些人房价涨了要骂娘，房价跌了要闹事……在我们社会公平正义的利益蛋糕面前，似乎满意的人越来越少，知足的人越来越少，而骂娘的人、闹事的人、不满的人越来越多。在这些表象和乱象的背后，原因是复杂而多方面的，但其中多数都涉及社会公平正义的价值评判错乱和价值认知褊狭的问题。哈耶克早就注意到“社会公平正义”提法的社会局限性问题了，他形象地描述道：“一个护士与一个屠夫、一个煤矿工人与一个高级法院法官、一个深海潜水员与下水道清洁工、一个新兴产业的组织者与一个职业赛马骑师、一个税务检察官与一个发明救命药物的人、一个飞机驾驶员与一个数学教授，他们的相对酬报应当是多少呢？如果我们提出这样的问题，那么显而易见，诉诸‘社会正义’根本不可能为我们解决这个问题提供帮助。”①

现在我国社会上有各种个人甚至群体，他们以“社会公平正义”为道德旗帜和正当性理由，“理直气壮”地向以政府为代表的“社会”提出五花八门的诉求，例如，如果员工下岗失业了，提出的诉求往往是要工作、要工资、要补助、要福利或者要补偿，等等；如果官司打输了，提出的诉求往往是讨公道、要人权、要正义、要法治、要严惩某某法官、要改判或者要撤销判决，等等；如果因为拆迁得到的补偿不满意，提出的诉求往往是取消拆迁、大幅度增加补偿款、拆迁安置、解决就业或者严惩贪官，等等；如果由于在就业、工资、福利、医疗、养老等领域自认为受到不公正对待，往往直接针对所涉及的就业、工资、福利、医疗、养老等提出经济利益方面的诉求，如不能遂愿则可能升级为反对“贪官”、反对政府、反对体制、否定某项（些）政策和法律等政治诉求。在所有这些以“社会公平正义”为旗号提出的诉求中，涉及一个核心问题，就是何谓“社会公平正义”？对此，国家和社会并没有统一的道德标准，更没有客

---

① ［英］弗里德里希·冯·哈耶克：《法律、立法与自由》（第二、三卷），邓正来等译，中国大百科全书出版社2000年版，第135页。

观公认的统一标准，因此，每个人或每个群体都可以“社会公平正义”为由，向政府或者社会提出自己的诉求，而无论这些诉求是否正当合理、是否有法律和政策依据。尤其是，在“法不责众”等消极观念的影响下，当越来越多的人参与到诉求的队伍里，要求得到社会公平正义的时候，似乎他们诉求的正当性、合理性与合法性也会随着人数的增多而得到相应的强化。这种“人多则正当性与合理性就大”的所谓逻辑，在以往发生的许多颇具规模的群体性事件中，被一再使用甚至复制推广，以致成为某种负能量的“社会共识”。

随着我国全民普法工作的深入和公民维权“运动”的兴起，随着“小闹小解决、大闹大解决、不闹不解决”这种“闹而有理、闹而有利”行为方式的不胫而走，社会公平正义这一崇高价值概念在不断提升国人的道德情操和伦理认知的同时，也常常被引入误区或者用于歧途，成为种种挑战政治权威和法治秩序的“借口”或者“理由”，成为一切有悖法治公平正义的庇护词甚至道德武器。

从另一个角度看，即使在某些公权力行为存在瑕疵的情况下，如执法方法不恰当、拆迁补偿偏低偏少、司法程序不透明、量刑偏轻偏重，以及执行政策法律有误差或者不及时、不到位等；即使在改革转型期利益调整受到影响的情况下，如由于改革发展过程中政策调整、法律修改、标准变化、企业改制、单位撤销、市场风云等导致个人利益受影响等，当事人的诉求也应当符合法治精神和平衡性原则，即在于法有据的前提下，权益受损的程度与诉求要达成的目标应当相适应、相平衡，而绝不能漫天要价、小闹小得利、大闹大得利、不闹者吃亏。

鉴于价值哲学上的公平正义主要是一种道德判断和伦理追求，常常见仁见智、莫衷一是，具有极大的主观性、随意性和不确定性；鉴于当下中国多元社会中人们对社会公平正义的理解和诉求的多样性、复杂性和多变性；鉴于当代中国市场经济刺激并鼓励人们合法地追求经济利益和其他利益的最大化，由此必然带来价值多元和利益冲突；鉴于深化改革和社会转型必然引发各种社会矛盾和社会冲突多发、高发和频发，而矛盾和冲突的各方都高擎“社会公平正义”的旗帜试图占领道德的制高点，以证明和支持自己行为的正当性；鉴于政府、社会和公民对于社会公平正义的理解，由于他们各自角色和角度的不同，往往相去甚远，甚至大相径庭……鉴于当下中国社会缺乏对“公平正义”的基本共识和评判标准的现状，应更加重视通过法治实现公平正义。

应当承认，法治社会的公正具有相对的价值属性。这是因为：第一，人们对公正的认识是相对的，多数人认为是公正的，少数人却可能不以为然；一种文化认为是公正的，另一种文化却可能不以为然；此时人们认为是公正的，彼时却可能不以为然。或者反之，或者还有其他评判。第二，利益的矛盾关系使立法者在适用公正原则时一般只能做到形式上（程序上）的公正，而不能保证事实上的完全公正。程序公正通常是预先设定的。在一个民主和法治的社会中，程序先要经过民众的讨论和多数人的同意，形成分配利益的规则，然后按照规则（法律）面前人人平等的原则，适用程序，进行具体的利益分配。在规则（程序）形成前，讨论的民主性、讨价还价的可能性、利益表达的多样性等，是它们的主要特征；在规则（程序）形成后，规则的公开性和普遍性、规则的确定性和抽象性、适用规则的平等性和一致性，构成了它们的主要特征。第三，公正的前提不一定必然导致公正的结果，而不公正的结果往往是由不公正或者公正的前提所致，立法所能作为的，不是试图完全消弭这种前提与结果之间的差距，不是直接把立法的公正前提与适用立法的公正结果统一起来。任何立法对于这样的价值目标都将是无能为力的，它只能存在于理想之中。立法所能做的，只是用预防和补救的方法来缩小它们的差距，而不可能两全其美。例如，当国家立法保证私有财产的合法性与不可侵犯性时，对于那些无产者和少产者而言，这种规定的不公平在于法律只提供了一种可能性，或者一种很大的可能性，而事实上却是将那些无产者排除在外的；这一规定对于少产者也是存在折扣的。在这种情况下，如果立法要有所作为，就可以通过税收、社会福利、再分配等机制，使国家在保障私有财产权的同时实现社会财富相对共享的结果公平正义。第四，人们个性的差异和需求的不同，对同样的结果也会有不同的甚至是迥异的认知。因此，表现为公平的正义只能不断接近完全意义上的正义，而不能做到绝对的正义。立法者所追求的也只能是一种相对的公正。显然，立法者理解的公正，对于多数人来说可能就是不公平、非正义的。对公正标准评判的主观性与客观性、自在性与他在性，都会不同程度地影响人们对公正结果的感受和判断。

故此，法治社会追求的公正是一种相对的公正、程序的公正、规则的公正。法治社会主张事实的公正、结果的公正，但不能保证一定能够实现这种公正；法治社会追求权利的公正、机会的公正、规则的公正、过程的公正、程序的公正，只要全面推进依法治国，切实做到科学立法、严格执行、公正司法和全民守法，做到良法善治和保障人权，就一定能够实现权利、机会、规则、过程和程序的公正。

法治社会追求的公正是具体的、相对的、有法律依据并能够得到法律程序保障救济的公正。在法治社会中，任何人都不应当抽象地主张公正，不应当脱离法律规则去追求公正，更不应当以破坏法治秩序的方式或者损害他人权利的方式去寻求公正的实现。

“面对人的不完善性，我们在一定程度上是从程序的角度来阐释法治的，这些程序的目的并不是为了确保绝对的正义得到实现，而是为了防止最糟糕的不正义。在政治哲学中，‘披着外衣’的是不正义而不是正义，这是因为，作为会犯错误的人，我们无力事先说出什么样的判决将始终是正义的，再者，由于我们生活在自私的人当中，所以我们也无力始终如一地保证正义将得到实现；据此，从明确性这个角度来考虑，我们采取一种否定性的认识进路，并确定一些程序以避免某些可能产生的不正义现象，而不是去追求各种形式的正义。”① 通过法治实现公平正义有四点要求：一要充分发挥法治的功能，重构我国社会公平正义的基本评判体系。法律是体现为国家意志的普遍行为规范，是社会利益和社会资源的分配器。应更加重视发挥法治的社会价值评判导向和社会行为圭臬的基本功能，把公众对于公平正义的利益诉求纳入法治轨道。应通过科学立法，把抽象合理的公平正义诉求转化为具体明确的法定权利或权益；通过严格执法和公正司法，保障公众的合法权益。公众应通过法治方式，依法维护和实现自己表现为法定权利或权益的公平正义。在充分发扬民主、全面了解公众各种利益诉求的基础上，归纳、开列“应然权利”清单，把公众关于公平正义的利益诉求系统化和明晰化。根据国家和社会资源情况，区分轻重缓急，通过民主立法程序将清单中“应然权利”逐步转化为法定权利，把公众对于公平正义的利益诉求引导上权利和法治轨道。二要通过公平公正的实体法，合理规定公民的权利与义务、合理分配各种资源和利益、科学配置各类权力与责任，实现实体内容上的分配正义。三要通过民主科学有效的程序法，制定能够充分反映民意并为大多数人接受的程序规则，从程序法上来配置资源、平衡利益、协调矛盾、缓解冲突，实现程序规则上的公平正义。四要在发生矛盾纠纷等利益冲突问题时，尽可能通过包括司法程序在内的各种法治程序、法治机制来解决，实现法治的实体与程序公正，至少是法治程序的公正。

① ［英］弗里德里希·冯·哈耶克：《法律、立法与自由》（第二、三卷），邓正来等译，中国大百科全书出版社2000年版，第101页。

◇三 通过民主科学立法把公平正义的道德诉求法律化

法律是治国之重器，良法是善治之前提。建设中国特色社会主义法治体系，必须坚持立法先行，发挥立法的引领和推动作用，抓住提高立法质量这个关键。要恪守以民为本、立法为民理念，贯彻社会主义核心价值观，使每一项立法都符合宪法精神、反映人民意志、得到人民拥护。要把公正、公平、公开原则贯穿立法全过程，完善立法体制机制，坚持立改废释并举，增强法律法规的及时性、系统性、针对性、有效性。立法是人民意志的汇集和表达，立法的主要功能在于合理分配社会利益，调整社会利益关系。立法通过民主的方式和法定程序，合理配置社会资源、分配权利与义务、明确权力与责任等实体性利益安排，通过立法规定相关程序、制定行为规则、划定行为界限、明确行为方式等，实现通过立法分配正义的目的。亚里士多德的正义论认为，立法的过程就是分配正义。哈耶克则强调指出："正义的标准应当通过立法来决定。"① 因为"人们认为，立法机关的意志决定着何谓正义的问题，而且也同样是因为人们相信，所有能够由立法决策予以决定的事情都必定是一个有关正义的问题"②。

现代社会为了达成立法的分配正义，需要通过科学合理的立法程序，充分发扬人民民主，允许各种利益阶层和群体参与到立法中来，充分有效地表达他们的利益诉求和意见主张，同时倾听别人的利益诉求和意见观点，在立法过程中各种社会力量和社会利益充分博弈，最后相互妥协、达成共

① ［英］弗里德里希·冯·哈耶克：《法律、立法与自由》（第二、三卷），邓正来等译，中国大百科全书出版社2000年版，第135页。

② 同上书，第49—50页。

识，写进法律条文中。“真正的和真实的意义上的‘公平’乃是所有法律的精神和灵魂。实在法由它解释，理性法由它产生……制定法之下的公平原则就是同等地对待同类案件，制定法之上的公平原则就是根据人的理性和情感而做出的公平的判决。”①

主张以正义为立法内在价值的西方学者如亚里士多德和罗尔斯，尽管他们对“正义”的解释不尽一致，但他们都承认有一种价值尺度作为立法的依据，立法不过是公正的法律化过程。一些坚持自然法学说的西方学者把理性、公平或者平等视为法律的内在价值，而立法只是遵循并且再现这些价值原则的具体活动。把属于道德哲学范畴的价值观运用于立法和对法律的评价，是支持立法价值论的主要特征。因为在立法过程中对行为价值的认同或排斥、对社会关系的价值定位，都显现了人们对社会道德观念和价值取向的要求。主张以利益作为立法内在价值的功利主义，实质上是把利益需要当做一种核心的价值尺度来要求和评判立法活动，并以立法对“最大多数人的最大利益”的确认为其价值取向。西方社会关于保障人权与为某种目的而限制自由的价值冲突、关于妇女堕胎权与胎儿生命权的价值冲突、关于公共安全需要的窃听与通信自由的价值冲突、关于持枪自由与保障生命权的价值冲突、关于隐私权与公共安全的价值冲突、关于言论自由与诽谤他人的价值冲突、关于病人安乐死的诉求与医生救死扶伤的道德和法律义务的价值冲突等，都围绕着公正这个核心价值展开。可以说，法律作为社会关系的调整器，最重要的功能之一，就是如何通过立法调整各种价值冲突，实现法律意义上的公平正义。

马克思主义认为，法律是一定经济关系的体现，而“每一个社会的经济关系首先是作为利益表现出来的”②，“无论是政治的立法或市民的立法，

① ［美］金勇义：《中国与西方的法律观念》，陈国平、韦向阳、李存捧译，辽宁人民出版社1989年版，第79页。

② 《马克思恩格斯选集》第2卷，人民出版社1995年版，第209页。

都只是表明和记载经济关系的要求而已"[①]。经济关系在一定意义上可以归结为利益关系，这种利益关系明显地影响、制约或推动着立法的价值判断与选择，成为促使立法者产生立法愿望的动机和引导立法者实施立法行为的价值目标。立法要在诸种利益之间求得平衡，就应当引入更高形态的标准即公正的价值标准，用公正来确定各种利益的归属，使利益的分配达到各方基本能接受的程度。如果只注重立法的利益价值，就可能滑向功利主义一边，使立法的利益价值发生难以容忍的倾斜，通过立法对私有财产过分偏袒，导致"贫者愈贫，富者愈富"的两极分化就是实例。在我国，贫富分配不公正、两极分化的现象同样存在。从立法价值上分析，"让一部分人先富起来"的利益倾斜，尽管也强调了通过劳动依法致富，但是，由谁来"让"，由政府还是市场？进一步追问：由政府根据什么规则来"让"以及由市场按照什么机制来"让"，结果都可能是截然不同的。如果政府偏私，例如制定了"部门保护主义"的立法，或者具有"地方保护主义"色彩的立法，或者立法时失察——"好心办坏事"，或者立法被个别利益团体操纵而导致"倾斜"等，那么，这些立法让"一部分人"富起来，很可能就会有腐败、官僚主义，或者"以立法谋私"等的嫌疑。在很多情况下，社会存在的贫富分化正是由于立法和某些制度政策造成的。因为所依之法如果失之公允，就可能正是立法导致了这种不公正现象的发生。所以，依法致富并不能完全保证利益分配的公正。只有符合公正价值要求的立法，才能使立法的利益价值得到恰当分配，进而保证"通过劳动依法致富"具有更明确的合理性和真正意义上的合法性。

民主立法是利益博弈的讨价还价的过程，因此"人们可以坦率地到立法机构去谈利益"[②]。即使由市场决定性地分配利益，也需要公正的立法来

① 《马克思恩格斯全集》第4卷，人民出版社1958年版，第121—122页。

② ［美］弗里德曼：《法律制度》，李琼英、林欣译，中国政法大学出版社1994年版，第265页。

调控。市场本身具有按照价值规律分配利益的功能，但市场的内在动力是利益最大化，甚至是“唯利是图”。市场分配利益只提供了分配的原动力和某些计算标准，但不能保证分配利益的过程及其结果是社会普遍接受的公正。只有通过事前经充分表达意志、讨价还价、相互妥协等社会协商机制，使人们达成相对公正的价值共识，再把这种共识规范化、法律化，依据这样的法律规则和既定的程序来进行市场分配，或许才可能有这个社会评价认可的市场分配利益的公正。

立法是建设法治中国、实现良法善治的前提，是党的主张与人民意志相统一并转化为国家意志的体现，是通过立法分配正义为实现社会公平正义提供法律准据的过程。我国法律体系的如期形成，为建设法治中国构建了坚实的法律基础，为全面推进严格执法、公正司法和全民守法提供了较好的前提条件。但是，我国立法不当问题的存在，致使部分法律制定后不能用、不管用、难执行、难适用、难遵守，某些法律甚至形同虚设。导致这些现象的原因在于：一是重立法数量轻立法质量、重立法效率轻立法民主、重立法形式轻立法实效，甚至将立法当做某些地方的政绩工程，只管立法不管法律法规是否能够有效实施。二是存在行政部门主导立法、特殊利益群体牵制立法、国外大公司财团渗透立法等现象，在一定程度上影响了立法的公正性、权威性和公信力。立法过程中“行政权力部门化、部门权力利益化、部门利益合法化”的问题依然存在，一些明显带有部门或特殊集团利益痕迹的立法，把畸形的利益格局或权力关系合法化。三是公民和立法利害关系人参与立法的体制、机制、程序、多样性、有效性、常态化等与民主立法的要求还有差距，公民大众和社会组织在立法过程中常常成为“立法弱势群体”，导致有些立法难以充分反映和体现民意。四是存在“消极立法”、“被动立法”、“和稀泥立法”、“避重就轻立法”等现象，立法主体不敢、不会、不愿用立法重器在问题矛盾的难点或焦点上砍一刀，法律“一出生”就给严格执法、公正司法和全民守法留下瑕疵和隐患。五是立法备案、裁决、审查制度运转不理想，立法监督机制不健全，立法冲突现象依然存在，影响法律适用与立法权威。六是人大代表在素质能力、行为方式、利益诉求、政治伦理等方面出现的新变化新情况，使某些地方立法在坚持立法为民、体现党的主张与人民意志相统一等方面呈现复杂情况，因此可能产生的“立法腐败”苗头值得警惕。

通过民主科学立法实现公平正义，应当转变立法观念和立法模式。立法应当充分代表民意、体现民利、反映民情，公平公正地解决社会问题、分配社会利益，防止立法中的部门保护主义、地方保护主义和立法不公，防止把畸形的利益格局或权力关系合法化，警惕立法权力滋生的腐败，从制度和规范的源头上维护人民利益。应当从以经济建设为中心的立法观，转变为经济政治社会文化全面协调发展的立法观；从片面追求立法数量而忽视立法质量和实效的立法观，转变为立法质量和实效第一的立法观；从过于重视法律创制的立法观，转变为法律制定、修改、补充、解释、清理、废止、编纂、翻译并重的立法观。要充分发挥宪法解释和法律解释在推动宪法和法律实施中的辅助作用。

与此同时，应当努力推进民主立法，扩大不同利益群体公开主张、表达利益的渠道，使公众充分表达自己的立法意志和利益诉求，通过立法博弈实现公正立法。应当建立和完善更加广泛的立法草案向社会公开征求意见的制度，对涉及公众利益的立法事项，原则上都应当向全社会公布，并建立意见采纳情况的说明和反馈制度。完善立法听证制度，对影响重大、关系公众切身利益的重大立法事项，要通过举行听证会的方式充分听取意见，确保法律草案涉及的利害关系人全面参与立法、有效开展立法博弈，保证公众立法诉求的充分表达和宣泄。推行律师和法学专家为法律草案涉及的利害关系人提供专业立法咨询、参与立法听证等立法援助的制度。推进立法公开，建立人大常委会、专门委员会审议法律草案、地方性法规草案的立法旁听制度，旁听代表有权发言，保证公众对立法的知情权和监督权。

立法用公正原则来处理各种利益矛盾关系。立法不是为了利益而分配利益，而是为了实现正义而分配利益，是以公正为尺度来分配、评价利益的分配。因此，立法者在设计、考虑不同利益的倾斜或平衡时，必须符合公正的价值要求。正如保罗·A. 弗罗因德所言："法官所奉行的标准是：一致性、平等性和可预见性；而立法者所奉行的标准则是：公平分享、社会功利和平等分配。"① 立法的过程，无论如何都是立法者协调利益、平衡关系、调解矛盾、减少冲突的过程，是各种价值凸显与妥协的过程。除非在比较极端的情况下，否则立法者的一意孤行必然是要碰壁的。

民主科学立法保证公平正义，应当注意以下几个原则：①自由原则。立法是集中人民意志的过程。立法所要分配的利益涉及全体人民或部分人民，应当认真听取他们的意见和建议，尊重他们选择自己利益的方式和结果，保障人民意志得以充分、自由地表达。②兼顾原则。当不同利益处于一定的矛盾的时候，立法者的价值选择应当兼顾利益分配所涉及的各个方面。尽管其中应当有轻重、主次、先后之别，但都应对各种利益给予合理的兼顾。③公正原则。努力在价值选择的方式和结果中给予公平的对待，既维护形式的公正，也维护结果的公正。④必要的差别原则。在价值选择的分配中，如果确有充分而必要的理由，如为了国家安全而限制公民的某些自由，可以也应当适用差别对待的原则。但在保证最大多数人的最大利益的同时，要对利益受损的处于少数的一方予以适当救济。当然，具体适用这些原则是十分困难的，还需要通过对特定利益的价值选择而将原则做进一步分析，才可能使之具有较现实的意义。例如，个人利益与国家利益是一对既相互矛盾又相互依存的利益关系，立法者如何在它们之间进行公正的价值选择？从总体上来说，以个人为本位或是以国家为本位的价值观，

① ［英］弗里德里希·冯·哈耶克：《法律、立法与自由》（第一卷），邓正来等译，中国大百科全书出版社2000年版，第197页。

是实施该项价值选择的基本前提。如果这个前提被认为是绝对的、不可调和的，那么对个人利益与国家利益进行价值选择就可能是多余的。问题恰恰在于，无论以何者为本位，任何立法者都不可能忽视另一方的利益所在。个人利益和国家利益都不是抽象的。个人利益可以分为人格利益和物质利益，国家利益也能分为主权利益和经济利益（这些利益还可以进一步细分并且量化）。通过对个人与国家两种利益的划分，似可进行这样的定性比较选择：在以国家为本位的体制下，国家的主权利益优于个人的人格利益，国家的经济利益优于个人的物质利益和人格利益。但在定量的比较选择时，就不能一概而论了。如果把国家经济利益与个人物质利益放到民事法律关系中，则更应当遵循平等、自愿的原则来进行立法的价值选择。

四　通过实施法律实现公平正义

法律的生命在于实施，法律的权威也在于实施。2011 年中国特色社会主义法律体系形成后，我国法治建设的主要任务从以立法为中心转向维护宪法和法律的权威，全面有效实施法律成为推进依法治国的中心工作。实施法律也称法的实施，是指法律规范的要求通过法律执行、法律适用、法律遵守、法律应用、法律运用等各种形式在社会生活中得以实现的活动。实施法律是依法治国、建设法治中国的重要环节，是实现立法公平正义宗旨和目的的具体体现，重点应当通过严格执法、公正司法和自觉守法实现公平正义。

（一）通过严格执法实现公平正义

如果说，立法机关是以表达人民意志为主要功能的话，那么，行政机关就是以执行国家意志（当然包括人民意志和执政党意志）的法律为主要功能。[①] 在我国，“吃皇粮”的公职人员70%是行政机关公务员；我国法律的80%是由行政机关及其公务员执行的，因此，依法治国，实现人民意志和执政党执政意图的关键，是严格执法，切实做到依法行政。

现代政治理论认为，在国家与个人、政府与公民的关系中，如果发生矛盾或者冲突，作为个人的公民总是处于弱者的地位，而强大的行政权最容易对公民造成侵害。人民对政府的监督，最有效的办法是要求政府依照汇集了人民意志的法律来行使行政权力，使政府的抽象行政行为和具体行政行为都纳入制度化、法律化的轨道。依法治国所强调的依法行政，通常包括以下要求：“①行政权的作用，不得与法律相抵触；②没有法律依据，不得使人民承担义务，不得侵害人民的权利；③没有法律依据，不得免除特定人应负的义务，不得为特定人设定权利；④在法律听任行政做出自由裁量的场合，其决定不得超过法律规定的范围和界限。”[②] 行政机关有违法或不当行为，对公民、法人和其他组织的合法权益造成损害的，当事人有权申请复议或直接向法院起诉，通过行政复议程序和行政诉讼程序纠正其行政违法或不当行为，并对造成的损害予以行政赔偿。只有这样，才能在有效规范行政权力和行政行为的同时，切实保障公平正义的实现。

在现代法治思维下，行政机关及其公务员严格依法办事，自觉推进依法行政，努力建设法治政府，就是最重要、最基本、最有效的维护和实现公平正义。反之，行政机关及其公务员如果多头执法、多层执法，不执法、乱执法；有令不行、有禁不止、行政不作为、失职渎职、违法行政；少数执法人员知法犯法、执法寻租、贪赃枉法甚至充当“黑恶势力”的保护伞；某些执法机关和执法人员搞钓鱼执法、寻租性执法、非文明执法、限制性执法、选择性执法、运动式执法、疲软式执法、滞后性执法，等等；某些

① ［美］F. J. 古德诺：《政治与行政》，王元译，华夏出版社1987年版，第9页。

② 刘瀚等：《依法行政论》，社会科学文献出版社1993年版，第32页。

行政执法机关和执法人员在征地拆迁等领域粗暴野蛮执法激化矛盾，甚至引发群体性事件或极端恶性事件，等等，所有这些，都是与公平正义背道而驰的。

有人认为，司法权行使追求的是公正，而行政权行使追求的是效率，因此行政权不需要奉行公正。这种观点是不正确的。首先，任何公权力都必须秉持公正原则，这既是人民主权和民主国家对于公权力的基本要求，也是公民利益和基本人权对于国家公权力的基本规定；其次，尽管立法权追求的核心价值是民主，行政权追求的核心价值是效率，司法权追求的核心价值是公正，但是，公正对于立法权和行政权而言，仍是须臾不可或缺的，只是公正在不同国家权力中的排序不尽相同而已，并不表明公正价值的不重要；最后，行政权是最容易并且经常性侵害公民和社会权益的“积极性权力”，是引发公权力与私权利、社会权利冲突最多的一种强势权力，只有用人民期待的公正法律原则作为标准和要求，才能有效地将行政权力装进法律制度的笼子里。从某种意义上说，行政权的滥用和不作为，是最容易对公平正义产生严重侵害的，因此，行政权更应当坚持和维护公平正义。

（二）通过公正司法实现公平正义

习近平总书记指出，司法是维护社会公平正义的最后一道防线。我曾经引用过英国哲学家培根的一段话，他说：“一次不公正的审判，其恶果甚至超过十次犯罪。因为犯罪虽是无视法律——好比污染了水流，而不公正的审判则毁坏法律——好比污染水源。”这其中的道理是深刻的。如果司法这道防线缺乏公信力，社会公正就会受到普遍质疑，社会和谐稳定就难以保障。因此，全会决定指出，公正是法治的生命线；司法公正对社会公正具有重要引领作用，司法不公对社会公正具有致命的破坏作用。公平正义的价值概念本属于伦理道德范畴，引入司法领域以后，成为司法的活动原则和对司法的评判标准。西方国家的法院自诩司法公正，常常以宝剑和天平作象征，宝剑代表国家权力的权威，天平象征不偏不倚、公平正义。在我国社会主义制度下，司法公正是社会主义社会对司法的本质要求：司法机关必须以事实为根据，以法律为准绳，严格依法办事，惩罚违法犯罪，保障公民合法权利。“价值观念或事实的冲突必须由某个第三方来解决……法官以明确、全胜或全败的方式对案件作判决，一方胜，一方输……所以第三者必须求助于事实、准则或标准。要约束双方当事人，他必须显得独立、公正并强大。”① 司法就是实现公平正义的一种救济方式，一道最后的防线，一切社会矛盾和纠纷在其他途径和方式不能解决时，就要通过司法渠道得到公正处理。

在法律领域，人们的社会利益往往表现为各种权利。当权利受到侵害或者发生损失时，就需要司法予以救济。司法的本质和最终目的在于实现公平正义。相对于立法的分配正义和执法的实现正义来说，司法是矫正正义。就是说，当人们的法定权益受到不法侵害时，在其他救济渠道和救济方式不能奏效时，就应当通过司法途径来消除侵害，矫正权利的错误形态，恢复权利的正常状态，使之回归到法治正义的轨道上。用法治思维来寻求公平正义，就应当充分利用司法制度和诉讼程序，而不是大闹大解决、小闹小解决、不闹不解决。“人们……要进行诉讼，一方必须把他的利益转变为要求，而以权利要求或事实争议的方式表达这要求……法院中的许多要求仅仅是利益的要求，在纸上转变成权利的要求。”② 应当“区别两种要求，即利益和权利要求。当两人都想要同样的宝贵东西时，两人就发生利益冲突，如两名男子爱上一名女子、两名政客竞选一个职务、两个城市争办一

① ［美］弗里德曼：《法律制度》，李琼英、林欣译，中国政法大学出版社1994年版，第264—265页。

② 同上书，第265页。

个会议。利益冲突因稀少而产生。在上面的例子中，双方都有合法的要求……诉讼中，双方当事人都要求同一块土地的所有权。各方在辩护中都坚持他的要求是正确的，对方的要求是错误的，对方对事实或规则有错误看法。辩论以权利，不是以利益的措辞来表达，对事实、准则和‘法律’进行辩论”①。权利要求同利益冲突的区别有后果。“对利益冲突，当事人容易达成妥协，对价值观念或事实的冲突较难。在某种意义上，契约是利益冲突的解决。一个人要以低价买一匹马，另一人愿意卖，但价格很高。双方讨价还价，认为已得到可能得到的一切时就达成协议。通常，双方都没有‘从道德上卷进去’。法院不解决利益冲突。一方必须把他的要求转变成价值观念或事实的冲突才能进行诉讼。”②

公正司法是维护法律公平正义的最后一道防线。所谓公正司法，就是受到侵害的权利一定会得到保护和救济，违法犯罪活动一定要受到制裁和惩罚。法律具有定分止争的功能，司法审判具有中立性、被动性和终局性的裁断作用。美国法理学者戈尔丁教授认为，形式正义就是程序正义尤其是诉讼正义，而实质正义也就是法律上的权利义务分配上的正义。他提出诉讼正义的标准包括：①“中立性”，包括“与自身有关的人不应该是法官”、“结果中不应含纠纷解决者个人利益”、“纠纷解决者不应有支持或反对某一方的偏见”；②“劝导性争端”，包括“对各方当事人的诉讼都应给予公平的注意”、“纠纷解决者应听取双方的论据和证据”、“纠纷解决者应只在另一方在场的情况下听取一方意见”、“各方当事人都应得到公平机会来对另一方提出的论据和证据做出反响”；③“解决”，包括“解决的诸项

① ［美］弗里德曼：《法律制度》，李琼英、林欣译，中国政法大学出版社 1994 年版，第 263—264 页。

② 同上书，第 264 页。

条件应以理性推演为依据”、“推理应论及所提出的论据和证据”。[①] 我国深化司法改革，应当引导公众把公平正义的诉求纳入司法程序中来，法院应当依照法律规定公开公正地办好每一个进入司法程序的案件，努力让司法案件中的每一个矛盾纠纷都通过公正司法得到化解，努力让公众在每一个司法案件中都感受到公平正义。但是，公众能否在每一个案件中感受到公平正义，需要具体分析。“正好相反的原则常常同时被人认为是公正的，这有时发生在不同的社会阶层当中，有时发生在关系距离遥远的群体当中，不过经常还是发生在两个相互关系很近的人之间。两个对立的诉讼当事人通常确信他们各自的诉讼理由的正义性，因为他们恰好诉诸各自不同的正义……在这些不同的、相互冲突的正义思想中，总是只有一个获得胜利。”[②]“人们要求法院所做的，并不是实施正义，而是提供某种保护以阻止重大的不正义。”[③]

通过公正司法实现公平正义，应当着力解决以下两个方面的问题：一方面，是外部的各种权力、关系、金钱、人情等对司法案件的影响和干预，表现为个别地方党委审批案件、党委政法委决定案件、地方主要领导批示案件、人大代表过问个案、亲戚朋友同学说情案件等多种形式；另一方面，是司法机关内部体制机制不完善，相关制度不健全，滥用侦察权、逮捕权、审讯权、起诉权、审判权、执行权、法律监督权等司法权力，表现为刑讯逼供、屈打成招、有罪推定、出入人罪、滥用自由裁量权、吃了原告吃被告、以案谋私、案件积压、久拖不决、执行难，以及司法专横、司法不公、司法腐败等多种形式。特别应当着力解决产生司法专横和司法不公的体制、

---

① ［美］戈尔丁：《法律哲学》，齐海滨译，生活·读书·新知三联书店 1987 年版，第 240—241 页。

② ［澳］欧根·艾利希：《法社会学原理》，舒国滢译，中国大百科全书出版社 2009 年版，第 260 页。

③ ［英］弗里德里希·冯·哈耶克：《法律、立法与自由》（第二、三卷），邓正来等译，中国大百科全书出版社 2000 年版，第 101 页。

机制和程序问题。

司法是法治国家使一个社会保持稳定和实现社会公正的最后的也是最有力的救济手段。对于行政权而言，“一个独立的司法权就能处理由于政府机关实施法治而引起的各种问题”[①]。在法治国家，司法能否公正，是评价这个国家政治是否民主文明的基本标志之一。如果司法丧失了公正，这个国家或者社会就不是一个法治国家或者法治社会。而实现司法的公正性，主要取决于司法机关能否依法独立行使审判权和检察权，不受行政机关、社会团体和个人的干涉。我们“在全国坚决实行这样一些原则：有法必依，执法必严，违法必究，法律面前人人平等”，“不管谁犯了法，都要由公安机关依法侦察，司法机关依法办理，任何人都不许干扰法律的实施”[②]。

（三）通过自觉守法实现公平正义

亚里士多德说：“我们应该注意到邦国虽有良法，要是人民不能全都遵循，仍然不能实现法治。法治应该包含两重意义：已成立的法律获得普遍的服从，而大家所服从的法律又应该是本身制定得良好的法律。”[③] 只有每个公民都依法办事、自觉守法，法律才能真正被遵行，公平正义才能真正实现。

公民为什么必须守法？柏拉图认为，守法是一个公民的义务和责任，因为“城邦给予每个公民平等的一份利益，无论是生命、给养、教育，还

---

① Harvey Wheeler：“Constitutionalism”．转引自《政府制度与程序》，台湾幼狮文化事业公司 1983 年版，第 50 页。

② 《邓小平文选》第 2 卷，人民出版社 1994 年版，第 254 页。

③ ［古希腊］亚里士多德：《政治学》，吴寿彭译，商务印书馆 1981 年版，第 199 页。

是应有的权利。一个人成年以后，便能够认清国家行政和法律条文。如果他们对此不满意，可以携带自己的财物去往中意的地方，或去殖民地，或移居外邦。凡是居留在城邦的人们，事实上就是和法律订立了合同，表明他们情愿服从城邦的法令。那些不服从的人便犯了三重罪，即不服从父母、不服从教养恩人、不遵守契约”①。这是基于公民社会的社会契约产生的守法义务，是公民作为社会成员享受公平正义必须履行的基本法律义务，也是通过人人自觉守法实现法律意义上公平正义的主要途径。“其实，无论中世纪早期或晚期都可以举出无数的事例来说明这样一个信念，即法律属于人民，而人民又是服从法律统治的，法律因人们对它的遵守而得到证明，或在发生怀疑时由专门成立以确定什么是法律的某个团体的声明而得到证明。”②

在我国，人民是国家、社会和依法治国的主体，宪法和法律是人民意志的集中体现，是人民利益诉求的制度表达，因此，全体公民遵守宪法和法律就是尊重人民自己的意志，就是维护人民自己的利益。自觉守法只有在社会主义制度下才能真正实现。但是，在社会主义初级阶段，要把公民自觉守法这种法律实施的理想形态从本质推理变为现实存在，要使守法成为每个人自觉自愿的选择而不是一种被迫的行为，还需要相当长时间的艰苦努力。我国公民守法主要有四种状态：第一，自觉守法的状态。它体现的是公民对法治的信仰，对法律价值和法律精神的追求，对公平正义的坚信，是公民对守法的高度自觉和理性认同。自觉守法是全民守法的最高层次，也是最难达到的境界。第二，不愿违法的状态。它体现的是公民对法律的尊敬，对司法权威的崇信，对国家公权力的敬仰，是公民对守法的内

① ［古希腊］柏拉图：《游叙弗伦苏格拉底的申辩克力同》，严群译，商务印书馆1983年版，第109页。

② ［美］萨拜因：《政治学说史》（上册），盛葵阳等译，商务印书馆1986年版，第249页。

心自愿和高度感性认同。第三，不能违法的状态。它体现的是公民对法律制度的信任，对司法公正的认可，对法律责任和法律后果的确信，对自己行为的法律化控制是公民对守法的自律和一般感性认同。第四，不敢违法的状态。它体现的是公民对法治的畏惧，对法律强制性惩罚的害怕。不敢违法，是法治对公民在守法上的最低要求，是公民对守法的被动性接受。不敢违法是全民守法的初级形态，也是较普遍的守法心态。

实现公平正义，应当着力解决守法无序的观念、习惯和体制机制问题。任何组织或个人都必须在宪法和法律的范围内活动，也就意味着任何组织或者个人都必须守法，即必须做到全民守法。守法是社会组织或者个人依法从事相关行为，自觉服从法律、依法办事的行为或结果。守法具体表现为国家机关、企业事业单位、公民个人自觉在宪法和法律的范围内活动。

公正的人就是遵守法律的人。每个公民遵守宪法和法律要从自己做起，从身边做起，从具体行为习惯做起。凡是法律禁止的，都不去做；凡是法律提倡的，积极对待；凡是法律保护的，依法去做。“自由是做法律所许可的一切事情的权利；如果一个公民能够做法律所禁止的事情，他就不再有自由了，因为其他的人也同样会有这个权利。”① 每个公民要养成相信法律、遵从法律、爱护法律的良好的守法意识，以做一个法治社会合格的公民为抓手，将守法义务落实到每一个公民个人日常的一言一行中，逐步形成稳定有效的守法文化。应当“努力推动形成办事依法、遇事找法、解决问题用法、化解矛盾靠法的良好法治环境，在法治轨道上推动各项工作”，应当“加强宪法和法律实施，维护社会主义法制的统一、尊严、权威，形成人们

---

① ［法］孟德斯鸠：《论法的精神》（上册），张雁深译，商务印书馆 1961 年版，第 154 页。

不愿违法、不能违法、不敢违法的法治环境”[①]。应当坚决改变“违法成本低、守法成本高”的现象，谁违法谁就要付出比守法更大的代价，努力形成人们不愿违法、不能违法、不敢违法的法治环境。

① 习近平：《在首都各界纪念现行宪法公布施行30周年大会上的讲话》，人民出版社2012年版，第12页。

第五章

依法治国与推进国家治理现代化

中国共产党第十八届三中全会在《中共中央关于全面深化改革若干重大问题的决定》中，首次提出“推进国家治理体系和治理能力现代化”的改革目标以后，国家治理（State Governance）和国家治理现代化（The Modernization of State Governance）作为政治学的重要概念，很快成为中国理论界学术界高度关注和广泛讨论的“热词”，各种见解纷乱杂陈，各种观点见仁见智，令人眼花缭乱。国家治理其实是一个“老概念”，否则就没有必要把它推进“现代化”了；国家治理是一个政治学概念，更是一个法学命题，否则就难以解释在没有使用“国家治理”这个概念前的千百年当中，人类文明是如何管理国家和治理社会的。换言之，难道没有“国家治理”这个概念，几千年的人类社会就没有管理（包括统治、管制、治理、管控等）和秩序了吗？回答当然是否定的。那么，国家治理与依法治国（running the country according to law or rule of law）是什么关系，包容关系、交叉关系、替代关系、互补关系还是其他关系？由此引发的进一步问题是，在“推进国家治理体系和治理能力现代化”新语境、新目标下，依法治国（法治）具有何种地位和作用？根据国家治理现代化的要求，未来应当如何全面推进依法治国、加快建设法治中国？

一 依法治国与推进国家治理现代化的关系

党的十八届三中全会提出："全面深化改革的总目标是完善和发展中国特色社会主义制度，推进国家治理体系和治理能力现代化。"依法治国是我国宪法规定的基本原则，是党领导人民治理国家的基本方略。依法治国与国家治理是相互作用、相辅相成、殊途同归的关系。在全面推进依法治国、努力建设中国特色社会主义法治体系的时代背景下，在我国从法律体系走向法治体系、从法律大国走向法治强国进而实现法治中国梦的历史进程中，推进国家治理现代化，应当高度重视并充分发挥依法治国的重要作用。

（一）依法治国与国家治理的含义

国家应当如何治理？这并不是一个新问题、小问题，而是国家产生以来就始终存在的老问题、重大问题，是马克思主义国家学说①需要回答的基本问题，是政治学和法学需要研究解决的核心问题。马克思主义国家学说认为，应当从国体、政体、政治模式、基本方略等方面，分析和把握国家和国家治理问题。从国家治理的国体来看，应当对国家的本质作阶级分析，

① 马克思主义国家观认为，"国家无非是一个阶级镇压另一个阶级的机器，而且在这一点上民主共和国并不亚于君主国"（《马克思恩格斯文集》第3卷，人民出版社2009年版，第111页）；"国家是阶级矛盾不可调和的产物和表现"（《列宁选集》第3卷，人民出版社2012年版，第114页），所以"系统地使用暴力和强迫人们服从暴力的特殊机构……就叫作国家"（《列宁专题文集》，人民出版社2009年版，第285页）。"政治统治到处都是以执行某种社会职能为基础，而且政治统治只有在它执行了它的这种社会职能时才能持续下去"（《马克思恩格斯选集》第3卷，人民出版社2012年版，第559—560页）。"国家一直是从社会中分化出来的一种结构，是由一批专门从事管理、几乎专门从事管理或主要从事管理的人组成的一种机构。人分为被管理者和专门的管理者"（《列宁专题文集》，人民出版社2009年版，第288页）。

是国家中多数人对少数人的统治，还是少数人对多数人的专政，这是国家治理需要解决的首要问题。从国家治理的政体来看，是采行共和制还是君主立宪制，联邦制还是单一制，元首负责制还是议会内阁负责制，或者采行人民代表大会制度等政体，这是国家治理需要解决的政权组织形式问题。从国家治理的政治模式来看，是实行直接选举、多党制、三权分立、两院制，还是实行直接与间接选举相结合、一党领导与多党合作相结合、执政党党内民主与人民民主相结合、民主集中制，或者采取其他政治体制治国理政，这是国家治理需要解决的政治模式问题。从国家治理的基本方略来看，是实行专制、人治、独裁，或者实行民主、法治、共和，抑或实行其他方式治国理政，这是国家治理需要解决的路径依赖和治国方略问题。

中国共产党在领导人民夺取革命、建设和改革胜利的伟大实践中，在成立中华人民共和国和实行社会主义制度的基础上，通过宪法、法律和党章等形式，把工人阶级领导的、以工农联盟为基础的人民民主专政规定为共和国的国体，把人民代表大会制度规定为共和国的政体，把共产党的领导、民主集中制、人民代表大会制度、民族区域自治制度、多党合作政治协商制度、基层民主自治制度等，规定为共和国政治模式的主要内容，把依法治国确立为党领导人民治理国家的基本方略，把法治确定为治国理政的基本方式①，不断发展中国特色社会主义民主政治，推进依法治国和国家

① 1978年2月15日梁漱溟在全国政协五届一次会议上发言说："现在我们又有机会讨论宪法，参与制定宪法了，这是一桩可喜的事情……我的经验是，宪法在中国，常常是一纸空文，治理国家主要靠人治，而不是法治。新中国成立30年，有了自己的宪法，但宪法是否成了最高的权威，人人都得遵守呢？从30年中的几个主要时期看，我的话是有根据的……但我想认真而严肃地指出的是，中国的历史发展到今天，人治的办法恐怕已经走到了头。像毛主席这样具有崇高威望的领导人现在没有了，今后也不会很快就有，即便有人想搞人治，困难将会更大；再说经过种种实践，特别是'文革'十年血的教训，对人治之害有着切身的体验，人们对法治的愿望和要求更迫切了。所以今天我们讨论宪法，很必要，很重要，要以十二分的认真和细心对待这个大问题。中国由人治渐入了法治，现在是个转折点，今后要逐渐依靠宪法和法律的权威，依法治国，这是历史发展的趋势，中国前途的所在，是任何人所阻挡不了的。"汪东林：《梁漱溟问答录》，湖北人民出版社2004年版，第297—298页。

治理的现代化。

从一般意义上讲，依法治国就是坚持和实行法治，依法治权，依法治国，反对人治和专制。[1]

国家治理[2]，就是人民当家做主，通过全国人民代表大会和地方各级人民代表大会，执掌国家政权、行使国家权力、管理国家事务的制度安排和活动过程；是在执政党的领导下，全国各族人民、一切国家机关和武装力量、各政党和各社会团体、各企业事业组织等社会主体，依照宪法、法律和其他规范、制度和程序，共同参与国家的政治生活、经济生活和社会生活，共同管理国家和社会事务、管理经济和文化事业，共同推动政治、经济、社会、文化和生态文明建设全面发展的制度安排和活动过程；是执政党坚持依宪执政和依法执政，总揽全局，协调各方，支持各个国家机关依法独立履行职权，领导并支持各种社会主体对国家和社会实施系统治理、

---

① 在1996年4月中国社会科学院法学研究所主持召开的法治理论研讨会上，与会专家学者们大多认为："依法治国即法治，是指依照体现人民意志、反映社会发展规律的法律来治理国家；国家的政治、经济、社会的活动以及公民在各个领域的行为都应依照法律进行，而不受任何个人意志的干涉、阻碍和破坏；它的基本要求是，国家的立法机关依法立法，政府依法行政，司法机关依法独立行使职权，公民的权利和自由受法律的切实保护，国家机关的权力受法律严格控制。"李林：《依法治国建设社会主义法治国家研讨会综述》，载李林《法治与宪政的变迁》，中国社会科学出版社2005年版，第462页。

② 目前国内理论界对于"国家治理"的概念尚无统一认识，大家见仁见智，各有界定。《求是》杂志刊文认为："国家治理，就是党领导人民依照法律规定，通过各种途径和形式，管理国家事务，管理经济和文化事业，管理社会事务。"参见秋石《国家治理现代化将摆脱人治走向法治》，《求是》2014年第1期。北京大学王浦劬教授认为："'国家治理'，实际上是在政权属于人民的前提下，中国共产党代表和领导人民执掌政权、运行治权的体系和过程；是指在坚持、巩固和完善我国政治经济根本制度和基本制度的前提下，科学民主依法有效地进行国家和社会管理；是指坚持中国共产党总揽全局、统筹各方的格局下的治国理政。"见王浦劬《科学把握"国家治理"的含义》，2014年6月18日《光明日报》。笔者认为，在我国的话语体系下，描述和界定"国家治理"这个概念，应当紧紧围绕三者有机统一展开，这既是中国特色社会主义民主政治的本质特征，也是理解和把握"国家治理"的关键。

依法治理、综合治理、源头治理的治国理政。

（二）依法治国与国家治理的关系

依法治国与国家治理是什么关系?[1] 我们认为，依法治国主要是一个法学概念，国家治理主要是一个政治学、行政学或者社会学的概念，两者虽然话语体系不同，内涵和外延略有区别，但本质和目标一致，主体与客体相近，方法和手段相似，是国家良法善治的殊途同归。

具体来讲，依法治国与国家治理具有如下共同点：

第一，两者都坚持中国特色社会主义制度，坚持中国共产党的领导，坚持依宪执政和依法执政，在国家宪法框架内并通过主权国家来推进和实行。

第二，两者都坚持主权在民和人民当家做主，人民是国家和社会的主人，人民是依法治国和国家治理的主体，而不是被治理、控制、统治的客体。

第三，两者都强调国家治理制度体系的重要性、稳定性和权威性，要求形成健全完备、成熟定型的现代化国家治理的制度体系，其中主要是体现为国家意志的以宪法为核心的法律制度体系。

第四，两者都坚持以人民民主专政国体的政治统治为前提，都涉及

① 考察人类文明史可以发现，法律、法制、法治以及以法治国或者依法治国，是人类有国家以来就始终存在的治理国家、管理社会、构建秩序、调整社会关系行之有效的主要方式，当今的现代化发达国家也多是法治国家，而20世纪中后期出现的“国家治理”只不过是与法治国家有所交叉的一种理念和方式方法，是对法治或者依法治国的补充、完善和创新发展，却没有从根本上取代法治或者依法治国。当今世界上绝大多数国家没有普遍强调“国家治理”的理念和制度，而是坚持法治和依法治国，在实践中它们照样达到了治国理政的预期目的。在我国，国家治理与依法治国实质上是大同小异、殊途同归的一回事。

“他治”、“自治”和“共治”等管治方式，都把“统治”、“管理”和“治理”等作为现代国家治国理政不可或缺的方式方法来综合使用。从法律分类的角度来理解，“统治”主要用于宪法、刑法等公法关系领域，“管理”主要用于行政法、经济法等公法关系以及公私法关系结合等领域，“治理”主要用于社会法和私法关系等领域①，三者共存于国家的法律体系和法律关系中，都是调整社会关系和治国理政的重要方式。

第五，两者“管理”和“治理”的对象（客体）大同小异，都涉及政治经济文化社会生态、内政国防外交、改革发展稳定、治党治国治军、调整社会关系、规范社会行为、配置社会资源、协调社会利益、处理社会冲突、保障私权和制约公权等各领域和各方面。

第六，两者追求的直接目标都要求实现良法善治，强调不仅要有良好健全完备的国家管理治理的法律和制度体系，而且这种法律和制度体系在现实生活中要能够得到全面贯彻执行和有效实施。

第七，两者的目的都是为了发展人民民主，激发社会活力，构建良好秩序，促进公平正义，为了实现国家富强、人民幸福、中华民族伟大复兴的中国梦，把我国建设成为民主富强文明幸福的社会主义现代化强国。

依法治国与国家治理具有以下主要区别：首先，国家治理强调“治理”与“管理”在主体、权源、运作、范围等方面存在不同，认为从“管理”

① 联合国的全球治理委员会（The Commission on Global Governance）于1995年发表了一份题为《我们的全球伙伴关系》的研究报告，对“治理”一词作出如下界定：治理是各种公共的或私人的个人和机构管理其共同事务的诸多方式的总和。它是使相互冲突的或不同的利益得以调和并且采取联合行动的持续的过程。它既包括有权迫使人们服从的正式制度和规则，也包括各种人们同意或以为符合其利益的非正式的制度安排。它有四个特征：治理不是一整套规则，也不是一种活动，而是一个过程；治理过程的基础不是控制，而是协调；治理既涉及公共部门，也包括私人部门；治理不是一种正式的制度，而是持续的互动。可见“治理”一词主要强调的是一种社会法和私法关系，而不能表达或者反映国家统治和管理、管治的全部内涵。

到“治理”是理念上的飞跃和实践上的创新。[①] 其次，国家治理不仅坚持法治是治理国家的基本方式、依法治国是治国理政的基本方略，而且注重发挥政治、德治、自治规范、契约、纪律等多种方式手段的作用。再次，国家治理坚持以各种社会主体平等共同参与的共治为主要治理形式，强调治理主体间的平等性、自愿性、共同性和参与性，依法治国则坚持系统治理、综合治理，不仅采用他治（如治安与工商卫生执法管理）和自治（如基层与社区自治），也经常采用人人参与、齐抓共管的共治。最后，国家治理的范围不仅包括国家法律和法治直接规范和调整的领域，而且包括政党和社会组织、武装力量、企业事业单位和社会内部中法律和法治未直接涉及的某些部分。

尽管两者有所区别，但它们同多于异。我们在理解两者关系时，一不应当将两者对立起来，既不宜用依法治国取代国家治理，也不宜用国家治理取代依法治国，两者是相辅相成、殊途同归的关系；二不应当将两者割裂开来，既不能片面强调依法治国的地位和作用，也不能过分强调国家治理的价值和功能，两者是彼此交叉、相互作用的关系；三不应当对“治理”、“管理”、“统治”这三个基本概念作片面解读，三个概念之间不是相互排斥的矛盾关系，不是依次取代的递进关系，而是相互影响的交叉关系，相互作用的共存关系[②]，但在不同时期、不同条件、不同语境或不同学科视角下，三个概念的使用有主次先后之分、轻重大小之别。

---

① 参见俞可平《论国家治理现代化》，社会科学文献出版社 2014 年版；何增科《理解国家治理及其现代化》，《马克思主义与现实》2014 年第 3 期；李忠杰《治理现代化科学内涵与标准设定》，《人民论坛》2014 年第 7 期。

② 事实上，在我国宪法中有 20 多处使用了“管理”一词，如第 2 条规定：“人民依照法律规定，通过各种途径和形式，管理国家事务，管理经济和文化事业，管理社会事务”，但从未使用过“治理”概念；在我国现行有效的 240 多部法律中，有 10 多部法律的名称中有“管理”一词，如“治安管理处罚法”、“公民出入境管理法”、“外国人出入境管理法”等，却无一部法律的名称涉及“治理”二字。

（三）推进国家治理现代化的核心是法治化

国家治理至少包括国家治理体系和国家治理能力两个方面。①

国家治理体系，就是在党领导下管理国家的制度体系，包括经济、政治、文化、社会、生态文明和党的建设等各领域体制机制、法律法规安排，是一整套紧密相连、相互协调的国家制度。形成系统完备、科学规范、运行有效的国家制度体系，是国家治理体系现代化的重要目标。国家治理能力，就是运用国家制度管理社会各方面事务的能力，包括改革发展稳定、内政外交国防、治党治国治军等各个方面。② 习近平总书记指出，国家治理体系和治理能力是一个国家的制度和制度执行能力的集中体现，两者相辅相成，单靠哪一个治理国家都不行。

推进国家治理的现代化③，就是要推进和实现国家治理体系和治理能力的法治化、民主化、科学化和信息化，其核心是推进国家治理的法治化。④

---

① 有学者认为国家治理还应当包括国家治理理念、国家治理过程、国家治理绩效等内容。

② 参见姚亮《国家治理能力研究新动向》，《学习时报》2014 年 6 月 9 日。

③ 全国政协社会和法制委员会副主任施芝鸿将“国家治理体系和治理能力现代化”视为“第五个现代化”，他认为：国家治理体系现代化，既要靠制度，又要靠我们在国家治理上的高超能力，靠高素质干部队伍。从这个意义上，可以把推进国家治理体系和治理能力现代化，看成是我们党继提出工业、农业、国防、科技这“四个现代化”之后，提出的“第五个现代化”。这表明，我们党和国家的治理体系和治理能力，正在不断朝着体现时代性、把握规律性、富于创造性的目标前进。《全国政协社会和法制委员会副主任施芝鸿谈“第五个现代化”》，《北京日报》2013 年 12 月 9 日。

④ 参见秋石《国家治理现代化将摆脱人治走向法治》，《求是》2014 年第 1 期。还有学者认为：“法治化既是检验制度成熟程度的衡量尺度，也是推进制度定型的基本方式……没有可靠的法治作为保障，制度就会缺乏权威性和执行力，国家治理体系的现代化就无从谈起，治理能力也必然成为水中月镜中花。”张贤明：《以完善和发展制度推进国家治理体系和治理能力现代化》，《政治学研究》2014 年第 2 期。胡建淼教授认为：“国家治理现代化包括民主化、法治化、科学化和文明化，其中法治化是关键。”胡建淼：《国家治理现代化的关键在法治化》，《学习时报》2014 年 7 月 14 日。

一方面，要推进国家治理制度体系的法治化。董必武说过："顾名思义，国家的法律和制度，就是法制。"① 在法治国家，国家治理制度体系中的绝大多数制度、体制和机制，已通过立法程序规定在国家法律体系中，表现为法律规范和法律制度。因此，发展和完善国家法律体系，构建完备科学的法律制度体系，实质上就是推进国家治理制度体系的法律化、规范化和定型化，形成系统完备、科学规范、运行有效的国家制度体系；另一方面，要推进国家治理能力的法治化。在法治国家，国家治理能力主要是依法管理和治理的能力，包括依照宪法和法律、运用国家法律制度管理国家和社会事务、管理经济和文化事业的能力，科学立法、严格执法、公正司法和全民守法的能力，运用法治思维和法治方式深化改革、推动发展、化解矛盾、维护稳定能力的能力。美国法学家富勒说："法律是使人的行为服从规则治理的事业。"② 推进国家治理能力的法治化，归根结底是要增强治理国家的权力（权利）能力和行为能力，强化宪法和法律的实施力、遵守力，提高国家制度体系的运行力、执行力。

我们应当高度重视和充分发挥依法治国基本方略在推进国家治理现代化中的重要作用。依法治国不仅是国家治理现代化的主要内容，而且是推进国家治理现代化的重要途径和基本方式，对实现国家治理现代化具有引领、规范、促进和保障等重要作用。

二　充分发挥依法治国对推进国家治理现代化的重要作用

在全面推进依法治国、努力建设中国特色社会主义法治体系的新形势

---

① 董必武：《论社会主义民主和法制》，人民出版社1979年版，第153页。

② Lon L. Fuller, *The Morality of Law* (*revised edition*), Yale University Press, 1969, p. 106.

下，应当更加重视充分发挥依法治国（法治）的作用，紧紧围绕全面深化改革的战略部署和“五位一体”建设的总体要求，根据完善和发展中国特色社会主义制度、推进国家治理体系和治理能力现代化的改革总目标，坚持党的领导、人民当家做主、依法治国有机统一，运用法治思维和法治方式推进国家治理现代化。

（一）充分发挥宪法治国安邦总章程的功能，推进国家治理现代化

宪法是国家文明进步的重要标志，是国家的根本法，治国安邦的总章程，具有最高的法律地位、法律权威、法律效力，具有根本性、全局性、稳定性、长期性。[①] 推进国家治理现代化，形成系统完备、科学规范、运行有效的国家治理制度体系，使国家治理各方面的制度更加成熟更加定型，最根本、最核心的是要维护宪法权威，保障宪法实施，充分发挥宪法作为治国安邦总章程的重要作用。

宪法以国家根本法的形式，确立了中国特色社会主义道路、理论体系和制度体系，规定了国家的根本制度和根本任务、国家的领导核心和指导思想、国家的基本制度和相关体制、爱国统一战线、依法治国基本方略、民主集中制原则、尊重和保障人权原则，等等。对于这些制度和原则，我们必须长期坚持、全面贯彻、不断发展。坚持、贯彻和落实宪法的这些制度和原则，坚持依宪治国和依宪执政，有利于根据治国安邦总章程的宪法要求，从国家顶层设计和战略布局上，促进国家治理制度体系的规范化和定型化，提升国家治理能力的权威性和有效性。例如，现行宪法序言提出要“不断完善社会主义的各项制度”，这既是宪法对改革和完善国家治理制

---

① 习近平：《在首都各界纪念现行宪法公布施行30周年大会上的讲话》，人民出版社2013年版。

度体系的总体要求，也是宪法对推进国家治理制度现代化的根本法律依据。

国家治理现代化，最根本的是人的现代化。在人民当家做主的社会主义国家，国家治理是人民自己的事业，只有在宪法的框架下和民主法治的基础上，动员人民、依靠人民、组织人民对国家和社会实行共治和管理，才能从人民民主的本质上实现国家治理现代化。宪法是国家治理的总章程、总依据，全面贯彻实施宪法，最广泛地动员和组织人民依照宪法和法律规定，通过各级人民代表大会行使国家权力，通过各种途径和形式管理国家和社会事务、管理经济和文化事业，共同治理，共同建设，共同享有，共同发展，保证人民成为国家、社会和自己命运的主人，有利于最大限度地调动人民群众的积极性和主动性，充分发挥人民群众在国家治理和依法治国中的主体作用。

文明①进步既是国家发展的重要目标，也是国家治理现代化的重要标志。推进国家治理现代化，必须加强物质文明建设，巩固社会主义的经济基础，促进先进生产力的发展；加强政治文明建设（尤其是制度文明建设），完善社会主义的上层建筑，维护国家政权的合法性和正当性；加强精神文明建设，弘扬社会主义核心价值观，繁荣和发展先进文化。我国宪法明确规定国家推动社会主义物质文明、政治文明和精神文明协调发展，并在有关条文中对我国基本的社会制度、经济制度、政治制度、文化制度，对意识形态、思想道德、公民权利义务等做出了专门规定。切实尊重和有效实施宪法，就能够在宪法的指引和保障下，积极推动国家文明进步，推进国家治理现代化。

---

① 据我国学者研究，文明（Civilization）一词产生于近代英国。18 世纪初，英国合并苏格兰后，苏格兰的民法开始与英国的普通法融合起来，产生了“文明”这个词汇，意指法律或审判。1755 年，《英国语言辞典》把文明解释为“民法专家或罗马法教授”。18 世纪后半叶，启蒙思想家用“文明”一词来抨击中世纪的黑暗统治，赋予了文明与“野蛮”相对立的含义。由此可见，法律、私法以及司法审判的进步发展，是人类文明最重要的标志和标尺。衡量或者评价今天国家治理的现代化，离不开法治文明。

（二）充分发挥法治的价值评判功能，引领国家治理现代化

现代国家的法律不仅是行为规范体系，而且是价值评判体系，是社会主流价值的制度化体现。国家通过法治推行自由、平等、公平、正义、人权等基本价值，弘扬法治精神，传播法治理念，引领社会进步。“法治的含义不只是建立一套机构制度，也不只是制定一部宪法一套法律。法治最重要的组成部分也许是一个国家文化中体现的法治精神。”① 我国宪法规定了必须坚持中国共产党的领导、社会主义制度、国家的指导思想和人民民主专政的国体，社会主义法治理念强调必须坚持三者有机统一，从中国国情和实际出发学习借鉴人类政治文明和法治文明的一切有益成果，逐步实现工业、农业、国防、科学技术和国家治理的现代化，而绝不能照搬照抄西方资本主义的民主政治模式和法治模式。宪法和法治的这些肯定性或禁止性的要求，明确规定了国家治理的性质，指明了国家治理现代化的正确方向和发展道路。

法治崇尚民主自由、公平正义、平等诚信、人权尊严、秩序安全、幸福和平等基本价值，遵循人民主权、宪法法律至上、保障人权、制约权力、依法执政、依法行政、公正司法、全民守法等基本原则，恪守普遍性、明确性、规范性、统一性、稳定性、可预期性、可诉性②等基本规律。以倡导

---

① ［美］詹姆斯·L. 吉布森、［南非］阿曼达·古斯：《新生的南非民主政体对法治的支持》，《国际社会科学杂志》（中文版）1998 年第 2 期，第 38—39 页。

② 法治意义上的“可诉性”包括两方面的内容：从公民角度而言，可诉性是指当法律规定的公民权利受到侵害时，公民可以依据该法律到法院提起诉讼，依法寻求法院的权利保护和救济；从法院角度而言，可诉性是指法院可以依据法律的具体规定受理案件，并做出相应裁判。目前在我国法律体系的 240 多部法律中，能够被法院作为裁判依据并写入判决书的，只有 40 多部法律。对“可诉性”的另一种解读是：法律关系主体在认为其受到不公平不公正对待时，认为其权利受到侵害时，可以也应当依法通过司法诉讼程序寻求救济，法院是实现法律意义上公平正义的最后一道防线。

和推行全球治理闻名于世的国际组织——全球治理委员会在《我们的全球之家》中的呼吁：提高全球治理的质量，最为需要的是“共同信守全体人类都接受的核心价值，包括对生命、自由、正义和公平的尊重”①。显然，全球治理倡导的核心价值与法治追求的基本价值，在许多方面是一致的。但它们有一个显著区别，即前者主要通过呼吁、倡导、舆论等道德宣传方式推行其价值理想，后者却可以通过法治的力量推进其价值目标的实现。因此，我们根据法治的基本价值、原则和规律，运用法治方式推进国家治理现代化，就能够促进国家治理的价值选择与国家法治的价值取向相一致，促进国家治理的现代化与法治化相融合，实现国家和社会的良法善治。

（三）充分发挥法治的规范功能，推进国家治理现代化

法律是治国之重器，是调整社会关系的行为规范。马克思说过：“法律不是压制自由的手段，正如重力定律不是阻止运动的手段一样……恰恰相反，法律是肯定的、明确的、普遍的规范……法典就是人民自由的圣经。”②规范性是法治的基本特征，它通过允许性规范、授权性规范、禁止性规范等形式，要求法律关系主体应当做什么、不应当做什么和应当怎样做，达到调整社会关系、规范社会行为、维护社会秩序的目的。

在保障和促进国家治理现代化的过程中，法治的规范功能从以下方面发挥作用：一是通过合宪性、合法性等程序和制度的实施，保证国家治理制度体系建设和治理能力提升在宪法框架下、法治轨道上进行，防止违宪违法行为和现象发生。例如，我国法律体系中有宪法、立法法、民族区域

---

① 转引自俞可平《论国家治理现代化》，社会科学文献出版社 2014 年版，第 32 页。

② 马克思：《关于新闻出版自由和公布省等级会议情况的辩论》，《马克思恩格斯全集》第 1 卷，人民出版社 1995 年版，第 176 页。

自治法、工会法、村民委员会组织法、全民所有制工业企业法等明确规定了中国共产党的领导地位和领导作用，[①] 执政党就可以依据这些法律规定，健全和完善依法执政的有关制度体系，推进依法执政的现代化。二是通过规定权利与义务、权力与责任、行为模式与行为后果以及实体法规范和程序法规范等形式，将国家治理的制度要素和制度创新确认固定下来，使之逻辑更加严谨、内容更加科学、形式更加完备、体系更加协调。三是通过严格执法、公正司法、全民守法和依法办事、依法治理、综合治理等多种途径和形式，推进宪法和法律规范的全面实施，不断提升国家治理制度体系的权威性和执行力。例如，十八届三中全会提出“把涉法涉诉信访纳入法治轨道解决，建立涉法涉诉信访依法终结制度”，就体现了运用法治方式从根本机制上治理涉法涉诉信访问题的思路。四是通过发挥法治的纠偏和矫正作用，一旦国家治理制度的某些创新偏离正确轨道，国家治理体制机制之间出现某种冲突抵触，国家治理制度体系的贯彻执行遇到某种破坏或障碍，由国家有权机关依法做出应对和处置，就能够保证国家治理现代化更加有序、更加顺利地推进。

（四）充分发挥法治的强制功能，推进国家治理现代化

法律与其他社会规范的重大区别在于，法律是表现为国家意志并由国家强制力保证实施的社会行为规范，国家意志性和国家强制性是它的重要特征。在我国，法律是党的主张与人民意志相统一并通过立法程序转化为

---

① 例如，《立法法》第3条规定：“立法应当遵循宪法的基本原则……坚持中国共产党的领导。”《村民委员会组织法》第4条规定：“中国共产党在农村的基层组织，按照中国共产党章程进行工作，发挥领导核心作用，领导和支持村民委员会行使职权；依照宪法和法律，支持和保障村民开展自治活动、直接行使民主权利。”《全民所有制工业企业法》第8条规定：“中国共产党在企业中的基层组织，对党和国家的方针、政策在本企业的贯彻执行实行保证监督。”

国家意志的社会行为规范，法律的执行、适用和运行，是以警察、法庭、监狱甚至军队等国家机器的强制力作为最后的保障实施手段，因此，法律关系主体如果不履行法律义务、不承担法律责任或者违反法律的相关规定，就可能受到执法司法机关以国家名义进行的制裁、惩罚或强制。①

通过发挥法治的强制功能推进国家治理的现代化，一方面，把国家治理体系中有关制度的立、改、废纳入法治轨道，借助法治的强制力量保障和推进国家治理制度的创制和创新，例如设立国家安全委员会、设立知识产权法院、实行大部制改革、深化行政执法体制改革等；依法强制性地取消或者废除那些不合时宜或者阻碍经济社会发展的体制机制，例如取消收容审查制度、取消劳动教养制度、取消某些行政审批事项、减少刑法中的死刑罪名等；另一方面，全面推进严格执法和公正司法，借助国家执法、司法的强制性制度机制，保证国家治理有关制度的有效贯彻实施，增强国家治理法律制度的执行力。例如依法从重从快打击恐怖暴力犯罪，贯彻落实宽严相济的刑事政策，依法查处严重违反国家法律的党员领导干部并追究其法律责任，等等。

当然，法治对于国家治理领域的介入，一要遵循“对公权力法无授权即禁止，对私权利法未禁止即自由”的原则；二要把法律规范与道德、纪律、内部规定、自治规则等其他社会行为规范区分开来；三要把法治的国家强制功能与其他社会行为规范的约束功能区别开来。代表国家意志的法治强制功能只能在法律的范围内依法进行，而不能取代道德、纪律等其他

---

① 王绍光教授在《国家治理与基础性国家能力》一文中，把“强制能力”视为国家治理八大基础性能力之首。他写道：“‘强制’听起来是不好听，但是国家这种人类组织跟其他人类组织最大的区别就在于它可以合法地垄断暴力，可以合法地使用强制力。这种国家强制力，对外就是必须有能力抵御外来的威胁，这就要求国家建立和维持一支常备军；对内，国家必须有能力维持国家的安宁，这就要求国家建立一支训练有素、经费充裕、纪律严明、着装整齐的专业警察。”见王绍光《国家治理与基础性国家能力》，《华中科技大学学报》（社会科学版）2014年第3期。

社会行为规范的作用，更不能强制性地把其他社会行为规范全都法律化和国家意志化。

（五）充分发挥民主科学立法的功能，推进国家治理现代化

亚里士多德认为，立法的本质是分配正义，它通过规定权利与义务、权力与责任、调整社会关系、配置社会资源、分配社会利益、规范社会行为等内容，实现立法的分配正义。现代民主理论则认为，立法的基本功能是人民意志的表达，行政的基本功能是人民意志的执行，司法的基本功能是人民意志的裁断，它们在宪法框架下结合起来，共同对国家和社会进行有效治理。

“立善法于天下，则天下治；立善法于一国，则一国治”。[①] 在我国，立法是党的主张与人民意志相统一的体现，是党的路线方针政策具体化、条文化和法律化的表现形式，是我国政治经济社会改革发展的制度化、规范化和法律化。我国立法既是党领导人民通过立法程序分配正义的过程，也是人民通过人民代表大会表达自己意志和利益诉求、实现人民当家做主的过程。立法是为全国人民立规矩、为治理国家定依据的。立法是创制国家制度体系和活动规范的发动机，是构建国家法律制度、实现国家治理制度体系现代化的主要途径和方式。因此，全面推进民主科学立法，充分发挥立法的引领和推动作用，就是国家立法机关运用立法思维和立法方式，通过立法程序和立法技术，对国家治理制度体系的创制、细化、完善和发展。

在我国法律体系已经形成和全面深化改革的新形势下，立法对于国家治理现代化的引领和推动作用表现为：一是创新观念，更加重视运用法治

---

① 王安石：《王文公文集·周公》。

思维和法治方式，把国家治理体系和治理能力现代化纳入宪法框架和法治轨道，国家治理制度创新非但不得违反宪法和法律，而且要先变法、后改革，重大改革于法有据；国家治理行为非但不得违宪违法，而且要依法治理、依规行事、照章办事。二是更加重视把国家治理制度改革创新的重大决策同立法决策结合起来，通过立法程序使之成为国家意志和国家制度，确保改革决策的合法性和制度化。三是根据国家治理现代化的内在需要，更加重视通过综合运用立、改、废、释等立法手段，及时创制新的法律和制度，修改或废除不合时宜的法律法规，不断提升国家治理制度体系的规范性、系统性、针对性和有效性。四是更加重视加强宪法实施监督和立法监督，及时发现和纠正违宪违法的所谓“改革决策”和“制度创新”，为国家治理制度体系的健全和完善提供强有力的法治保障。

（六）充分发挥执政党依宪依法执政的功能，推进国家治理现代化

推进国家治理现代化是一项艰巨复杂的系统工程，必须在党的领导下、坚持依宪执政和依法执政才能取得成功。首先，我们党牢固树立执政党的观念、强化执政党的意识，把坚持党的领导、人民当家做主和依法治国有机统一起来，增强运用宪法思维和法治方式治国理政的能力，努力提高依宪依法执政的水平，就能够从党的规章与国家制度相衔接、党的政策与国家法律相结合的角度，不断推进国家治理的制度化、法律化。其次，我们党充分发挥总揽全局、协调各方的领导核心作用，坚持依法治国基本方略和依法执政基本方式，善于通过发扬民主使党的方针政策充分反映和体现人民意志，善于使党的政策主张通过法定程序成为国家意志，善于使党组织推荐的人选成为国家政权机关的领导人员，善于通过国家政权机关实施党对国家和社会的领导，支持国家权力机关、

行政机关、审判机关、检察机关依照宪法和法律独立负责、协调一致地履行职权，就能够更好地维护执政党与国家政权的权威、维护执政党党章与国家宪法法律的权威、维护党的领导与法律统治的权威，从而充分体现国家治理现代化的中国特色和制度优势，不断增强国家治理体系的权威性和执行力。再次，我们党领导人民制定宪法和法律，领导人民执行宪法和法律，党在宪法和法律范围内活动，做到带头守法，廉洁奉公，率先垂范，就能够带动全社会不断提高规则意识、程序意识和责任意识，强化全社会的国家观念、制度观念和法治观念，引领全社会形成办事依法、遇事找法、解决问题用法、化解矛盾靠法的行为习惯，为推进国家治理现代化提供良好法治环境。最后，我们党在长期的革命、建设和改革实践中，积累了政治领导、组织领导和思想领导的领导经验，探索了科学执政、民主执政、依法执政的执政经验，形成了依法治国基本方略。党坚持中国特色社会主义的理论、道路和制度自信，坚持依宪执政和依法执政，切实做到领导立法、保证执法、维护司法、带头守法，就能够运用法治思维引领国家治理现代化的理论创新，运用法治方式推进国家治理现代化的制度创新和实践创新。

习近平总书记指出："现代社会，没有法律是万万不能的，但法律也不是万能的。"① 我们高度重视发挥依法治国和法治在引领和推进国家治理现代化中的重要作用，但不能违背法治规律和法治思维并过分夸大它们的作用，更不能陷入"法治万能主义"的窠臼。②

---

① 习近平总书记2013年2月在第十八届中央政治局第二次集体学习时的讲话。

② 立法对社会关系的调整，应当做到"法网恢恢，疏而不漏"，使民事立法、刑事立法、行政立法、经济立法和社会立法各自的比例均衡适当。诚如英国著名法学家梅因所言：一个国家文明的高低，看它的民法和刑法的比例就能知道。大凡半开化的国家，民法少而刑法多；文明的国家，民法多而刑法少。

◇◇三 根据推进国家治理现代化的改革总目标，全面推进依法治国，加快建设法治中国

党的十八大和十八届三中全会提出，要加快推进社会主义民主政治制度化、规范化、程序化，建设社会主义法治国家，发展更加广泛、更加充分、更加健全的人民民主，形成系统完备、科学规范、运行有效的制度体系，使各方面制度更加成熟、更加定型；要全面推进依法治国，加快建设法治中国，到2020年全面建成小康社会时，实现依法治国基本方略全面落实、法治政府基本建成、司法公信力不断提高、人权得到切实尊重和保障、国家各项工作法治化的目标。

这既是对推进国家治理现代化提出的总要求，也是对全面推进依法治国、加快建设法治中国确立的总目标。我们应当统筹依法治国与国家治理，在推进国家治理现代化的进程中，努力达成建设法治中国的总目标；在全面推进依法治国、加快建设法治中国的进程中，全面推进和实现国家治理的现代化。

（一）强化法治权威和良法善治，推进国家治理法治化

法治权威是指法律及其制度运行在整个社会调整机制和全部社会规范体系中居于主导和至高地位，任何公权力主体都在宪法和法律范围内活动，任何人都没有超越宪法和法律的特权。美国著名思想家潘恩在《常识》一书中说：“在专制政府中国王便是法律……在自由国家中法律便应该成为国

王。"[①] 宪法和法律至上，是当代法治权威的集中体现。党的十八大强调要"更加注重发挥法治在国家治理和社会管理中的重要作用，维护国家法制统一、尊严、权威"。我国宪法和法律是党的主张与人民意志相统一的体现，具有至高的地位和权威，因此，维护宪法和法律的权威、强化法治权威，就是维护和强化人民权威、执政党权威和国家权威的集中体现，是推进国家治理法治化的必然要求。

法治是国家治理的关键，法治化是国家治理现代化的核心。国家治理法治化，是指宪法和法律成为国家和公共治理的最高权威和主要依据，宪法和法律在国家政治生活、经济生活和社会生活中得到切实贯彻实施。国家治理法治化包括许多方面的内容和要求，但从国家治理体系和国家治理能力这两个方面相结合的角度来理解，国家治理法治化的要义，就是良法善治。用现代政治学的话语来表述，"良法"就是党领导人民管理国家、治理社会的一整套系统完备、科学规范、运行有效、成熟定型的制度体系，其中主要是法律制度体系；"善治"就是运用国家法律和制度管理国家、治理社会各方面事务的能力、过程和结果。推进国家治理法治化，必须强化良法善治。

良法是善治的前提与基础。国家若善治，须先有良法。习近平总书记说的"不是什么法都能治国，不是什么法都能治好国"[②]，就是要求应当以系统完备、科学规范、运行有效的良法治理国家和社会。创制良法就是国家制定和形成一整套系统完备科学有效的制度体系，尤其是法律制度体系。国家治理法治化所倡导的法治基本价值，是评价法"良"与否的重要尺度，是创制良法体系的价值追求和实现良法善治的伦理导向。"良法"对立法的要求和评判，主要包括以下五个方面：一是立法应当具有良善的正当价值取向，符合正义、公平、自由、平等、民主、人权、秩序、安全等的价值

① ［美］潘恩：《潘恩选集》，马清槐等译，商务印书馆1981年版，第35—36页。
② 习近平总书记2013年2月在第十八届中央政治局第二次集体学习时的讲话。

标准；二是立法应当是民意的汇集和表达，立法能否充分保障人民参与并表达自己的意见，能否体现人民的整体意志和维护人民的根本利益，是评价立法“良”与“恶”的一个重要标准；三是立法程序应当科学与民主，良法的产生应当通过科学民主的立法程序来保障和实现；四是立法应当符合经济社会关系发展的实际，具有针对性、可实施性和可操作性；五是立法应当具有整体协调性和内在统一性，不能自相矛盾。

善治是良法的有效贯彻实施，是国家治理的最终目标。政治学意义上的“善治”包括十个要素：一是合法性；二是法治；三是透明性；四是责任性，即管理者应当对自己的行为负责；五是回应，即公共管理人员和管理机构必须对公民的要求作出及时和负责的反应；六是有效；七是参与，即公民广泛的政治参与和社会参与；八是稳定；九是廉洁；十是公正。①

法学意义上的“善治”，就是要把制定良好的宪法和法律付诸实施，把表现为法律规范的各种制度执行、运行好，公正合理高效及时地用于治国理政，通过法治卓有成效的运行实现“良法”的价值追求。由于人民是国家的主人、社会的主体，因此善治首先是人民多数人的统治，而绝不是少数人的专制，善治主要是制度之治、规则之治、法律之治，而绝不是人治。

通过良法善治推进国家治理法治化，必须弘扬法治精神，维护法治权威，强化国家治理的合宪性与合法性，坚持科学立法、严格执法、公正司法、全民守法，坚持法律面前人人平等，切实做到有法可依、有法必依、执法必严、违法必究。

（二）加强人民代表大会制度建设，推进国家治理民主化

国家治理民主化，是指“公共治理和制度安排都必须保障主权在民或

① 参见俞可平《善政与善治》，载俞可平《论国家治理现代化》，社会科学文献出版社 2014 年版，第 59—60 页。

人民当家做主，所有公共政策都要从根本上体现人民的意志和人民的主体地位”①。《历史的终结》一书的作者、美国斯坦福大学高级研究员福山指出：“当下的一个正统观点就是，民主与善治之间存在着相互促进的关系。”② 善治离不开民主，离不开公民和社会组织广泛平等的政治参与和社会参与。

人民民主是社会主义的生命，是依法治国和国家治理现代化的本质特征。人民代表大会制度是人民当家做主，行使民主权利管理国家和社会事务、管理经济和文化事业的根本制度平台，是推进国家治理现代化的根本制度基础，是全面推进依法治国的根本制度保障。邓小平说，没有民主就没有社会主义，就没有社会主义的现代化。③ 推进国家治理现代化，必须推进国家治理的民主化，始终不渝地坚持、加强和完善人民代表大会制度。

在推进国家治理民主化的背景下加强人民代表大会制度建设，应当着力研究解决以下问题：一是积极探索坚持党的领导、人民当家做主和依法治国有机统一的规范化、制度化和法律化，把三者有机统一到宪法和人民代表大会制度的宪制平台上，纳入国家治理的根本政治制度体系，用宪法和人民代表大会制度保证国家治理现代化沿着中国特色社会主义民主政治发展道路顺利推进；二是坚持和维护人民当家做主的主体地位，全面落实人民代表大会作为最高国家权力机关的宪法权力、宪法职能和宪法地位，从根本政治制度的建设上加强和推进国家治理体系现代化；三是进一步强化和提高国家权力机关及其代表行使立法权、重大事项决定权、人事任免权和监督权的权力能力（权利能力）和行为能力，使各级人民代表大会及

---

① 俞可平：《沿着民主法治的道路 推进国家治理体系现代化》，2013 年 12 月 1 日，新华网。

② ［美］弗朗西斯·福山：《什么是治理》，刘燕等译，载俞可平主编《中国治理评论》第 4 辑，中央编译出版社 2013 年版，第 5 页。

③ 《邓小平文选》第 2 卷，人民出版社 1994 年版，第 168 页。

其常委会和人民代表大会代表有权、有能、有责，能够在依法治国和国家治理中发挥应有作用；四是根据推进国家治理民主化的新要求，在人民代表大会制度建设中兼顾民主与效率的平衡，统筹民主立法与科学立法的要求，进一步健全和完善人民代表大会的会期制度①、集会制度、开会制度、公开制度、表决制度、听证制度、旁听制度、询问制度、质询制度、调查制度、立法助理制度等制度建设。

（三）完善我国法律体系，为形成系统完备、科学规范、运行有效的国家制度体系提供法律制度支持

法治是人类文明进步的标志。法律是国家治理制度的规范化、程序化和定型化的载体，国家在各方面各层次的制度体制是法律的主要内容。从国家治理的角度看，法律制度的完备程度反映着执政党依法执政的能力，国家政权的领导力、凝聚力和治理力。国家立法越发展，法律体系越完善，国家治理制度体系就越完备、越规范、越成熟。在我国，中国特色社会主义法律体系的如期形成，标志着国家经济建设、政治建设、文化建设、社会建设以及生态文明建设的各个方面实现了有法可依，意味着国家治理的各个主要方面已经有制度可用、有法律可依、有规章可遵、有程序可循，表明以宪法为核心、以法律体系为基础的国家治理制度体系已经形成，体现了国家治理制度体系的基本成熟和定型。

完善中国特色社会主义法律体系，是十八大和十八届三中全会对立法工作提出的一项重要任务，也是推进国家治理制度体系现代化的必然要求。

---

①　在立法学上，会期制度是关于立法机关在一定时期内开会的间隔及每次开会的时间的制度。这种制度通常由宪法或（和）法律加以规定，会期时间自立法机关集会之日起，至其闭会之日止。目前我国全国人大每年的会期过短（不足10天），不利于推进民主立法和人大履职。

在推进法治中国建设和国家治理现代化的新形势下，完善我国法律体系，应当在加强人民代表大会制度建设的基础上和过程中，进一步坚持科学立法，全面推进民主立法，创新立法理论，更新立法观念，转变立法模式，调整立法机制，完善立法程序，改进立法技术，推广立法评估，强化立法监督，不断提高立法质量和水平，为形成系统完备、科学规范、运行有效、成熟定型的现代化国家制度体系，提供强有力的立法保障和法律制度支持。

（四）加强宪法和法律实施，提高国家依法治理能力

宪法和法律的权威在于实施，宪法和法律的生命也在于实施。宪法和法律的良好实施是国家治理现代化的基本内容和重要标志。我国宪法和法律对国家治理及其现代化的各项要求和各个方面，大都有相关规定，有些规定和内容还相当详细完备。因此，宪法和法律的良好实施，实质上就是国家治理制度体系的有效运行和贯彻执行；执政党和国家保障宪法和法律实施的能力，实质上就是国家治理能力的综合体现。“法律的生命在于实施，如果有了法律而不实施，或者实施不力，搞得有法不依、执法不严、违法不究，那制定再多的法律也无济于事。”“有了法律而不能有效实施，那再多法律也是一纸空文，依法治国就会成为一句空话。”“制度的生命力在执行，有了制度没有严格执行就会形成破窗效应。”① 推进国家治理能力的现代化，首要的是提高依宪治国、依法治国和国家依法治理的能力，提高实施宪法和法律、执行各项制度的能力和水平。应当更加重视宪法和法律的实施，努力把纸面的法律变为现实中的法律，把法律条文中的制度变为社会生活中的行动，通过法治方式和法律实施不断提高国家依法治理的能力和水平。

---

① 转引自张文显《法治中国建设的重大任务》，《法制日报》2014年6月11日。

提高国家依法治理能力，进一步健全宪法实施监督机制和程序，把全面贯彻实施宪法提高到一个新水平，除认真落实十八届三中全会的有关改革部署外，还应考虑以下问题：进一步加强党中央对宪法实施的领导和统筹协调，加强党对立法工作的领导和统筹规划；通过完善立法来推进宪法实施；建立法律解释和宪法解释同步推进机制；在全国人大常委会年度工作报告中增加宪法实施情况的内容；完善对法律法规合宪性和合法性的审查机制；建立和完善对党内规章制度合宪性和合法性的审查机制；加强对宪法修改完善和设立宪法监督委员会的理论研究。

（五）推行法治建设指标体系，提高国家依法治理效能

福山在《什么是治理》中提出，治理是“政府制定和实施规则以及提供服务的能力”[①]，而治理或者善治是需要测量的（测量治理），他提出应当从程序、能力、产出和官僚体系自主性四个方面测量国家治理质量。世界银行负责的“世界治理指标”、联合国开发署负责的“治理指标项目”、美国律师协会等律师组织发起的“世界正义工程”均认为，国家治理必须是可以量化测量的，未经量化的治理不是科学的治理，量化治理的程度决定着国家治理的现代化水平。

党的十八届三中全会提出：建立科学的法治建设指标体系和考核标准，应当从我国国情和实际出发，根据全面推进依法治国和国家治理现代化的要求，设计一套法治建设指标体系，用以科学量化地评估我国法治建设和国家治理现代化的成效。可将国家治理现代化分为国家治理体系、国家治理能力和国家治理成本三个基本部分。在国家治理体系部分，将宪法规范、法律体系、国家制度、相关体制等制度体系的系统完备、科学规范、运行

① ［美］弗朗西斯·福山：《什么是治理》，刘燕等译，载俞可平主编《中国治理评论》第4辑，中央编译出版社2013年版，第5页。

有效、成熟定型等设计为具体评价指标；在国家治理能力部分，将执政党依法执政能力、人民当家做主能力、行政机关依法行政能力、司法机关公正司法能力，以及公权力主体实施宪法法律和规章制度的能力、治党治国治军的能力、内政外交国防的能力、改革发展稳定的能力等设计为具体评价指标；在国家治理成本部分，将税收负担、资源消耗、立法成本、执法成本、司法成本、维稳成本、风险成本、试错成本、运行成本、反腐成本等设计为具体评价指标，通过一整套科学合理的法治“GDP”指数①，使依法治国和国家治理现代化的质量可以实际测量，具体评估。

（六）在加快建设法治中国进程中推进国家治理现代化

法治中国是人类法治文明在当代中国的重大实践和创新发展，是传承复兴中华法文化优秀传统的历史新起点，是中国特色社会主义和中国梦的重要组成部分，是推进国家治理现代化和法治化的重要内容，是对改革开放以来法治建设“有法可依、有法必依、执法必严、违法必究”基本方针以及依法治国、建设社会主义法治国家基本方略的全面继承、战略升级和重大发展。

建设法治中国，必须坚持法治文明普遍原理与走中国特色社会主义民主法治发展道路相结合，坚持党的领导、人民当家做主和依法治国有机统一，坚持依法治国与推进国家治理现代化相辅相成，坚持科学立法、严格执法、公正司法和全民守法全面发展，坚持依法治国、依法执政、依法行

---

① 近年来，马怀德教授常常在媒体上宣传“法治 GDP”的观点，认为“法治 GDP”比“经济 GDP”更重要，呼吁设立“法治 GDP”推动行政法治，用“法治 GDP”考量政府绩效，等等；有些地方如深圳市、无锡市、昆明市、成都市、杭州余杭区等城市，也在探索本地法治建设的量化评价指数；俞可平教授主持的“中国国家治理评价指标体系”和“中国社会治理评价指标体系”，应松年、马怀德教授主持的“中国法治政府奖”评选等，均取得了积极成效。

政共同推进，法治国家、法治政府、法治社会一体建设，切实维护宪法和法律权威，有效规范和制约权力，充分尊重和保障人权，依法实现社会公平正义。

建设法治中国，应当积极稳妥地深化法制改革，着力解决立法不当[①]、执法不严、司法不公、守法无序、法治疲软等法治建设存在的主要问题，全面推进依法治国，加快建设社会主义法治国家，从法律体系走向法治体系，从法律大国走向法治强国，争取到2020年全面建成小康社会时，基本建成法治中国；到2049年中华人民共和国成立一百周年时，整体建成法治中国。

① 由于对“立法腐败”的提法没有把握，但又确实看到立法过程中存在“行政权力部门化、部门权力利益化、部门利益合法化”等一些明显带有部门或特殊集团利益痕迹的立法，把畸形的利益格局或权力关系合法化等问题，故用“立法不当”来形容这类现象。而且，权力不受监督必然产生腐败；有权力的地方就会有腐败，当下中国各个权力领域都出现了腐败，但立法权领域的问题还未引起人们足够的重视。

第六章

全面推进依法治国，努力建设法治中国

中国共产党第十八次全国代表大会的召开和十八届三中全会、十八届四中全会提出的一系列重大战略部署，吹响了中国经济建设、政治建设、社会建设、文化建设和生态文明建设新的进军号，宣示了全面推进依法治国、建设法治中国的伟大事业进入一个新的发展时期，标志着中国全面深化改革、努力促进发展、全面建成小康社会、实现中华民族伟大复兴的伟大实践进入一个新的发展阶段。

在新的历史起点上，中国关于法治中国建设形成的重要共识是：依法治国是执政党领导人民治理国家和社会的基本方略，法治是执政党治国理政的基本方式，执政党建设法治中国是伟大中国梦不可或缺的重要组成部分。为了早日建成社会主义法治国家，实现法治中国梦，必须全面深化法制改革，全面推进依法治国进程，加快建设法治中国，必须坚持党的领导、人民当家做主和依法治国有机统一，坚持科学立法、严格执法、公正司法和全民守法协调发展，坚持依法治国、依法执政、依法行政共同推进，法治国家、法治政府、法治社会一体建设，坚持执政党领导立法、保证执法、支持司法和带头守法全面落实。

一　在历史新起点上全面推进依法治国的重大战略意义

中国共产党十八届四中全会通过的《关于全面推进依法治国若干重大问题的决定》，第一次以执政党最高政治文件和最高政治决策的形式，对在新形势下进一步引导和保障中国特色社会主义建设，通过全面推进依法治国、加快建设法治中国，推进国家治理体系和治理能力现代化，在法治轨道上积极稳妥地深化各种体制改革，为全面建成小康社会、实现中华民族伟大复兴中国梦提供制度化、法治化的引领、规范、促进和保障，具有十分重要的战略意义，对加强中国特色社会主义法治体系建设，全面推进依法治国，加快建设社会主义法治国家，具有十分重要的现实意义。

中国共产党作为执政党，其中央委员会专门召开全会，专题研究和讨论中国特色社会主义法治建设和政治发展问题，并就全面推进依法治国的若干重大问题做出专门决定，这在共产主义运动160多年的历史上，在中国共产党建立以来90多年的历史上，在中华人民共和国成立以来60多年，尤其是改革开放30多年的历史上，是史无前例、彪炳千秋的第一次。十八届四中全会的召开和《决定》的作出，表明中国共产党作为世界上最大的执政党，把贯彻落实依法治国基本方略、自觉运用和实施法治基本方式，提到了执政党治国理政、推进国家治理现代化的新的历史高度；意味着以习近平为总书记的新一届中央领导集体更加重视领导法治建设、发展法治事业，更加重视运用法治思维和法治方式治国理政，更加重视维护宪法和法律权威，用宪法和法律治党治国治军、推进国家治理法治化，更加重视建设法治国家、法治政府和法治社会，引领中国走向政治昌明、社会和谐、经济繁荣、人民幸福的新生活；意味着中国特色社会主义法治建设和依法治国前所未有地与当代中国改革开放紧密结合起来，前所未有地与我国的经济建设、政治建设、文化建设、社会建设和生态文明建设紧密结合起来，前所未有地与全面建成小康社会、实现中华民族伟大复兴中国梦的战略目标紧密结合起来；意味着我们党和国家对中国特色社会主义民主法治建设和政治体制改革有着更加深刻的认识、更加科学的把握和更加主动的驾驭，意味着我们的依法治国和法治建设进入一个全面推进、系统建设、重点突破、深化改革的新起点、新征程和新阶段，标志着中国特色社会主义法治建设和依法治国迎来了全面快速发展和系统协调推进的第二个春天。

全面推进依法治国是建设中国特色社会主义现代化国家的重要内容。我国宪法规定，要发展社会主义民主，健全社会主义法制，逐步实现工业、农业、国防和科学技术的现代化，把我国建设成为富强、民主、文明的社会主义国家。建设中国特色社会主义现代化强国，是全面建成小康社会、实现中华民族伟大复兴中国梦的奋斗目标，也是全面推进依法治国、实现国家治理现代化的题中应有之义。改革开放初期，基于“没有民主，就没有社会主义，就没有社会主义的现代化”的科学认识，基于对“以阶级斗争为纲”和“文化大革命”造成惨痛教训的全面反思，基于解放思想、拨乱反正、改革开放和社会主义现代化建设的现实需要，我们必须发展人民民主，健全国家法制，实现民主的法制化。今天，基于“没有法治，就没有国家治理现代化，就没有全面建成小康社会、实现中华民族伟大复兴中国梦”的新思维，基于依法治国“事关我们党执政兴国、事关人民幸福安康、事关党和国家长治久安”的新认识，基于“全面建成小康社会进入决定性阶段，改革进入攻坚期和深水区，国际形势复杂多变，我们党面对的改革发展稳定任务之重前所未有，矛盾风险挑战之多前所未有”的新判断，基于依法治国在党和国家工作全局中的地位更加突出、作用更加重大的新理念，我们必须把全面推进依法治国提高到落实党和国家整体发展战略总抓手的新高度来把握，把弘扬法治精神、培育法治文化纳入树立社会主义核心价值观的大范畴中来展开，把维护宪法法律权威、保障宪法法律实施置放到维护国家治理权威、夯实党的执政基础、保障人民基本权利、实现社会公平正义的大格局中来落实，把建设法治体系、发挥法治功能的基本要求贯彻到引领深化改革、促进全面发展、构建有序社会、保证长治久安的具体实践中来实现。

全面推进依法治国是新形势下发展人民民主的根本保障。在人民主权原则下，人民始终是依法治国的主体，而不是被惩治、惩罚或整治的客体。依法治国在任何时候都不是也不允许被蜕变成“依法治民”。依法治国的要义是，通过反腐治权、依法治官和监督制约公权力，通过尊重保障人权和基本自由，实现人民民主。因此，发展人民民主，保障人民作为国家和社会主体的政治地位和主权权利，必然是依法治国的出发点和落脚点。发展人民民主对依法治国的新期待，不仅表现或者停留在公民享有选举权与被选举权，依法享有管理权、知情权、参政议政权、监督权等政治民主和政治权利方面，更多的是表现在社会民主与社会权利方面，如自我管理、社会保障、医疗养老、住房就业、教育卫生、公共服务等，经济民主与经济权利方面，如参与经济决策和管理、获得财产或企业股份、参加工会、男女平等、同工同酬、带薪休假、适当生活水准权、安全生产等。广大人民群众不仅需要抽象模糊遥远的民主政治权利、民主政治参与，更需要具体实在可参与、被尊重、平等公正的民主政治权利；不仅需要玻璃天花板上可望而不可即的民主政治权利，更需要兑现实在实惠实用的人身财产权利、经济社会权利、环境生态食品安全权利等具体权益。

全面推进依法治国是实现国家治理现代化的重要内容和主要途径。依法治国与国家治理是相互作用、相辅相成、殊途同归的关系。依法治国是推进国家治理现代化的重要内容和主要途径。推进国家治理现代化，就是要推进和实现国家治理体系和治理能力的法治化、民主化、科学化和信息化，核心是推进国家治理的法治化。一方面，要推进国家治理制度体系的法治化。法治国家治理制度体系中的绝大多数制度、体制和机制，已通过立法程序规定在国家法律体系中，表现为法律规范和法律制度。因此，发展和完善国家法律体系，构建完备科学的法律制度体系，实质上就是推进国家治理制度体系的法律化、规范化和定型化，形成系统完备、科学规范、运行有效的国家制度体系。另一方面，要推进国家治理能力的法治化。法治国家治理能力主要是依法管理和治理的能力，包括依照宪法和法律、运用国家法律制度管理国家和社会事务、管理经济和文化事业的能力，科学立法、严格执法、公正司法和全民守法的能力，运用法治思维和法治方式深化改革、推动发展、化解矛盾、维护稳定的能力。推进国家治理能力的法治化，归根结底是要增强治理国家的权力（权利）能力和行为能力，强化宪法和法律的实施力、遵守力，提高国家制度体系的运行力、执行力。应当高度重视和充分发挥依法治国基本方略和法治基本方式在推进国家治理现代化中的重要作用。全面依法治国不仅是国家治理现代化的主要内容，而且是推进国家治理现代化的重要途径和基本方式，对实现国家治理现代化具有引领、规范、促进和保障等重要作用。

全面推进依法治国是深化市场经济体制改革的内在需要。市场经济本质上是法治经济，因为市场主体需要法律确认，市场行为需要法律规范，财产权利需要法律保护，市场秩序需要法律维系，市场运行需要法律宏观调控，市场纠纷需要司法裁断……中外历史发展规律表明，没有任何一个国家可以在法治长期缺乏的情况下，实现市场经济的有效运行和可持续发展。市场经济强调市场机制在资源配置中的决定性作用，通过社会分工、公平竞争和自由等价交换，实现市场资源的有效合理配置。因此，要充分发挥市场功能，必须规范政府行为，将权力关进法律和制度的笼子里，防止政府对经济活动的不当干预、过分干预，依法保证市场主体自主决策、分散决策；必须保护财产权利与人身自由，保证市场主体的平等地位，实现公平竞争；必须贯彻诚实信用原则，降低交易成本；必须严格执法、公正司法，有效解决争议，维护市场秩序。要使市场在资源配置中起决定性作用，进一步推动经济发展，必须全面推进依法治国，完善法治体系，形成良好的法治环境，实现权利平等、机会平等、规则平等和法律面前人人平等。要通过民主科学立法，实现初始环节资源配置的分配正义；通过严格执法和公正司法，实现法律的执行正义和矫正正义功能。司法作为社会的“稳定器”，为市场经济改革提供一种缓和机制。

全面推进依法治国是加快法治中国建设的必然要求。建设法治中国，是中国人民对自由平等、人权法治、公平正义、安全秩序、尊严幸福等法治价值的崇高追求，是坚持理论自信、道路自信、制度自信，完善和发展中国特色社会主义制度，推进国家治理现代化，实现国家工作法治化的实践过程，是人民依照宪法和法律管理国家、治理社会、配置资源、保障人权、驯化权力的良法善治。全面推进依法治国，就要深入贯彻落实十八届三中全会和四中全会《决定》，在中国共产党领导下，坚持中国特色社会主义制度，贯彻中国特色社会主义法治理论，加强中国特色社会主义法治体系建设，形成完备的法律规范体系、高效的法治实施体系、严密的法治监督体系、有力的法治保障体系，形成完善的党内法规体系，坚持依法治国、依法执政、依法行政共同推进，坚持法治国家、法治政府、法治社会一体建设，实现科学立法、严格执法、公正司法、全民守法，促进国家治理体系和治理能力现代化。全面推进依法治国，必须不断深化法制改革，加强中国特色社会主义法治体系建设，推进依宪治国，切实尊重和维护宪法权威；推进民主科学立法，不断完善中国特色法律体系；推进依法行政，加快建成法治政府；推进公正司法，建设独立公正高效权威的司法制度；推进全民守法，加快建设法治社会；推进依法治军，保证党对军队绝对领导；努力推进地方法治建设，夯实依法治国的实践基础；推进法治国际合作，完善国际法治新秩序。最根本的，是要全面推进依法执政，切实加强和改善党对依法治国事业的领导和保障。

全面推进依法治国是实现公平正义的基本途径。公平正义是当代中国社会的普遍价值追求，但却见仁见智，没有共识性的最大公约数。在这种社会背景下，我们不宜抽象地主张公平正义，而应当通过法律和法治来表达和实现可操作的公平正义：应当充分发挥法治不可或缺的独特功能，重构我国社会公平正义的基本评判体系，把社会组织和人民大众对于公平正义的利益诉求尽可能纳入法治轨道。通过科学立法，把他们抽象合理的公平正义诉求转化为具体明确的法定权利或权益；通过严格执法、公正司法和依法办事，依法有效保障公众的合法权益。社会组织和人民大众通过法治方式，依法维护和实现自己表现为法定权利或权益的公平正义。应当通过公平公正的实体法，合理规定公民的权利与义务、合理分配各种资源和利益、科学配置各类权力与责任，实现实体内容上的分配正义。应当通过民主科学的程序法，制定能够充分反映民意并为大多数人接受的程序规则，从程序法上来配置资源、平衡利益、协调矛盾、缓解冲突、规范行为，实现程序规则上的公平正义。应当在发生矛盾纠纷等利益冲突时，通过包括司法程序在内的各种法治程序、法治机制来解决，实现法治的实体与程序公正，至少是法治程序的公正。

全面推进依法治国是反腐治权的治本之道。权力腐败是社会主义法治的死敌，是全面推进依法治国、建成社会主义法治国家的最大障碍。应当更加重视全面推进依法治国，把权力放进法律制度的笼子里，完善权力制约和监督机制，充分运用法治思维和法治方式推进反腐治权，切实从体制、机制和法治上遏制并解决权力腐败问题。腐败现象千变万化，腐败行为林林总总，但归根结底是公权力的腐败，因为权力不受制约必然产生腐败，绝对的权力产生绝对的腐败，所以各法治国家要依法分权和治权。公权力腐败的表现形式五花八门，公权力腐败的原因不尽相同，但归根结底是权力寻租，是掌握和行使公权力的各类主体的腐败，而这些主体基本上都是政府官员和公职人员，所以各法治国家不仅要依法治权，而且要依法治官、从严治吏。在我国，依法治权、依法治官是全面推进依法治国、依法执政和依法行政的必然要求，是法治思维下反腐治权的必然要求。反腐必须治权，治权必靠法治。

◇二　以全面推进依法治国深化政治体制改革

坚持走中国特色社会主义政治发展道路，必须积极稳妥深化政治体制改革，全面推进依法治国，加快建设社会主义法治国家。执政党的十八届三中全会提出，紧紧围绕坚持党的领导、人民当家做主、依法治国有机统一深化政治体制改革。政治体制改革是十一届三中全会以来党和国家始终坚持的基本方针，是中国特色社会主义政治制度的自我完善和法律制度的健全发展。

（一）全面推进依法治国实质是政治体制改革

依法治国是党领导人民治国理政的基本方略。从发展民主政治的角度讲，依法治国就是人民当家做主，依照宪法和法律管理国家和社会事务，管理经济和文化事业；从加强和完善党的领导和执政的角度讲，依法治国就是党在宪法和法律范围内活动，依照和运用宪法和法律治国理政，依宪执政，依法执政；从法治的内在功能和价值讲，依法治国就是要依法治权、依法治官，尊重和保障人权，实现国家各项工作的法治化；从推进国家治理体系和治理能力现代化的角度讲，依法治国就是要不断完善国家的法律体系和法律制度，同时使这些法律和制度得到良好有效运行，实现良法善治。

全面推进依法治国，需要政治、经济、文化、社会等多方面资源协调配合，需要教育、行政、经济、道德、纪律、习俗等多种手段协同辅助，但从国家治理体系的制度层面来看，变法就是改革，是政治体制改革。全面推进依法治国，从一定意义上讲，其实质就是中国政治体制的深化改革和自我完善。

全面推进依法治国，努力建设法治中国，必须坚持党的领导、人民当家做主和依法治国有机统一，坚持科学立法、严格执法、公正司法和全民守法的全面加强，坚持依法治国、依法执政、依法行政共同推进，法治国家、法治政府、法治社会一体建设。全面推进依法治国、建设法治中国的所有这些要求，贯彻落实到国家治理体系现代化的体制机制上，必然触及或者引发政治体制改革和完善的问题。对此，中国要有清醒的认识和充分的准备。

毫无疑问，三者有机统一的制度形态，是中国特色社会主义的民主政治制度，其核心是坚持共产党领导和执政的政治体制，以及作为中国根本政治制度的人民代表大会制度。推进依法治国的各项改革举措，落实依法治国基本方略的各种改革设计和建议，都不可避免地直接或者间接关涉党的领导体制和人民代表大会制度，关涉中国的政治体制。推进科学立法，不仅涉及如何完善立法体制、立法程序、立法技术、立法质量、立法实效、法律体系等的体制机制问题，而且涉及如何进一步提高人大代表的素质、落实人大宪法权力、加强人大监督、发展人大民主等深层次的体制机制问题。推进严格执法，不仅涉及如何改革完善行政执法体制、机制、方式，加强对行政执法自由裁量权的规制约束等问题，而且涉及如何深化行政体制改革、转变政府职能、推进依法行政、建设法治政府等一系列深层次的体制机制问题。推进公正司法，必然要求全面深化司法体制改革，甚至把司法体制改革作为政治体制改革的突破口。推进依法执政，从制度体制上贯彻落实党领导立法、保证执法、维护司法、带头守法的原则，本身就是一场从革命党向执政党全面转变的革命，是中国共产党自己革自己命的最为深刻的政治体制改革。

把全面推进依法治国定性为中国的政治体制改革，是中国政治体制在新形势下主动适应经济社会发展和全面深化改革的需要，在宪法框架下和法治轨道上实现政治体制机制的自我完善和优化发展。把全面推进依法治国定性为政治体制改革，是中国党和国家经过60多年探索，特别是改革开放以来30多年不断实践，终于找到的一条有组织、有领导、积极稳妥、循序渐进地推进政治体制改革的可靠路径，是符合中国国情的中国特色社会主义民主政治不断发展和自我完善的必由之路。

全面推进依法治国，运用法治思维和法治方式积极稳妥地推进政治体制改革，具有重要意义。首先，可以在坚持党的领导，保证国家稳定、民族团结、社会安定的前提下，把事实上已经存在的各种政治体制改革探索正式提上党和国家全面深化改革的议事日程，从而为政改提供和谐有序、名正言顺的良好社会环境和改革氛围；其次，可以通过法律的立、改、废、释等方式，把人民群众对体制机制改革（尤其是政治体制改革）的合理诉求纳入法治范畴，通过法律理性达成广泛共识，经过民主立法等程序转化为法律形式，用法律制度表达和固化政治体制改革和其他各项改革的成果，避免激进改革的发生；再次，可以通过中国特色社会主义法律体系的不断完善，立法、执法、司法、守法、护法等各个方面法律制度及其程序机制的更加健全，宪法和法律的实施得到有效保障，社会公平正义和人权基本自由依法得到充分维护，从而推进国家治理体系的现代化和法治化，使中国政治法律上层建筑更加适应经济社会改革发展的需要；最后，可以牢牢掌握政治体制改革的话语权和主导权，回应人民群众对政治体制改革发展的合理诉求，回击西方敌对势力和敌对分子对中国民主政治和政治体制改革的污蔑和歪曲，理直气壮地向世界宣告，中国的改革是全方位各领域的全面深化改革，不仅包括经济体制、社会体制、文化体制等方面的改革，而且包括紧紧围绕“三者有机统一”、以全面推进依法治国为主要路径依赖的政治体制改革。

全面推进依法治国实质是推进政治体制改革，因此中国不能掉以轻心，而要高度重视，加强领导，防止国内外敌对势力和敌对分子利用推进法制改革，特别是深化司法体制改革之机，宣传和兜售西方的民主价值和司法模式，渗透中国法制改革。同时也要加强对国内理论界、传媒界有关理论研究和舆论宣传的正面引导，关注人民群众对政治体制改革的利益诉求，防止某些别有用心的人利用全面推进依法治国的政治体制改革，策动街头政治、大规模群体性事件等违反法治的活动。

（二）全面推进依法治国是深化政治体制改革的必由之路

在一个和平理性的社会，政治体制改革的表现形式和实现方式往往是“变法”。中国历史上的李悝变法、吴起变法、商鞅变法、王安石变法、戊戌变法等，都被称为“变法”。这些变法实际上是通过改变当时的法律和制度来完善政治体制。作为政治体制改革实施载体的变法，既不是疾风暴雨的革命，也不是改朝换代的“变天”。变法是变革、改良和维新，它是在不改变现有政权基础和政治统治前提下进行的国家法律和政治体制的主动改革与自我完善，目的是使之更好地适应经济社会发展需要。革命则是社会政治制度的深刻质变，它通过“造反”、起义和其他极端暴力手段，达成推翻现政权的目标，实现国家政权的“改朝换代”，现政权的一切法律和制度都在被革命之列。

在中国宪法体制下，全面推进依法治国，加快建设法治中国，既是政治体制改革的重要组成部分和主要途径依赖，也是积极稳妥地深化政治体制改革的法治保障。全面推进依法治国，实现依法治权、依法治官和依法治吏，充分保障人民民主，尊重和保障人权，是通过法制改革和法律完善等方式实现政治体制有序改革的有效途径，是在法治轨道上积极稳妥地深化政治体制改革。宪法是国家政治体制的顶层设计和集中表现，认真实施宪法，依宪治国、依宪执政，维护宪法的权威，就是政治体制的良好运行；修改宪法、解释宪法，就是从国家根本法律规范的角度积极稳妥地深化政治体制改革。尤其是，现代民主政治是在宪法统率下由法律和制度加以规范和保障的法治政治，坚持民主的制度化法律化，推进依法治国、依法执政和依法行政，建设法治国家、法治政府和法治社会，推进法律的立、改、废、释和司法体制改革，强化权力监督等，实质上都是在宪法框架下政治体制的自我完善、自我改革和自我更新。

经过改革开放30多年的探索和实践，人们越来越认识到政治体制改革必须与经济体制改革、社会体制改革、文化体制改革同步进行的必要性，越来越感受到处理好改革发展稳定三者关系的重要性，越来越深化了对立足中国国情的政治体制改革必须积极稳妥、有序推进的理解和认同。实践证明，不搞政治体制改革，其他各项改革难以深化和奏效，而政治体制改革则是具有较大风险的改革。如何防范和化解政治体制改革可能带来的风险，如何积极有序高效地深化政治体制改革，最根本的原则就是要坚持党的领导、人民当家做主、依法治国有机统一，最基本的方略就是要在宪法框架下和法治轨道上，通过全面推进依法治国、建设法治中国来达成政改的主要目标。

全面推进依法治国，在建设法治中国的实践进程中深化政治体制改革，是在新形势下中国加强民主法治建设、实现政治体制自我完善和深化改革的必由之路。

首先，全面推进依法治国是重大的政治体制改革。依法治国是广大人民群众在党的领导下，依照宪法和法律规定管理国家和社会事务，管理经济和文化事业，实现国家各项工作的法治化。依法治国的过程，就是人民行使民主政治权利当家做主的过程，是国家政治权力依法享有、依法规范和依法行使的过程，是国家政治体制依法构建、依法运行、依法完善的过程。1978 年以来，中国从人治到法制、从法制到法治再到依法治国的发展，是党领导人民治国理政方式的重大改革，也是中国政治体制走向民主化、科学化和法治化的深层次改革。全面推进依法治国，通过法治思维和法治方式坚持党的领导和人民当家做主，就能够依法保证国家机器和政治体制的有序和有效运行，保证人民赋予的权力做到权为民所用、利为民所谋、情为民所系，实现执政为民。

其次，没有法治就没有民主政治。法治是民主的制度化和法律化，是民主政治的制度保障。中国法律体系已经形成，国家经济生活、政治生活、社会生活、文化生活的各个方面实现了有法可依，标志着中国特色社会主义制度的全面确立和不断完善。中国的政治体制，如共产党领导的体制、人民民主专政的体制、人民代表大会的体制、民族区域自治的体制、基层民主自治的体制、民主选举和民主协商的体制、国家行政管理体制和司法体制等，都是由宪法和法律加以规定和保障的，都是依法建立、依法运行和依法变更的。全面推进依法治国，不断完善中国的宪法制度、法律制度、法律体系和法律规范，既可以加快推进中国政治体制的法治化和规范化，把政治权力和政治行为有效纳入法治调控和保障的视野，也可以在法治的轨道上实现中国政治架构中有关制度、程序和规范的改革、完善和发展，在依法治国的实践进程中用法治方式深化政治体制改革。

再次，推进科学立法就是“变法”。加强立法工作，不断完善政治体制赖以存在的法律体系和法治基础，就是“变法”改革，可以从法治源头上有序推进中国政治文明的不断发展，促进政治行为的不断规范，实现政治体制的不断健全。中国宪法的修改，法律法规的立、改、废、释，必然会推动某个或某类政治体制的设立、完善、变更甚至废除。例如，行政诉讼法的制定，催生了中国“民告官”的行政诉讼制度；选举法的修改，规定城乡同票同权，推进了中国选举制度的完善。显然，依法治国进程中中国法律法规的立、改、废、释，既是法律制度的不断完善和自我发展，也是包括政治体制在内的中国各项体制的改革和完善。

（三）在全面推进依法治国进程中深化政治体制改革

在中国当前的国情与政治社会文化条件下，一方面，政治体制改革不是洪水猛兽，中国人民的政治智慧和理性睿智是完全可以驾驭和掌控这项改革的，中国没有必要谈“政改”而色变；另一方面，政治体制改革也不是随心所欲的，中国特色社会主义制度体系和依法治国、依宪治国等是这项改革的前提、边界、规范和保障，绝不允许任何势力借“政改”兴风作浪。

从政治体制改革的实质来看，以全面推进依法治国深化政治体制改革，是在宪法框架下，以法治为保障、以公平正义为导向的对一系列重大利益的重新调整和分配。法律是社会利益的分配器。通过法治的政治体制改革，用法治打破利益固化的樊篱，对于各种公权力主体而言，实质上是公权力带来的各种私利的减少，责任和服务的增加；是随心所欲的减少，监督和制约的增加；是腐败机会的减少，廉洁和自律的增加；是渎职懈怠的减少，民主和效率的增加。对于公民、企业、一般社会组织等私权利主体和社会权利主体而言，政治体制改革本质上不会损害它们的任何重大利益，而只会给它们带来更多的自由平等、民主法治、公平正义和廉洁效率。在中国，人民是国家、社会和自己命运的主人，通过依法治国有序深化政治体制改革，是符合人民群众的根本利益和长远利益的。广大人民群众在政治体制改革中失去的是官僚主义和特权的压制与盘剥，得到的却是公平正义和民主法治，因此，他们是政治体制改革的拥护者、支持者、参与者和受益者，是政治体制改革必须紧紧依靠的力量。害怕、反对或者阻挠政治体制改革的，只能是那些少数的既得利益者、既得利益部门和既得利益地方。依法治国进程中的政治体制改革，就是要把人民赋予的权力回归为人民服务，把人民创造的利益和成果回归人民共享。

从政治体制改革的内容来看，以全面推进依法治国深化政治体制改革，需要对国家和社会生活中一系列重要政治关系、社会关系进行调整和改变，包括政党、人民和国家的相互关系，主要表现为党权、民权和政权的相互关系；政治、民主与法治的关系，主要表现为坚持三者有机统一；中央与地方的关系，主要表现为两者的权限划分；政府与社会、个人的关系，主要表现为行政权力、社会权利、个人权利的关系；政府与市场的关系，主要表现为行政权力与市场经济规律的关系；人大与行政机关、审判机关、检察机关的关系，主要表现为立法权统领下的一府两院的分工合作；行政机关、审判机关和检察机关的关系，主要表现为行政权、审判权与检察权的相互分工、相互配合、相互制约等。法律是社会关系的调整器。依法治国进程中的政治体制改革，就要通过法治思维和法治方式，进一步理顺和完善有关政治和社会关系，把政治体制中一系列基本关系纳入宪法和法律调整、规范和监督的范畴，把政治关系的变更和政治体制的完善纳入法治引导、调控的范畴，推动政治体制的深层次改革和整体优化，实现国家治理体系的法治化。

从政治体制改革的对象来看，以全面推进依法治国深化政治体制改革，绝不是要放弃社会主义方向和社会主义道路，绝不是要改变中国的根本政治制度和基本政治制度，绝不是要改变中国的国体和政体、实行西方的多党制和三权分立，而是要在坚持中国特色社会主义方向和道路的前提下，在坚持中国根本政治制度和基本政治制度的基础上，对不适应经济社会发展需要、广大人民群众很不满意的某些具体政治体制、政治程序、政治方式、政治机制等进行改革和完善。依法治国进程中的政治体制改革，就是运用法治思维和法治方式，依照宪法和法律的规范与指引，推进党和国家领导体制、立法体制、行政体制、司法体制、选举体制、党内民主体制、民主管理体制、民主监督体制、民主参与体制等具体政治体制机制的改革完善和创新发展。上述体制机制中存在的问题和弊端，既是中国深化政治体制改革的主要对象，也是全面推进依法治国需要关注解决的重点问题。

从政治体制改革的方式来看，以全面推进依法治国深化政治体制改革，不是要搞无法无天的“大民主”，不是要搞“文化大革命”解构主义的破旧立新的政治运动，更不是要搞急风暴雨的政治革命和政治斗争，而是要坚持民主法治意义上的建构主义，在全面推进依法治国的进程中，建设性地积极稳妥地改革完善中国的政治体制，在充分发扬民主的基础上，通过法治思维和法治方式做好政治体制改革的顶层设计，充分发挥地方、基层和广大人民群众改革探索的首创精神，把人民群众期待政治体制改革的良好诉求引导到全面推进依法治国的实践上来，把广大干部期盼政治体制改革的不同认识引领到加快建设法治中国的整体布局上来，通过依法治国并在法治轨道上积极稳妥地推进中国政治体制的各项改革。

三　全面推进依法治国、建设法治中国的改革战略目标

全面推进依法治国，努力建设法治中国，不断深化法制改革，对于国家和社会层面的全面深化改革而言，意义重大，具有双重功能。

（一）法治是社会主义民主政治的重要内容，推进依法治国是中国实施政治体制改革的重要途径

没有社会主义法治，就没有社会主义民主政治，因此全面推进依法治国，不断深化法制改革，不仅是中国特色社会主义民主政治的规范化、制度化和法律化创新发展的重要内容，而且是在现行宪法框架下和社会主义

法治轨道上积极稳妥地全面深化政治体制改革的重要途径。在中国的政治体制和宪法架构下，由法治的内容、特性和功能所决定，加强法治建设的过程、推进依法治国的过程、深化法制改革的过程，所有法治（法制）实践的过程，都不仅仅是法律完善和法治发展的事情，不仅仅是法律范畴的问题，而且是政治发展和政治体制改革的事情，是属于政治范畴的问题。

改革开放以来，中国的法治建设取得了前所未有的成就，党和国家确立了依法治国基本方略；执政党依宪执政、依法执政的能力显著增强；中国特色社会主义法律体系如期形成，人权和民主得到可靠的法治保障，促进经济社会发展的法治环境不断改善，依法行政和公正司法水平不断提高，法治对权力的制约和监督得到加强，法制宣传教育和法律服务取得显著进步，地方法治建设和行业依法治理不断创新发展，“一国两制”方针和特别行政区基本法得到有效贯彻，全社会的法治观念普遍增强，法学研究和法学教育快速发展。

与此同时，也应当看到，中国法治建设尽管取得了有目共睹的辉煌成绩，但离人民群众的新期待和中国不断提高的大国地位还有差距；依法治国基本方略虽然实施多年，但各个地方、各个环节、各个领域的发展还很不平衡；依法执政虽然已经提出原则性要求，但还缺乏具体的制度和程序保障落实；中国特色社会主义法律体系虽然已经形成，但还需进一步完善和发展；尽管立法工作成就斐然，无法可依的问题基本解决，但执法、司法、守法和法律监督还不尽如人意；法制宣传教育尽管成绩巨大，但法治环境并未根本改善。

习近平总书记2012年12月4日在纪念现行宪法颁布施行30周年纪念大会上的讲话中指出：“在充分肯定成绩的同时，中国也要看到存在的不足，主要表现在：保证宪法实施的监督机制和具体制度还不健全，有法不依、执法不严、违法不究现象在一些地方和部门依然存在；关系人民群众切身利益的执法司法问题还比较突出；一些公职人员滥用职权、失职渎职、执法犯法甚至徇私枉法严重损害国家法制权威；公民包括一些领导干部的宪法意识还有待进一步提高。对这些问题，中国必须高度重视，切实加以解决。”[①] 切实解决法治建设和依法治国过程中存在的体制机制问题，关键还要在党的领导和支持下，根据依法治国的战略布局，通过立法、执法、司法、守法和法律监督等领域和环节的全面深化法制改革来实现。深化法制改革本身就是政治体制改革，加强法治建设本身就是推进中国特色社会主义民主政治发展。

（二）法治是全面深化改革的重要保障

没有法治的引导、规范和保障，没有法律对应兴应革的事情作出全面规划、统筹安排，没有法律的立、改、废，没有严格执法、公正司法和全民守法，没有宪法和法律的有效实施，举国上下的全面深化改革就不可能取得成功。因此，全面推进依法治国，用法治思维和法治方式深化各项改革，有序调整各种社会关系，合理分配各种社会资源，有效规范各种社会行为，实现社会公平正义，既是新形势下中国全面深化改革的必然要求，也是中国法治发展的历史责任和时代使命。

实践证明，越是全面深化改革，各种利益冲突就越激烈，不确定因素就越多，难以预见的风险就越大，因此，就越需要更加重视发挥法治的主导作用，不断加强法治建设，努力把全面深化改革的民意诉求、利益博弈、关系调整、资源配置、方案选择、顶层设计、路径安排、实施过程、监督保障等，全面纳入依法治国、建设法治中国的法律秩序框架，在法治化的实践进程中实现全面深化改革的目标。

1978 年 12 月，邓小平指出：“要继续发展社会主义民主，健全社会主

---

① 习近平：《在首都各界纪念现行宪法公布施行 30 周年大会上的讲话》，《人民日报》2012 年 12 月 5 日。

义法制，这是三中全会以来中央坚定不移的基本方针，今后也绝不允许有任何动摇。”[①] 1996 年 2 月，江泽民在中共中央举行的法制讲座会议上强调指出：“加强社会主义法制建设，依法治国，是邓小平同志建设有中国特色社会主义理论的重要组成部分，是中国党和政府管理国家和社会事务的重要方针。”[②] 1997 年，党的十五大把依法治国正式确立为党领导人民治国理政的基本方略，把建设社会主义法治国家确定为中国的政治发展目标。2002 年，党的十六大明确提出实行依法治国，必须坚持党的领导和人民当家做主，实现“三者有机统一”。2004 年，全国人大通过宪法修正案，把依法治国、建设社会主义法治国家载入宪法，使依法治国成为一项具有最高法律效力和最高法治权威的宪法原则。2007 年，党的十七大明确提出全面落实依法治国基本方略、加快建设社会主义法治国家的法治发展战略。2012 年，党的十八大进一步强调要“全面推进依法治国，加快建设社会主义法治国家”。这一切都表明，加强社会主义法治建设，全面推进依法治国，建设法治中国，是中国党和国家长期坚持的一项基本方针，建设社会主义法治国家是中国现代化建设的一个重要战略目标。

建设法治中国的改革战略目标，不是空穴来风，而应当与国家的整体发展战略相适应，与“两个一百年”的中国梦的战略目标相配合。根据“两个一百年”的国家发展战略，在中国法治建设已取得显著成就、依法治国事业有了明显进步的背景下，在中国特色社会主义法律体系已经形成的基础上，未来进一步加强法治建设，全面推进依法治国，不断深化法制改革，从法律体系走向法治体系，从法律大国走向法治强国，应当确立建设法治中国“两步走”的战略目标。

---

① 邓小平：《贯彻调整方针，保证安定团结》，《邓小平文选》第 2 卷，人民出版社 1993 年版，第 359 页。

② 江泽民：《实行和坚持依法治国，保障国家长治久安》，《人民日报》1996 年 2 月 9 日。

第一步，到2020年全面建成小康社会时，基本建成法治中国。中国共产党的十八大报告指出，综观国际国内大势，中国发展仍处于可以大有作为的重要战略机遇期。中国要准确判断重要战略机遇期中内涵和条件的变化，全面把握机遇，沉着应对挑战，赢得主动，赢得优势，赢得未来，确保到2020年实现全面建成小康社会宏伟目标。2020年全面建成小康社会，当然包括建设法治中国（“法治小康”）的战略目标，这就是“基本建成法治中国”。

第二步，到2049年中华人民共和国成立一百周年时，整体建成法治中国。党的十五大报告提出：“到世纪中叶建国一百年时，基本实现现代化，建成富强民主文明的社会主义国家。”党的十八大报告则进一步强调指出：“只要中国胸怀理想、坚定信念，不动摇、不懈怠、不折腾，顽强奋斗、艰苦奋斗、不懈奋斗，就一定能在中国共产党成立一百年时全面建成小康社会，就一定能在新中国成立一百年时建成富强民主文明和谐的社会主义现代化国家。全党要坚定这样的道路自信、理论自信、制度自信！”习近平总书记在十八届中央政治局第三次集体学习时的重要讲话中强调指出：“党的十八大明确提出了‘两个一百年’的奋斗目标，中国还明确提出了实现中华民族伟大复兴‘中国梦’的奋斗目标。”中国梦是中国人民的梦，是中华民族的梦。毫无疑问，中国梦当然包括“法治中国梦”，建成社会主义法治国家的梦，即到21世纪中叶新中国成立一百周年建成富强民主文明和谐的社会主义现代化国家、实现中华民族伟大复兴时，中国应当整体建成法治中国。

四　全面推进依法治国、建设法治中国的改革总体思路和基本要求

（一）全面推进依法治国、建设法治中国的改革总体思路

在中央统一领导下，根据建设法治中国的战略目标和经济、政治、社会、文化以及生态文明建设的整体需要，坚持党的领导、人民当家做主和依法治国有机统一，积极稳妥地深化法制改革，着力解决立法不当、执法不严、司法不公、守法无序、法治疲软等问题，全面有序地推进依法治国、依法执政和依法行政，努力建设法治国家、法治政府和法治社会，早日建成现代化的法治中国。

全面深化改革，必然包括全面深化法制改革。法制是法律和制度的简称，总体上包括立法制度、执法制度、司法制度、法律监督制度、法律实施制度、法律服务制度以及宪法法律制度、行政法律制度、经济法律制度、民商事法律制度、刑事法律制度、社会法律制度、诉讼及非诉讼法律制度、国际法律制度，等等。全面深化法制改革，就是要根据“两个一百年”的国家战略目标和总体任务，在改革开放 30 多年来法律制度改革的基础上，进一步从广度、深度以及力度上推进对法制的全面改革，使中国的法律制度不断完善、创新和发展，从而更好地适应中国特色社会主义现代化建设和中华民族伟大复兴的需要，更好地适应全面深化改革、不断扩大开放、大力促进发展的需要，更好地适应广大人民群众日益增长的对于保障人权与基本自由、实现公平正义、安全稳定幸福的需要，更好地适应全面推进依法治国、实现科学立法、严格执法、公正司法和全民守法、努力建设法治中国的需要。

全面深化法制改革，是中国政治体制改革的重要组成部分，是社会主义法律制度的自我完善和发展，必须坚持三者有机统一，坚持宪法权威和法治原则，坚持从中国国情和实际出发，弘扬中华法文化的优良传统，同时要学习借鉴人类政治和法治文明的一切有益成果，走中国特色社会主义法治发展道路。

全面深化法制改革，就是要着力解决立法体制、立法机制、立法程序和立法过程中存在的立法不当的问题，解决产生多头执法、多层执法、不执法、乱执法以及钓鱼执法、粗暴执法、寻租性执法、限制性执法、选择性执法、运动式执法、疲软式执法、滞后性执法等执法不严的体制、机制和程序问题，解决产生打官司难、打官司贵、吃了原告吃被告、滥用自由裁量权、以案谋私、案件积压、久拖不决、执行难、刑讯逼供、有罪推定、出入人罪等司法专横和司法不公的体制、机制和程序问题，解决信权不信法、信关系不信法、信钱不信法、信访不信法、小闹小解决、大闹大解决、不闹不解决以及普遍违法、中国式违法、选择性用法等守法无序的观念、习惯和体制机制问题，解决实际上存在的宪法成为“闲法”、法律法规形同虚设、政策高于法律、政治高于法治、特权高于法权、领导人高于法律以及领导违法、执法犯法、欺软怕硬、恃强凌弱等法治疲软的体制、机制和程序问题。

（二）全面推进依法治国、建设法治中国的改革基本要求

中国应当科学理解和准确把握全面推进依法治国、加快建设法治中国的基本含义。所谓“全面”推进依法治国，就是要把依法治国事业视为一个庞大的系统工程，统筹考虑法治建设的各个环节、各种要素，使依法治国基本方略能够得到全面有效推进。就是要在依法治国的实践进程中，尽可能地把法治精神、法治价值、法治意识、法治理念、法治文化整合起来，

把依宪治国、依法治国、依法执政、依法行政、依法办事统一起来，把有法可依、有法必依、执法必严、违法必究统一起来，把科学立法、严格执法、公正司法、全民守法和有效护法统一起来，把法学研究、法学教育、法治宣传与法治实践紧密结合起来，系统地整合依法治国的各个要素，全面地畅通法治建设的各个环节，形成建设法治中国的系统工程，切实使依法治国基本方略在实践中得以全面展开和具体落实。

所谓全面“推进”依法治国，就是依法治国只能进步发展而不能倒退回撤，只能积极推进而不能消极懈怠，只能扎实落实而不能纸上谈兵，只能义无反顾前行而不能半途而废。全面“推进”依法治国，应当坚定不移地走中国特色社会主义的法治之路，坚持依法治国、建设法治中国的法治发展方向，坚决反对和抵制形形色色的人治和专制，防止依法治国的停滞、倒退、歪斜和异化。任何时候，如果放弃了依法治国基本方略，背弃了社会主义法治之路，全面推进依法治国将无从谈起，中华民族的伟大复兴将无从谈起。

所谓“加快”建设法治中国，既指依法治国的实践进程应当加快，也指建成法治中国的目标应当加快实现。因为，没有过程的加快就不可能有实现目标的快速；没有推进依法治国一步一个脚印的前进速度，就不可能有加快建成法治中国目标的最终实现。所以，“加快”表面上看是对法治中国建设的目标和速度要求，而实质上却是对法治建设和依法治国实践进程的要求，是一项十分艰巨的任务。“加快”推进依法治国和建设法治中国，一要有建设法治中国的发展战略和目标追求，包括不同时期、不同阶段的目标和任务；二要有评价依法治国和法治中国建设的具体明确可操作的指标体系；三要有建设法治中国、实现法治建设各项目标任务的具体路线图、时间表和任务书；四要在可能的条件下使推进依法治国和建成法治中国的速度尽量加快、时间尽量提前，从而“加快”实现法治中国的建设目标。毫无疑问，加快推进依法治国和建设法治中国，这个命题是有条件的和相对的。这里的“加快”，既不能脱离现阶段经济社会政治文化发展的水平，也不能脱离法治自身完善发展的主要轨迹和基本规律，更不能脱离亿万人民群众对法治的理解、认同、尊崇和遵守。相对于改革时期经济社会变动不居、变迁活跃的发展特点而言，法治具有某种滞后性和保守性，因此加快推进依法治国和法治中国建设，一定要从法治发展战略高度把握好其加快的速度和力度，否则将欲速则不达。

应当在全面推进依法治国，加快建设法治中国的时间表、路线图和任务书的基础上，努力实现建设法治中国“两步走”战略目标的改革基本要求。

到2020年全面建成小康社会时，科学立法、严格执法、公正司法、全民守法全面实现，依法治国基本方略得到全面落实，中国特色法律体系更加完善，法治政府基本建成，司法公信力不断提高，人权得到切实尊重和保障，国家各项工作实现法治化，基本建成法治中国。

在这里，“法治小康”既是全面小康社会的有机组成部分，也是顺利建成全面小康社会的重要法治保障。“法治小康”，在价值层面追求的是自由平等、民主法治、公平正义、幸福博爱、和谐有序，充分实现人权与人的尊严；在制度层面追求的是人民主权、法律至上、依宪治国、依法执政、依法行政、公正司法、依法治权，努力建成法治中国；在实践层面追求的是有法必依、执法必严和依法办事，努力实现良法善治。与此同时，“法治小康”又通过依法治国特有的制度安排、规范手段、教育强制功能等，为全面建成小康社会提供良好的法治环境和有效的法治保障。

到2049年中华人民共和国成立一百周年时，依法治国、依法执政、依法行政共同推进的各项任务全面完成，法治国家、法治政府、法治社会一体建设的各项指标全面达到，法治精神、法治权威、法治秩序的各项要求全面满足，自由平等、民主人权、公平正义、和谐文明的法治中国整体建成。

◇◇五　全面推进依法治国、建设法治中国需要研究解决的若干问题

（一）加强和改善执政党对依法治国事业的领导

执政党的领导是推进依法治国、建设法治中国、深化法制改革的关键，因此要充分发挥执政党对依法治国各项工作的领导核心作用。中国共产党是执政党，坚持依法执政，对全面推进依法治国具有重大作用。要坚持党的领导、人民当家做主、依法治国有机统一，把党的领导贯彻到依法治国全过程。各级党组织必须坚持在宪法和法律范围内活动。各级领导干部要带头依法办事，带头遵守法律。各级组织部门要把能不能依法办事、遵守法律作为考察识别干部的重要条件。①

加强和改善执政党对依法治国事业的领导，是建成法治中国的根本政治保证。为了充分发挥党对依法治国事业的领导核心作用，从完善政策和体制机制方面来看：一要切实坚持党在宪法和法律范围内活动的宪法原则，坚持依宪执政和依法执政，用法治思维和法治方式领导立法、带头守法、保证执法，通过全面推进依法治国不断加强党的领导权威、巩固党的执政地位、夯实党的执政基础。二是执政党应当成立中央统一领导、组织和协调全国依法治国事业的领导小组；根据两个一百年的国家战略，研究制定全面推进依法治国、建设法治中国的中长期改革发展规划，明确近期依法治国和法制改革的基本任务；研究制定党的依宪执政和依法执政纲要，领导和指导全党和地方党组织的依法执政工作。三要深入研究新形势下的党

① 《习近平主持中共中央政治局第四次集体学习》，《人民日报》2013 年 2 月 24 日。

法、党政、党民等重大关系，努力从制度和程序上落实“坚持党的领导、人民当家做主和依法治国有机统一”，从领导体制和管理机制上保障“依法治国、依法执政、依法行政共同推进，法治国家、法治政府、法治社会一体建设”得到全面落实。四要根据建设法治中国的新形势新要求，深入研究政法委的改革问题，坚持政法委的思想领导、政治领导和组织领导，充分发挥政法委在确保法院和检察院依法独立行使职权、排除各种干扰方面的政治优势和组织保障作用。

（二）推进民主科学立法，提高立法质量，完善法律体系

增强立法的民主性、科学性，提高立法质量，完善法律体系，加强重点领域的立法，防止立法腐败，是中国立法改革的重点。

加强立法工作，推进立法改革，一要转变被动立法的局面，使立法与全面深化改革协调推进，通过法律的立、改、废为全面深化改革开放提供法律依据和法治保障；二要采取多种形式推进民主立法和科学立法，保障公众广泛有效的立法参与，增强法律的规范性和可操作性，确保立法真正体现人民的意志和利益诉求，而不是体现某些行政部门或某些特殊集团群体的利益，实现立法的“分配正义”；三要推动立法工作的改革创新和攻坚克难，面对全面深化改革出现的问题和矛盾，要勇于并善于通过立法在矛盾焦点上划杠杠，而不是避重就轻、拈易怕难、互相推诿、彼此扯皮，死抱部门利益不放；四要在“一国两制”方针指引下，按照“一国、两制、三法系、四法域”的国情和实际，积极谋划和构建“中国特色法律体系”，为中华民族的统一、强盛和伟大复兴提供更加坚实的法律基础；五要更加重视发挥法治在创造有利的国际环境和周边环境中的作用，更加重视发挥法治在保障国家利益和推动中国和平发展中的作用，以宪法形式明确规定国际法与中国国内法的关系，为中

国改革开放创造更为有利的国际法治环境。

（三）全面深化行政体制改革，加快建设法治政府

依法行政是依法治国的关键，法治政府建设是建设法治中国的重点。在中国，全面推进依法行政、加快建设法治政府的一个重要前提，是必须全面深化行政体制改革，否则就会使不合理的行政体制“合法化”、“法治化”，从而增加行政体制改革的难度。因为相对于行政权力、行政体制、行政职能、行政机构、行政关系、行政行为、部门利益等实体行政而言，法律、行政法规、依法行政、法治政府等都可能是一种法治化的外包装，是一种法律化或者法规化的确认。如果行政机关职能转变不到位、行政体制改革未进行、部门利益未破除、行政权力被垄断，那么，法治政府建设越加强，行政法治化程度越高，不合理的行政职能、行政体制和部门利益就越可能被法律法规固定下来，披上法制或者合法化的外衣，反而会对行政体制改革形成障碍。因此，建设法治政府应当先行深化行政体制改革。

全面深化行政体制改革，加快建设法治政府，一要通过广泛的民主参与和人大监督，全面深化行政审批制度改革，最大限度地减少政府的审批事项；二要政府做到有所为有所不为，把人民、社会需要的公共安全、环境保护、食品安全、社会保障、交通出行、教育医疗卫生等管理好、服务好，同时尽可能减少政府对市场、社会和企业的干预和控制，把市场的还给市场，把社会的还给社会，把企业的还给企业；三要全面推进大部制改革，精简机构，减少层级，裁汰冗员，提高效率，建设高效政府；四要在法治统一的基础上全面推进依法行政，弱化行政立法，强化行政执法，完善行政程序，加强行政监督，建设法治政府；五要有效约束行政权力，公开行政行为，严惩行政腐败，尤其是从体制机制上解决好国有企业监管、政府采购、招投标等领域和环节的腐败问题，努力建设透明廉洁的政府。

（四）全面深化司法体制改革

司法体制改革是中国政治体制改革的重要组成部分，是全面推进依法治国的重大举措，是全面实施宪法和法律的重要基础。应当根据十八大精神和全面深化改革的战略部署，结合政治体制改革和全面推进依法治国的新形势和新要求，做好新一轮司法体制改革的顶层设计和科学规划，努力使新一轮司法体制改革切实体现宪法原则和宪法精神的取向，体现法治思维和法治方式的取向，体现尊重司法规律和司法属性的取向。当前深化司法体制改革的重点，是努力解决司法的政治化、行政化、地方化和官僚化问题，树立司法权威和司法公信力，切实保障人民法院、人民检察院依法独立公正行使职权。

全面深化司法体制改革，一要果断决策，下决心走出“先独立”还是“先公正”的怪圈。目前的两难困境，是“独立”与“公正”孰先孰后两种主张纠缠不清。一种主张认为，之所以司法不公，是因为法院检察院不能实现依法独立行使职权；另一种主张则认为，为什么法院检察院不能依法独立行使审判权和检察权，是因为存在司法腐败。这是改革开放以来始终存在的一个很纠结的问题，如不作出决断加以解决，深化司法体制改革不可能有实质性突破。二要根据宪法和法律的规定，运用法治思维和法治方式理顺司法的外部关系，包括司法与党委、司法与政法委、司法与人大、司法与政府、司法与新闻媒体、司法与社会组织等的关系，使司法不仅不受各种权力的干扰，而且不受金钱、人情、关系等的干扰，从司法辖区划分、政法体制机制和人财物等方面确保法院检察院依法独立行使审判权和检察权。三要根据宪法和法院检察院组织法、诉讼法等法律的规定，全面改革司法的内部体制，包括法官检察官的选拔、任用、考核和奖惩等，司法活动的规范、评价、监督和问责等，确保法官检察官依法独立行使法定职权，独立履行法律职责，独立承担法律责任。四是针对“信访不信法”、“信闹不信法”等现象，应把涉诉涉法信访全盘纳入法治轨道，充分发挥司法作为解决矛盾纠纷最后一道防线的功能，重建司法终结涉诉涉法矛盾纠纷的良性循环机制，努力构建长治久安的法治秩序。

（五）不断加强对人权的尊重和保障

人权是人之作为人，基于人的自然属性和社会本质所应当享有的权利。法定人权本质上是人的利益和需要的法律化表现形式。在一个社会中，人权的法律化程度越高，司法对人权的救济和保障越充分，人权实现得越彻底，这个社会就越容易实现稳定和谐、公平正义、诚信有序。所以，充分尊重、保障和实现人权，是依法治国、建设法治中国的重要内容。

到2020年全面建成小康社会时，中国要实现“人权得到切实尊重和保障”的目标。这是一个要求很高、难度很大但意义非凡的奋斗目标和战略任务。为了达成这一目标，当前加强人权建设应当努力做到：一是全面落实中华人民共和国宪法和中国共产党党章规定的“尊重和保障人权”的基本原则，切实保证公民和党员依法享有广泛权利和自由，全面完善中国人权保障的各项法律规定和法律制度。二是继续推进宪法基本权利的法律化，研究制定新闻法、结社法、宗教信仰自由法、国家补偿法、公职人员财产申报法、个人信息保护法等法律，废除《劳动教养条例》等法律法规，改革户籍制度。三是进一步修改刑法，大幅度减少死刑的刑种（现阶段可以先废除各种经济犯罪的死刑），为将来最终废除死刑作准备；同时要更加严格审慎地适用死刑，杜绝死刑上的冤假错案。四是进一步加强对公民的经济、社会和文化权利保障，着力解决“上学难”、“看病难”、“住房难”、“养老难”、“分配不公”、“两极分化”、“贫富不均”等社会普遍关注的老大难问题，着力保障弱势群体的权利，努力通过法治实现社会公平正义和共同富裕。五是认真实施新一轮的《国家人权行动计划（2012—2015年）》，加强对联合国《公民权利与政治权利国际公约》的研究，全国人大适时审议批准这个最重要的国际人权公约。

（六）切实加强宪法和法律实施

“天下之事，不难于立法，而难于法之必行。”[①] 宪法和法律的生命在于实施，宪法和法律的权威也在于实施。在中国特色社会主义法律体系已经形成、无法可依的问题基本解决以后，如何把纸上的法律变成行动中的法律，把宣传的法条变成心中的信仰，需要高度重视并切实解决宪法和法律实施的体制机制问题。

当前，针对宪法和法律权威不高、作用不强、实施效果不好的状况，应当推进以下改革来加以解决。一是根据全面推进依法治国、加快建设法治中国、全面深化法制改革的总体目标要求，努力把法治建设和依法治国的工作重点，从以立法为中心尽快转到宪法和法律实施上来，使宪法和法律在中国改革开放和现代化建设中发挥更大的作用。二是建立和完善合宪性、合法性审查制度，在全国人大设立宪法监督委员会，在全国人大常委会的领导下具体负责宪法和法律实施过程中的合宪性与合法性审查工作，制度化地解决“法律打架、依法打架、法律冲突、法律虚置”等问题。三是推进司法领域的大部制改革，可以考虑把国务院法制办与司法部合并，把现由人民法院行使的判决执行权划归司法行政机关行使。尽可能地剥离或者减少司法权的经济、民事、行政和社会活动，避免司法机关自己成为被告，从制度设计和程序安排上最大限度地减少司法腐败的可能。把现由公安机关管理的看守所划归司法行政机关管理。四是借鉴“世界正义工程”

---

① 张居正：《请稽查章奏随事考成以修实政疏》。

法治指数和中国香港地区法治评价指数的做法，总结中国内地一些地方[①]先行先试法治评估指数的成功经验，制定中国国家层面的法治指数，把法治指数作为推进依法治国在地方、部门和行业实施的抓手，尽快在全国范围推行“法治指数评估工程”，使法治中国建设可以量化评估。五是持续深化法治宣传教育，创新法治宣传教育的方法和机制，弘扬法治精神，培育法治文化，树立法治观念，把法治能力作为治国理政的基本能力列为各级领导干部的评价体系和刚性考核内容。

（七）用法治思维和法治方式推进“反腐治权”

权力腐败是民主法治的死敌，是建成社会主义法治国家的最大障碍。全面推进依法治国，建设法治中国，深化法制改革，必须把权力放进法律制度的笼子里，用法治思维和法治方式推进反腐治权。一要承认公权力面前的“人性恶”，即面对公权力的巨大诱惑，任何人都不是圣人，都有弱点、缺点和局限，都可能犯错误、滥用权力。“即使像毛泽东那样伟大的革命家、伟大的马克思主义者也会犯错误，也犯过错误。”实事求是地承认“人性恶”，就不能盲目信任或者放任任何公权力主体，而要建立有效的法律制度和法治机制，把一切公权力放到法律和制度打造的“法网恢恢，疏而不漏”的笼子里，监督制约所有公权力和每一个公权力行使者。二是要以法律控制权力、以制度规范权力、以民主监督权力、以权力和权利制约权力、以道德约束权力，最大限度地减少公权力腐败的机会，最大限度地增加公权力腐败的成本。法治思维下反腐治权的当务之急，就是要尽快从制度和法律上切实解决“谁来监督监督者”、“谁来监督一把手”、“谁来监督掌握人财物实权者”的问题。为此，应当认真研究国际上广泛认同的

---

① 在“法治评估指数”方面先行先试的地方有浙江省杭州市的余杭区，云南省的昆明市，江苏省的南京市、无锡市，四川省的成都市等。

“立法、行政、司法三权分立，相互制衡”机制的合理性，积极引入“锤子、剪刀、布”的循环制约机制。三是不仅要注重反腐治权的“顶层设计”，也要注重从具体的制度、环节、程序和机制入手；不仅要注重对公权力主体的教育、防范和惩治，也要注重对侵蚀公权力的市场行为、经济行为、社会行为等腐败渠道和腐败条件的防范与整治，从各个层面、各个环节、各个领域、各个方面切实堵住产生腐败的制度性、体制性和机制性漏洞，切实从产生腐败的“土壤和温床”上解决问题。应当整合国家反贪资源，合并党和国家的反贪机构，设立党、政、法合一的全国反贪委员会；用法治思维和法治方式解决好“双规”的合法性问题。四是充分发挥司法在反腐治权中的作用，排除各种干预和干扰，切实保证司法机关依法独立行使职权。司法机关要以事实为根据，以法律为准绳，秉公司法，依法严惩各种腐败犯罪。要坚持法律面前人人平等，切实做到“不管涉及什么人，不论权力大小、职位高低，只要触犯党纪国法，都要严惩不贷”。

（八）在法治轨道上推进全面深化改革

全面深化改革是实现“两个一百年”奋斗目标和中华民族伟大复兴中国梦的必由之路，也是我们当前工作的重中之重。如何推进全面深化改革，习近平总书记指出，在整个改革过程中，都要高度重视运用法治思维和法治方式；凡属重大改革都要于法有据。这充分凸显了法治对全面深化改革的重要作用。深入了解改革与法治两者关系，有助于我们更好地深入推进改革。

1. 在新的历史起点上把握改革与法治的关系

改革开放以来，为了妥善处理改革与法治的关系，党和国家从国情和实际出发，有针对性地采取行之有效的应对措施，妥善处理法律稳定性与实践变动性的关系，确保立法进程与改革开放和社会主义现代化建设进程相适应。例如，全国人大及其常委会加快推进法律的立、改、废工作，及时多次地修改完善 1982 年宪法，为许多重大改革提供重要法律依据。

可以说，改革开放 30 多年来，我们从理论创新与实践探索的结合上，在正确处理改革与法治的关系方面，取得巨大成就，积累成功经验，形成诸多共识，为今天全面深化改革、加快法治中国建设创造了有利条件，奠定了良好基础。我国立法的重要经验之一，是正确把握改革发展稳定的关系，妥善处理法律稳定性与实践变动性的关系，确保立法进程与改革开放和社会主义现代化建设进程相适应。对实践经验比较成熟的、各方面认识也比较一致的，规定得具体一些，以增强法律的可操作性。对实践经验尚不成熟但现实中又需要法律进行规范的，先规定得原则一些，为引导实践提供规范和保障，并为深化改革留下空间，待条件成熟后再修改补充。改革开放中遇到的一些新情况新问题，用法律来规范还不具备条件的，先依照法定权限制定行政法规和地方性法规，先行先试，待取得经验、条件成熟时再制定法律。

经过新中国成立 60 多年尤其是改革开放 30 多年的努力，中国特色社会主义法律体系形成，国家经济建设、政治建设、文化建设、社会建设、生态文明建设的各个方面实现了有法可依，我们已经具备把各项改革全面纳入法治轨道依法推进的社会条件和法治基础。党的十八大以来，以习近平同志为总书记的党中央高度重视全面推进依法治国和法治中国建设，强调依法治国是党领导人民治国理政的基本方略，法治是治国理政的基本方式，重大改革都要于法有据。当前，我国不仅具有较为完备的中国特色社会主义法律体系作为改革的法律制度基础，而且干部群众具有更加重视运用法治思维和法治方式深化改革的法律理性与法治自觉。这是我们在宪法框架下和法治轨道上处理好改革与法治关系最重要的主客观条件。

改革，可以解放和发展生产力，使社会充满生机与活力，是国家与社会创新发展的不竭动力。在建设法治中国的现阶段，在建设和发展中国特色社会主义的伟大实践中，相对于完成经济建设、政治建设、文化建设、社会建设、生态文明建设“五位一体”的战略任务而言，相对于实现全面建成小康社会的奋斗目标而言，相对于实现中华民族伟大复兴的中国梦而言，改革与法治都是手段、方法、举措和过程，两者的价值特征、本质属性和目的追求是一致的，没有根本的内在矛盾和冲突。那些认为“改革与法治两者是相互对立排斥的”、“要改革创新就不能讲法治”、“改革要上，法律就要让”、“要发展就要突破法治”等观念和认识，都是有违法治思维和法治原则的，对于深化改革与推进法治来说有害无益。

在我国现行宪法和法律体系内在和谐统一的体制下，改革与法治之间是一种内在统一、相辅相成的关系。全面推进依法治国，实现科学立法、严格执法、公正司法、全民守法，一体推进依法治国、依法执政和依法行政，共同建设法治国家、法治政府和法治社会，既是各项体制改革的重要组成部分和主要路径依赖，也是全面深化改革的法治引领、法治促进、法治规范和法治保障。改革离不开法治的引领和保障，否则就可能引起混乱；法治必须紧跟改革的进程和步伐，否则就可能被废弃淘汰。

毋庸讳言，作为国家和社会运行发展的手段和举措，改革与法治不可能不存在某些区别、不同甚至冲突。其中最重要的区别在于，法治作为国之重器，以守持和维护既有秩序为己任，具有较强的稳定性、规范性；而改革作为一种创新发展手段，具有较强的变动性、挑战性。因此，改革的“破”与法治的“守”这两者之间存在某种张力，在一定条件下两者还可能发生抵触、矛盾甚或冲突。从一定意义上说，改革与法治的运行指向和内在张力，决定两者的“遭遇战”是客观的必然存在。我们不能否认、漠视或者放任这种存在，而应采取积极的态度与正确的方法去认识、把握和妥善处理这一矛盾和问题。正如习近平同志所强调的，凡属重大改革都要于法有据。坚持“重大改革都要于法有据”是正确处理改革与法治关系的指导思想和基本原则，既是社会主义法治文明的改革观，又是运用法治思维和法治方式全面深化改革的改革观。

2. 在法治中国建设进程中处理好改革与法治的关系

应当加强对相关立法工作的协调，确保在法治轨道上推进改革。从全面推进依法治国的战略高度来看，改革与法治的关系不仅涉及立法与改革，而且涉及严格执法、公正司法和全民守法等法治环节，但科学立法是两者关系的重点环节和主要方面。

坚持科学立法，应把国家的立法决策、立法规划、立法项目、立法草案等与执政党的改革决策紧密结合起来，通过立法把党的重大决策及时合理地法律化、规范化和国家意志化。对于执政党的改革决策来说，应当按照依法执政和领导立法的要求，把党有关改革的决策与立法决策紧密结合，在决策过程和决策阶段按照政治与法治相统一、改革决策与立法决策相结合的原则，把改革决策纳入法治化轨道。

在立法层面正确处理改革与法治的关系，应遵循以下思路。一是坚持改革决策与立法决策相统一，充分发挥立法的引导、推动、规范和保障作用。二是凡属重大改革都要于法有据，需要修改法律的应当先修改法律，先立后改；可以通过解释法律来解决问题的应当及时解释法律，先释后改；需要废止法律的要坚决废止法律，先废后改，以保证各项改革依法有序进行。三是坚持在现行宪法和法律框架内进行改革，充分利用宪法和法律预留的改革空间和制度条件，大胆探索，勇于创新。宪法是国家的根本法，是治国安邦的总章程，具有最高的法律地位、法律权威、法律效力，具有根本性、全局性、稳定性、长期性。四是对确实需要突破现行宪法和法律规定的改革试点，如果通过解释宪法，通过法律的立、改、废、释等措施不能解决问题，也可以采取立法授权试点改革的方式，经有关机关依法授权批准，为改革试点工作提供合法依据。

全国人大及其常委会负有监督宪法实施的职责，地方人大及其常委会负有监督和保证法律、法规和地方性法规实施的职责，因此，各级人大及其常委会应当把改革决策与立法决策是否紧密结合、改革与法治是否统一、改革措施与法律规定是否冲突等情况纳入人大监督的范围，一经发现问题即依法提出处置意见、建议或者采取相关措施。

在严格执法、公正司法和全民守法这几个环节，也需要正确认识和把握改革与法治的关系。法律的生命在于实施。执法、司法和守法都是贯彻实施法律的重要方式。国家行政机关通过推进依法行政和严格执法，国家司法机关通过正确适用法律和公正司法，全体公民和其他社会主体通过自觉学法、尊法、守法、用法，把体现为国家意志的法律规范付诸实施和具体实现。按照社会主义法治原则，在法律付诸实施和实现过程中，所有法律关系主体都必须坚持依法办事，在法律面前人人平等，不得以任何借口或者理由拒不执行、适用或者遵守法律，更不能违反法律。

在全面深化改革的背景下，改革与法治出现不和谐甚至冲突的情况是正常的。应坚持实事求是原则，具体情况具体分析，妥善处理好改革与法治的关系。一是当个别改革决策或措施与法治的冲突不可避免时，可尽快启动改法或者释法程序，及时消弭改革与法治的冲突。二是在具体执法、司法和守法过程中发现某项改革措施与法治相冲突时，有关主体应当根据立法法等法律的规定，及时将冲突的问题和相关建议上报有关机关，依法加以解决。三是根据“法律红线不能触碰、法律底线不能逾越”的原则，对于那些打着改革的旗号故意规避甚至破坏法治的行为，对于那些借改革之名行部门保护主义和地方保护主义之实的违法行为，应当坚决制止和纠正。

第七章

党与法高度统一是中国法治道路的根本特征

新中国成立以来，尤其是改革开放以来，在中国社会主义民主法治的发展进程中，关于党（主要指中国共产党、中国共产党的领导等）与法（主要指宪法法律、社会主义法治、依法治国、法治建设等）的关系的争论，从来就没有终结过。在中国，党与法的关系问题，或者“党大还是法大”的问题，不仅是一个法治问题，更是一个政治问题；不仅是一个理论问题，更是一个实践问题。习近平总书记指出：党和法的关系是一个根本问题，处理得好，则法治兴、党兴、国家兴；处理得不好，则法治衰、党衰、国家衰。党的领导是中国特色社会主义法治之魂。习近平总书记指出，党和法治的关系是法治建设的核心问题。全面推进依法治国这件大事能不能办好，最关键的是方向是不是正确、政治保证是不是坚强有力，具体讲就是要坚持党的领导，坚持中国特色社会主义制度，贯彻中国特色社会主义法治理论。党的领导是中国特色社会主义最本质的特征，是社会主义法治最根本的保证。中国特色社会主义制度是中国特色社会主义法治体系的根本制度基础，是全面推进依法治国的根本制度保障。中国特色社会主义法治理论是中国特色社会主义法治体系的理论指导和学理支撑，是全面推进依法治国的行动指南。这三个方面实质上是中国特色社会主义法治道路的核心要义，规定和确保了中国特色社会主义法治体系的制度属性和前进方向。坚持党的领导，是社会主义法治的根本要求，是党和国家的根本所在、命脉所在，是全国各族人民的利益所系、幸福所系，是全面推进依法治国的题中应有之义；党的领导和社会主义法治是一致的，社会主义法治必须坚持党的领导，党的领导必须依靠社会主义法治。

全面推进依法治国，建设中国特色社会主义法治体系，建设社会主义法治国家，必须从理论与实践、历史与现实的结合上正面回答党与法的关系问题，这样才能在全面依法治国的伟大实践中更加自觉地坚持和实现党与法的高度统一。

一　“党”与“法”的概念范畴

在中国语境下，讨论党与法的关系，回答“党大还是法大”的问题，坚持党与法的高度统一，首先应当弄清“党”与“法”的概念范畴及其涉及的主要关系。

（一）“党”的概念范畴

其一，从全称概念来看，这里所讲的“党”，是特指中国共产党，而不包括其他政党组织或者社会团体。根据《中国共产党党章》，“党是中国工人阶级的先锋队，同时是中国人民和中华民族的先锋队，是中国特色社会主义事业的领导核心”，“党除了工人阶级和最广大人民群众的利益，没有自己特殊的利益”；根据《中华人民共和国宪法》，“党”是中华人民共和国国家政权的领导党，是必须以宪法为根本的活动准则，并且负有维护宪法尊严、保证宪法实施职责的执政党。其二，从主体来看，这里所讲的“党”，是一个包括中国共产党的全体党员、党员领导干部、党的各级组织、党的各类机关等各种主体在内的集合概念。这就意味着，某个共产党员、党员领导干部、党的组织甚至党委书记、党的领导人等，他们只是“党”的组成部分，是“党”的一分子，而不能把他们简单地等同于“党”；他们的言行在有限的意义上或许可以代表“党”的形象、权威和意志，但不能简单地与“党”画等号。其三，从领导和执政行为来看，这里所讲的“党”，有时也有引申出来的含义，如党的领导、党的执政、党的政策、党的决策、党的文件、党委决定、组织意见、领导人讲话、书记指示、上级命令等。这些都是中国共产党及其各级组织、各级领导干部履行党的宗旨、实施党的领导、开展执政活动、带领人民群众治国理政的重要方式方法，但不能把它们的单个行为活动简单地等同于中国共产党的整体意志和集体行为。

（二）“法”的概念范畴

这里所讲的“法”，首先是指由国家制定并由国家强制力保证实施的、规定公民权利与义务的、调整社会关系的行为规范体系，在中国即指中国特色社会主义法律体系。在中国法律体系中，主要包括宪法、基本法律、法律、行政法规、地方性法规、自治条例和单行条例等。其次是指法制、法治、依法治国、依法执政、依法行政、依法办事等概念和活动，以及科学立法、严格执法、公正司法、全民守法等概念和活动。最后是引申出来的含义，指立法者的立法行为、执法者的执法行为、法官检察官的司法行为、全体公民和社会组织的守法行为等。

（三）“党”与“法”的关系

在中国语境下，“党”与“法”的关系主要有如下一些解读：一是指中国共产党与国家法律的关系；二是指党的领导与国家法治、依法治国的关系，与科学立法、严格执法、公正司法、全民守法的关系；三是指党的路线方针政策与国家宪法法律法规的关系；四是指党的领导方式、执政方式与法治、依法治国的关系；五是指具体的党员领导干部、公职人员、执法司法人员等的权力及其行为与法治、依法行政、依法办事的关系；六是指“党”和“法”在对待具体人、具体事、具体案件中是否存在法外特权，能否做到法律面前人人平等；等等。

由于人们对“党”与“法”概念的不同理解，对“党”与“法”关系的不同的组合，因此在现实生活中，“党与法”关系的问题，往往演变成为“党的文件与国家法律适用哪一个”、“领导的指示与国家法治听哪一个的”、“法院依法办案还是按领导说的办案”、“领导说了算还是法律说了算”、“书记大还是法律大”等问题；往往把领导人说的话当作“法”，把某些党员公职人员、党员领导干部甚至党委书记的具体言行当作“党”，把立法、行政、司法等机关的具体行为当作“党”的活动，甚至把某些领导干部、执法司法人员违反法律或者破坏法治原则的行为当作“党”的行为，进而提出“党大还是法大”的疑问。

习近平总书记指出：“‘党大还是法大’是一个政治陷阱，是一个伪命题。因为不论我们怎么回答‘党大还是法大’的问题，都会陷入两难困境。我们回答说‘党大’，人家就会攻击说你们主张‘把党凌驾于法之上、以党代法、以党治国’；我们如果回答说‘法大’，人家又会说既然如此，那还要党的领导干什么?”从理论上说“党大还是法大”的确是个“伪命题”，“党大还是法大”以及“党与法”的关系问题也已从法理与制度、党章与宪法的结合上得到有力回答。但是，从人民群众观察和感受到的中国法治建设中还存在种种弊端和不足的角度看①，从人民群众热切期待实现“有法必依、违法必究、严格执法、公正司法、依法治权、法律面前人人平等”的良法善治的角度看，“党大还是法大”以及“党与法”关系的问题，又不仅仅是一个理论问题、认识问题，更是一个实践问题。换言之，如果中国特色社会主义法治理论不能在法治建设实践中切实解决一些在地方和部门、某些领导干部中依然存在的权大于法、以权压法、以言废法、有法不依、执法不严、违法不究、司法不公、贪赃枉法等问题，不能有效解决关乎人民群众切身利益的执法司法问题；那么，这些地方、部门和个人违反法治的言行就会被归责于中国的政治体制、共产党的领导和社会主义法治，“党大还是法大”的问题就很难从现实生活中淡出。因此，在从理论与制度结合上讲清党与法高度统一、回答了“党大还是法大”问题的前提下，还要在全面深化改革、全面推进依法治国、全面从严治党的实践中，下大力气解决好依法治权、依法治官、切实把权力关进法律和制度笼子里的一系列制度和实践问题。

---

① 《中共中央关于全面推进依法治国若干重大问题的决定》指出，在充分肯定中国法治建设取得历史性成就的同时，我们“必须清醒看到，同党和国家事业发展要求相比，同人民群众期待相比，同推进国家治理体系和治理能力现代化目标相比，法治建设还存在许多不适应、不符合的问题，主要表现为：有的法律法规未能全面反映客观规律和人民意愿，针对性、可操作性不强，立法工作中部门化倾向、争权诿责现象较为突出；有法不依、执法不严、违法不究现象比较严重，执法体制权责脱节、多头执法、选择性执法现象仍然存在，执法司法不规范、不严格、不透明、不文明现象较为突出，群众对执法司法不公和腐败问题反映强烈；部分社会成员尊法信法守法用法、依法维权意识不强，一些国家工作人员特别是领导干部依法办事观念不强、能力不足，知法犯法、以言代法、以权压法、徇私枉法现象依然存在。这些问题，违背社会主义法治原则，损害人民群众利益，妨碍党和国家事业发展，必须下大气力加以解决”。习近平总书记在《关于〈中共中央关于全面推进依法治国若干重大问题的决定〉的说明》中也进一步指出：当前“司法领域存在的主要问题是，司法不公、司法公信力不高问题十分突出，一些司法人员作风不正、办案不廉，办金钱案、关系案、人情案，‘吃了原告吃被告’，等等”。

二 法治与政治的统一性

党与法的高度统一，归根结底是由法学与政治学的密切相关性、法治（法律）与政治的统一性决定的。从渊源上讲，在早期（如古希腊时期）西方社会，法学是包容在政治学当中的，或者说法学与政治学是长期结合在一起的。今天，法学与政治学往往是密不可分的“政法”或者“法政”学科，法律与政治成为相互依存、密不可分、高度统一的统治（治理）艺术，因此法治与政治在核心价值和实质功能上必然是高度统一的。法学与政治学彼此交叉、相互融合、科学整合，形成了法政治学。法政治学是以具有政治和法律双重属性的社会现象作为研究对象，以政治学和法学的研究方法来研究相关社会现象的法学与政治学的交叉学科。[①] 英国《牛津法律大辞典》指出：“正如法理学的理论研究与政治理论总是紧密联系的一样，实践性更强的法律规则与现实的政治总是密切相关的。法律规则是由政治家和政治组织为实现某种政治理论、政治信念和政治目的而制定或废除的……公共管理的整个领域都充满着法律需要与政治需要、法律手段与政治手段、法律作用与政治作用的交互影响。”[②] 列宁则一针见血地指出：“法律是一种政治措施，是一种政策。”[③] 所以宪法法律有时被称为“法典化的政治”，而在宪法规制下政治有时则被简称为“宪政”。政治权力、政治体制、政治行为等的正当性、合法性和法治化，法律体系、法治过程、司法

---

① 卓泽渊：《法政治学》，法律出版社 2005 年版，第 5 页。

② ［英］沃克编：《牛津法律大辞典》，邓正来等译，光明日报出版社 1989 年版，第 520—521 页。

③ 列宁：《论面目全非的马克思主义和“帝国主义经济主义”》，载《列宁全集》第 28 卷，人民出版社 1990 版，第 140 页。

权等的政治导向、政治属性、国家意志特征，无疑是当下法学与政治学、法治与政治都不能回避也回避不了的重大问题。在法政治学的意义上，国家法律、立法与政党政治、政党选举、执政党理论、执政党目标、执政党政策是密不可分的，国家法律与人民民主、人民主权、人民利益、人民权利是密不可分的，国家宪法与立法权、行政权、司法权、公民权利是密不可分的，国家政治与司法权、政治与司法独立、政治原则与司法活动、政治体制与司法制度、政治体制改革与司法体制改革是密不可分的。站在一个更宏观的角度来看，无论政治、法治还是德治，实质上都是人类治理国家和社会的方式方法、制度安排，都是人类进行“他治、自治以及共治”的不同理论、不同方法，归根结底是要实现人类治理的科学化、法治化和民主化。

在价值层面，法治涉及的价值，既有理性、正义、公平、意志、善恶、幸福、平等、自由等抽象价值范畴，也有利益、权利、民主、秩序、效益、安全、和平、发展等具象价值范畴。这些“价值准则之间基本上可以概括为一致、对立、主从和分立四种关系结构形式”①。法律价值依附于法律规范并在法律实施中得到实现。法律价值本质上具有鲜明的政治性，以追求公平正义为使命的司法，其政治性也是不言而喻的。“相对于立法和行政职能，司法活动自古就是比较强大的一种政治职能”，“一个国家可以没有议会……行政机关也可以萎缩到最低限度，但司法机关却不可没有或削弱。司法功能是国家最基本的政治职能之一，没有司法，国家就不能生存”②。法律和司法的政治性是十分明显的，在政党政治的条件下，法律价值和司法必然会强烈地表现出执政党的政治导向和政策倾向，或者说执政党必然会通过各种渠道和方式，把其执政的基本理念、政策要求等转化为法律的某些内容，落实到司法的具体过程中。

---

① 参见卓泽渊《法的价值论》，法律出版社 2006 年版。

② 胡伟：《司法政治》，三联书店（香港）有限公司 1994 年版，第 34 页。

美国是十分强调司法独立的国家，其司法理念甚至认为司法应当与政治“无涉”。但在美国的司法生活中，“司法独立作为一个原则，必然要在现实政治生活中受到某种程度的扭曲”[①]。在美国，遴选法官的过程具有很强的政治性，“不管最高法院的法官们如何正直和无可指责，最高法院本身一般带有，并且无疑将继续带有鲜明的政治色彩，这种政治色彩来自时代色彩，而最高法院的大多数成员都是在那个时代里挑选出来的”[②]。民主党总统罗斯福任命了203名民主党人和8名共和党人为联邦法官；共和党总统艾森豪威尔任命了176名共和党人法官和11名民主党人法官；民主党总统肯尼迪任命了169名民主党人法官和11名共和党人法官；共和党总统尼克松任命了198名共和党人法官和15名民主党人法官；共和党总统福特则任命了52名共和党人法官和12名民主党人法官。[③]“几乎无一例外的是，（美国）那些被评为‘伟大’或‘近乎伟大’的法官，其风格向来更多的是‘政治的’而非‘司法的’。从约翰·马歇尔到厄尔·沃伦，大多数最有影响的法官都曾出任过被选举或被任命的政治职务，而且他们常常是具有很强党派观念的政治人物。一旦进入最高法院，这种政治经历就会对他们的处事风格构成影响。”[④] 事实上，美国联邦最高法院并非“超凡脱政”的独立机构，它在美国政治生活中常常扮演重要角色。“联邦最高法院的确参与了政治进程”，“在美国政治史上，一些十分重大的决定不是由总统或国会作出的，而是由最高法院作出的”。[⑤] 与此同时，联邦最高法院“作为一个

---

① 胡伟：《司法政治》，三联书店（香港）有限公司1994年版，第63页。

② ［美］威尔逊：《国会政体》，熊希龄、吕德本译，商务印书馆1986年版，第24页。

③ 参见胡伟《司法政治》，三联书店（香港）有限公司1994年版，第63页。另见［美］亚伯拉罕《法官与总统——一部任命最高法院法官的政治史》，刘泰星译，商务印书馆1990年版，第39—61页。

④ ［美］彼得·沃尔主编：《美国政府内幕——人物与政治》，李洪等译，社会科学文献出版社1992年版，第355页。

⑤ ［英］维尔：《美国政治》，王合等译，商务印书馆1981年版，第211页。

兼有法律的、政治的和人的特点的机构，它具有与这些特点随之而来的种种优势和弱点”。[①] 托克维尔在《论美国的民主》中对美国政治与司法的关系做了另一个角度的描述。他写道：美国所出现的问题很少有不转为司法问题的，因为或迟或早这些问题都要归结为司法问题。因此在美国，“没有一个政治事件不是求助于法官的权威”解决的。[②] 由此不难理解，为什么20世纪30年代美国罗斯福总统要推行“法院填塞计划”，以从党派构成上改组美国联邦最高法院。

在美国学者诺内特和塞尔兹尼克推崇的自治型法律社会中，法律与政治的分离也是相对的，法律是忠于现行政治秩序的保证，与国家密切一致地履行政治职能，致力于秩序、控制和服从，法律机构（法院等）以实体服从换得程序自治，以实体上与政治保持一致换来的程序上与政治的相对独立，而不是真正的法律与政治的分离。[③]

马克思指出：“人们奋斗所争取的一切，都与他们的利益有关。”[④] 利益是社会的原则。作为西方法社会学一个分支的利益法学，以强调法官应注意平衡各种相互冲突的利益为其理论基础，认为法是立法者为解决相互冲突的各种利益而制定的原则，因此，为了获得公正的判决，法官对一定法律，必须首先确定什么是立法者所要保护的利益。法官绝不应像一台按照逻辑机械法则运行的法律自动售货机，而应是独立思考的立法者的助手，他不仅应注意法律条文的字句，而且要通过亲自对有关利益的考察去掌握立法者的意图。西方利益法学主张“社会效益”是法官裁判的重要目标，

---

① ［美］亚伯拉罕：《法官与总统——一部任命最高法院法官的政治史》，刘泰星译，商务印书馆1990年版，第270页。

② ［法］托克维尔：《论美国的民主》上卷，董果良译，商务印书馆1988年版，第109页。

③ ［美］诺内特、塞尔兹尼克：《转变中的法律与社会》，张志铭等译，中国政法大学出版社1994年版，第63—66页。

④ 《马克思恩格斯全集》第1卷，人民出版社1956年第1版，第82页。

"强调法律适用的政治功能，也就是法学、法院实践和政治之间的关系"[①]。西方"利益法学的划时代的功绩就是考虑到了社会与政治现实以及法律规范的法政策学目的"[②]。无论人们是否承认，法院在依据法律作出判决时，都不可能从纯粹的法条主义出发，片面强调"宪法法律至上"原则和法律的规定，而不考虑政治、社会、道德、利益、民情、文化等复杂因素。

某些西方法理学家也不得不承认马克思主义法理学作为一种学理派别的存在价值，不得不承认马克思主义法理学的以下观点："任何法都是有利于统治阶级政党的法……它形成、培养、塑造意识，并保护既有统治关系不受敌对势力的攻击"，"社会主义法是在马列主义政党领导下获得国家权力的工人阶级的工具"，社会主义法的任务，首先是保护社会主义社会和马列主义政党的单独统治对外不受敌对势力的破坏，对内不受反革命的敌对破坏；其次是借助法律来建设社会主义并引导共产主义社会的建立。[③]"司法在本质上是国家活动的工具"，它"通过对统治者的合法性、意识形态和道德观的有效补充，来实现各种司法功能"[④]。

马克思主义法治观认为，阶级社会中的法治（法制）都具有政治性、阶级性和法律性的色彩。法治（法制）的政治性是由执政党或者执政集团的纲领路线方针政策等决定并体现出来的重要属性；法治（法制）的阶级性是由统治阶级及其同盟阶级的利益、意志和本质要求所决定并体现出来的重要属性；法律性则是法治（法制）所应当具有的技术特征和文化属性。正如曾任最高人民法院院长的谢觉哉在《马列主义的法律观》一文中毫不隐讳地指出的那样："我们的法律是服从于政治的，没有离开政治而独立的

① ［德］伯恩·魏德士：《法理学》，丁小春等译，法律出版社2003年版，第241页。

② 同上书，第247页。

③ 同上书，第226—228页。

④ ［德］考夫曼、哈斯默尔主编：《当代法哲学和法律理论导论》，郑永流译，法律出版社2002年版，第443页。

法律。我们的司法工作者一定要懂政治，不懂政治绝不会懂得法律。司法工作者若不懂政治，有法也不会司。”人民法院最重要的工作是审判。审判不仅具有高度的专业性，而且具有极强的政治性。“‘审’是把案件的事实审查清楚，‘判’是在搞清事实的基础上，做出裁判。‘审’是客观事实，是什么就是什么，不是凭审判员的脑子想怎样就怎样。‘判’是根据党的方针、政策，在一定的法律范围内考虑量刑幅度。客观事实是判的对象，搞清事实是第一步工作；在搞清事实的基础上，依靠党的政策和法律来判是第二步。”

在中国特色社会主义条件下，社会主义法治的政治性集中体现了中国共产党的性质、宗旨、基本任务和奋斗目标等党的事业要求，体现了党的路线方针政策的制度化、规范化和法律化；社会主义法治的阶级性集中体现为它的人民性、民主性，因为在现阶段，阶级矛盾已经不是中国社会的主要矛盾，占社会成员绝对多数的公民属于人民范畴，人民当家做主，执掌国家政权，法治的人民性取代了其阶级性；社会主义法治的法律性集中体现在两个方面：一是法律和法治所固有和应有的客观性、规范性、强制性、可预测性、明确性、程序性和技术性；二是法律和法治所具有的中国法文化传统及其当代特色，以及其学习借鉴吸收一切人类法治文明有益成果的中国化特征。

当然，我们在论证法学与政治学的密切相关性、法治（法律）与政治的内在统一性的同时，必须承认它们之间存在明显区别和重大不同。两者在学科划分、研究对象、概念范畴、实践运行、体制机制等方面的区别和不同，正是我们讨论它们之间相关性和统一性的前提和基础。

三　党与法是高度统一的

在西方三权分立和多党制的政治哲学和宪政模式下，由于西方政党代表利益的不同以及执政党、在野党、反对党等政治角色的不同，西方国家政党与法治往往存在多元、错位甚至是割裂的不同关系。西方政党是不同阶级、阶层和利益集团的代表，西方法治则号称是代表全体人民共同意志的国家意志的体现，这种多元利益取向的政党制度与其法治标榜的中立性、平等性、公正性必然存在矛盾和冲突，在本质上其政党与法治必然难以统一。

在中国共产党一党领导的社会主义制度和政党体制下，在中国宪法和法律确认和保障的以公有制为基础的经济制度和人民当家做主的政治制度下，在中国共产党的性质、宗旨和历史使命的本质规定性下，在社会主义法是党的主张与人民意志相统一的内在一致性的条件下，在中国共产党代表人民共同利益而无自己任何私利的政治基础上，中国共产党与人民、国家、法治不是矛盾对立的关系，而是和谐一致、高度统一的关系。

（一）从党的领导与社会主义法治的本质看党与法的高度统一

从一定意义上讲，坚持和改善党的领导，实行社会主义法治，推进依法治国，都是手段、方式、举措和过程，它们的本质都是全心全意为人民服务，它们的目的都是为了实现国家富强、人民幸福、中华民族伟大复兴的“中国梦”，为了实现社会主义现代化的宏伟目标。中国共产党代表中国最广大人民的根本利益，党除了工人阶级和最广大人民群众的利益，没有自己特殊的利益。党在任何时候都把群众利益放在第一位，同群众同甘共苦、保持最密切的联系，坚持权为民所用、情为民所系、利为民所谋，不允许任何党员脱离群众，凌驾于群众之上。社会主义法治是为了人民、依靠人民、造福人民、保护人民的法治，它以人民为主体，以依法治权、依法治官为手段，以保障人民根本权益为出发点和落脚点，保证人民依法享有广泛的权利和自由，维护社会公平正义，促进共同富裕。中国共产党与法、党的领导与社会主义法治，归根结底都是以人民利益为根本利益，以人民意志为崇高意志，以人民幸福为最高追求，以人民满意为最高评价，以人民拥护为政治基础，以人民民主为生命源泉。中国共产党与法、党的领导与社会主义法治，归根结底是高度统一在全心全意为人民服务的本质属性和内在要求上的。

（二）从《中华人民共和国宪法》看党与法的高度统一

宪法作为国家的根本法，具有最高的法律效力和法治权威，是中国共产党领导人民治国安邦的总章程。中国宪法不仅以根本法的形式肯定了中国共产党在带领人民进行革命、建设和改革历史进程中的领导地位和作用，确认了中国共产党是继续领导全国各族人民把中国建设成为富强、民主、文明的社会主义国家的领导核心，而且以根本法的形式规定国家实行依法治国、维护社会主义法治的统一和尊严的原则，要求包括中国共产党在内的各政党必须以宪法为根本的活动准则，并且负有维护宪法尊严、保证宪法实施的职责；必须遵守宪法和法律，一切违反宪法和法律的行为必须予以追究；任何组织或者个人都不得有超越宪法和法律的特权。宪法的这些规定，以国家根本法的形式为中国共产党与法的高度统一提供了宪法依据和宪制基础，开创了迥异于西方三权分立和多党制的中国特色社会主义的新型党与法关系。

（三）从《中国共产党党章》看党与法的高度统一

《中国共产党党章》是党内制度和行为的最高规范，是从严治党、依规治党的根本规矩，是保证中国共产党与法高度统一的根本党内法规。党章在明确规定中国共产党是中国特色社会主义事业的领导核心的同时，明确要求必须坚持中国共产党的领导、人民当家做主、依法治国有机统一，走中国特色社会主义政治发展道路，扩大社会主义民主，健全社会主义法制，建设社会主义法治国家；必须完善中国特色社会主义法律体系，加强法律实施工作，实现国家各项工作法治化。为保证党与法、党的领导与国家法治的高度统一，党章专门规定，中国共产党的领导主要是政治、思想和组织的领导；中国共产党必须在宪法和法律的范围内活动，坚持科学执政、民主执政、依法执政；中国共产党必须保证国家的立法、司法、行政机关，经济、文化组织和人民团体积极主动、独立负责、协调一致地工作；除了法律和政策规定范围内的个人利益和工作职权以外，所有共产党员都不得谋求任何私利和特权，都必须模范遵守国家的法律法规。党章的这些规定，比宪法的有关规定更加具体、更加严格、更有针对性，对实现党与法关系的和谐统一具有非常重要的根本规范和制度保障作用。

（四）从中国共产党代表大会文件看党与法的高度统一

处理好党与法关系，构建中国共产党与法治、中国共产党的领导与依法治国高度统一的新型政法关系，历来是中国共产党在领导人民进行中国特色社会主义民主政治建设、推进依法治国过程中高度重视并着力解决的重大理论与实践问题。中国共产党的十五大报告在把依法治国正式确立为党领导人民治理国家基本方略的同时，特别强调："党领导人民制定宪法和法律，并在宪法和法律范围内活动。依法治国把坚持党的领导、发扬人民民主和严格依法办事统一起来，从制度和法律上保证党的基本路线和基本方针的贯彻实施，保证党始终发挥总揽全局、协调各方的领导核心作用。"第一次以中国共产党代表大会政治文件的形式，提出了把"党的领导、人民民主和依法办事"统一起来的命题和要求，明确回答了依法治国背景下如何建构党与法关系的问题。中国共产党的十六大报告阐明了中国特色社会主义民主政治的本质特征和内在要求："发展社会主义民主政治，最根本的是要把坚持党的领导、人民当家做主和依法治国有机统一起来"，第一次正式确立了"三者有机统一"的基本政治原则。中国共产党的十七大报告在坚持"三者有机统一"原则的基础上，明确提出"要坚持党总揽全局、协调各方的领导核心作用，提高党科学执政、民主执政、依法执政水平，保证党领导人民有效治理国家"。

中国共产党的十八大报告进一步加大了依法治国和法治在"党与法"关系中的分量，重申依法治国是治理国家的基本方略，首次提出法治是中国共产党治国理政的基本方式；强调要更加注重发挥法治在国家治理和社会管理中的重要作用；任何组织或者个人都不得有超越宪法和法律的特权，绝不允许以言代法、以权压法、徇私枉法。中国共产党第十八届四中全会第一次全面系统地回答了如何在理论上正确认识"党与法"的关系、在顶层设计和制度安排中把"党的领导与依法治国"统一起来的问题。十八届四中全会《决定》从以下六个方面阐释了中国特色社会主义的"党与法"新型关系。一是本质特征——中国宪法确立了中国共产党的领导地位。中国共产党的领导是中国特色社会主义最本质的特征，是社会主义法治最根本的保证。二是基本经验——把中国共产党的领导贯彻到依法治国的全过程和各方面，是中国社会主义法治建设的一条基本经验。三是根本要求——坚持中国共产党的领导，是社会主义法治的根本要求，是全面推进依法治国的题中之义。四是相互关系——中国共产党的领导和社会主义法治是一致的，社会主义法治必须坚持中国共产党的领导，中国共产党的领导必须依靠社会主义法治。五是依法执政——中国共产党依据宪法、法律治国理政，依据党内法规管党治党，必须坚持中国共产党领导立法、保证执法、支持司法、带头守法。六是"党与法"高度统一的顶层设计——"三统一"：必须把依法治国基本方略同依法执政基本方式统一起来，把中国共产党总揽全局、协调各方同人大、政府、政协、审判机关、检察机关依法依章程履行职能、开展工作统一起来，把中国共产党领导人民制定和实施宪法法律同党坚持在宪法、法律范围内活动统一起来。“四善于”：善于使中国共产党的主张通过法定程序成为国家意志，善于使中国共产党组织推荐的人选通过法定程序成为国家政权机关的领导人员，善于通过国家政权机关实施中国共产党对国家和社会的领导，善于运用民主集中制原则维护中央权威、维护全党全国团结统一。

（五）从中国共产党的路线方针政策法律化看党与法的高度统一

在中国，宪法和法律是中国共产党的路线方针政策的定型化、条文化和法律化，这就从法律规范的渊源上最大限度地保证了中国共产党关于改革发展稳定的重大决策与国家立法的统一性、协调性，使党和法的关系在国家法律制度体系中有机统一起来。一方面，用法律的方式把中国共产党成熟定型的路线方针政策制度化、法律化和国家化，用国家法律引领、推进和保障中国共产党的路线方针政策的全面贯彻落实。另一方面，中国共产党的路线方针政策的成功实践，又为国家法律的不断完善提供方向指引和发展动力，推动国家法律体系的创新发展。

（六）从国家民主立法看党与法的高度统一

立法实质上是中国共产党的主张与人民意志相结合，通过立法程序转变为国家意志的产物。国家立法机关在充分发扬民主的基础上，把反映人民整体意志和根本利益诉求的中国共产党的主张，通过民主科学的立法程序，及时转变为国家意志，并赋予这种意志以国家强制力保障实施的法律效力，要求全社会成员共同遵循，从而通过立法实现了中国共产党的主张、人民意志到国家意志的转换提升，实现了党与法的立法化结合，保证了中国共产党的领导与依法治国的有机统一。

（七）从坚持中国共产党的领导和司法机关依法独立公正行使职权看党与法的高度统一

在中国，坚持中国共产党的领导与法院、检察院依法独立公正行使司法权是相互统一、彼此一致的关系。首先，宪法和法律是中国共产党的主张与人民意志相统一的集中体现，是中国共产党的路线方针政策的法律化，这就在立法层面上落实了中国共产党的领导和依法治国的有机统一，保证了中国共产党的政策与国家法律的统一性和一致性。在这个基础上，司法机关遵循法治原则，严格依法独立行使审判权和检察权，就是依照中国共产党的主张和人民意志履行司法职责，就体现了坚持中国共产党的领导与依法独立行使司法权的统一性。刘少奇从中国社会主义国家的实际出发，对人民法院、人民检察院独立行使职权的含义做了说明：“法院独立审判是对的，是宪法规定了的，党委和政府不应该干涉他们判案子。检察院应该同一切违法乱纪现象作斗争，不管任何机关任何人。不要提政法机关绝对服从各级党委领导。它违法，就不能服从。如果地方党委的决定同法律、同中央的政策不一致，服从哪一个？在这种情况下，应该服从法律、服从中央的政策。”① 司法机关“服从法律，就是服从党中央的领导和国家最高权力机关的决定，也就是服从全国人民”②。其次，在中国法律体系如期形成，中国共产党的路线方针政策和党实行政治领导、组织领导的多数内容要求已经法治化，中国共产党推进经济、政治、文化、社会和生态文明建设的多数战略部署已经法律化的背景下，司法机关严格依法办事，切实独立公正行使司法权，就是坚持党的领导、执行党的意志、维护党的权威；而且，司法机关越是依法独立公正地行使司法权，让人民群众在每一个案

① 《刘少奇选集》下卷，人民出版社 1985 年版，第 452 页。

② 彭真：《论新时期的政法工作》，中央文献出版社 1992 年版，第 178 页。

件中都感受到法治的公平正义，法官检察官越是“只服从事实，只服从法律，铁面无私，秉公执法”，就越体现了党的宗旨，贯彻了党的方针政策，就是从根本上坚持了党的领导。最后，中国共产党是执政党，它支持和保障司法机关依法独立公正行使司法权，实质上就是巩固中国共产党领导和执政的法治基础，就是运用法治思维和法治方式切实有效地坚持和维护中国共产党的领导。中国宪法和法律规定的审判独立、检察独立与坚持中国共产党的领导在理论逻辑上是有机统一的，在司法制度设计中是完全一致的，在司法实践中是互动发展的。

这里需要特别指出的是，坚持党与法的高度统一，绝不是要实行“党与法不分”、“以党代法”、“以党代政”甚至“以党治国”。邓小平早在《党与抗日民主政权》一文中就指出，必须“保证党对政权的领导”①。但是，“党的领导责任是放在政治原则上，而不是包办，不是遇事干涉，不是党权高于一切。这是与‘以党治国’完全相反的政策”。因为“‘以党治国’的国民党遗毒，是麻痹党、腐化党、破坏党、使党脱离群众的最有效的办法”②。而这种遗毒在有的领导同志身上也存在着，表现为“这些同志误解了党的领导，把党的领导解释为‘党权高于一切’，遇事干涉政府工作，随便改变上级政府法令；不经过行政手续，随便调动在政权中工作的干部；有些地方没有党的通知，政府法令行不通……有把‘党权高于一切’发展成为‘党员高于一切’者，党员可以为非作歹，党员犯法可以宽恕”。“结果群众认为政府是不中用的，一切要决定于共产党……政府一切错误都是共产党的错误，政府没有威信，党也脱离了群众。这实在是最大的蠢笨！”③“党与法不分”、“以党代法”、“以党代政”或者“以党治国”，实质上是否定国家法治和人民民主，是与坚持党与法高度统一

---

① 《邓小平文选》第1卷，人民出版社1994年版，第16页。

② 同上书，第12页。

③ 同上书，第10—11页。

的原则完全背离的。

四 坚持党与法的高度统一是中国法治建设的基本经验

坚持中国共产党的领导地位，发挥中国共产党的领导核心作用，始终是中国革命、建设和改革的成功法宝和基本经验。但是，坚持社会主义法治，把法治作为中国共产党治国理政的基本方式，坚持依法治国，把依法治国作为中国共产党领导人民治理国家和社会的基本方略，坚持依法执政，把依法执政作为中国共产党执政的基本方式，使党与法高度统一起来，却经历了一个从人治到法制、从法制到法治和依法治国的发展过程。在这个历史发展过程中，随着社会主义法治建设的不断加强，依法治国的不断推进，全社会法治观念的不断提高，党与法、党的领导与法治的关系不断呈现出动态协调、高度统一的态势。

新民主主义革命时期，中国共产党作为以夺取国家政权为使命的革命党，主要靠政策、命令、决定、决议等来组织和领导革命。中国共产党领导人民夺取政权的过程，就是突破旧法律、废除旧法统的过程。工人阶级革命是不承认国民党政权的宪法和法律的，“如果要讲法，就不能革命，就是维护三大敌人的统治秩序。那时候对反动阶级就是要‘无法无天’，在人民内部主要讲政策”[①]。中国共产党“依靠政策，把三座大山推翻了。那时，只能靠政策”[②]，革命法律只是中国共产党领导群众运动和开展武装斗争的辅助方式。

新中国成立前夕，中共中央发出了《关于废除国民党〈六法全书〉和

---

① 《彭真文选》，人民出版社1991年版，第491页。

② 《彭真传》第4卷，中央文献出版社2012年版，第1570页。

确定解放区司法原则的指示》（以下简称《指示》），明确指出：“在无产阶级领导的以工农联盟为主体的人民民主专政的政权下，国民党的六法全书应该废除，人民的司法工作不能再以国民党的六法全书作依据，而应该以人民的新法律作依据。”同时要求人民的司法机关“应该经常以蔑视和批判六法全书及国民党其他一切反动的法律法令的精神，以蔑视和批判欧美日本资本主义国家一切反人民法律法令的精神，以学习和掌握马列主义——毛泽东思想的国家观、法律观及新民主主义的政策、纲领、法律、命令、条例、决议的办法，来教育和改造司法干部”。《指示》明确提出，要让广大司法干部认识到，我们的法律是人民大众的，法庭是人民的工具。我们的法律是服从于政治的……政治需要什么，法律就规定什么，因而“司法工作者一定要懂政治，不懂得政治决不会懂得法律”，司法人员一定要“从政治上来司法”，要把案子联系到各方面来看，这就必须要有政治认识才行。

1949 年中国共产党领导人民建立了全国性的政权，翻开了人民法制的历史新篇章。《中国人民政治协商会议共同纲领》和《中华人民共和国宪法》（1954 年）的制定，一批重要法律法令的颁布，奠定了新中国政权建设的法制基础。中国共产党开始从依靠政策办事，逐步过渡到不仅依靠政策，还要建立健全法制，依法办事。“建国后中国共产党作为执政党，领导方式与战争年代不同，不仅要靠党的政策，而且要依靠法制。凡是关系国家和人民的大事，党要做出决定，还要形成国家的法律，党的领导与依法办事是一致的”①。

然而，1957 年下半年“反右派”斗争开始，国家政治、经济、社会生活开始出现不正常情况。“究竟搞人治还是搞法治？党的主要领导人的看法起了变化，认为‘法律这个东西没有也不行，但我们有我们这一套’，‘我

① 《江泽民论有中国特色社会主义》（专题摘编），中央文献出版社 2002 年版，第 307—308 页。

们基本上不靠那些，主要靠决议、开会，不靠民法、刑法来维持秩序。人民代表大会、国务院开会有它们那一套，我们还是靠我们那一套’，‘到底是法治还是人治？看来实际靠人，法律只能作为办事的参考’。”[①] 到了“文化大革命”时期，“以阶级斗争为纲”，“大民主”的群众运动成为主要治国方式，地方人大和政府被“革命委员会”所取代，公、检、法三机关被砸烂，新中国建立的民主法制设施几乎被全面摧毁，社会主义法制受到严重破坏。

为什么会发生“文化大革命”那样的悲剧，一个根本原因是国家法制遭到严重破坏，党和国家生活陷入了“和尚打伞，无法无天”的混乱局面。在“以阶级斗争为纲”、搞“大民主”的非常时期，少数人凌驾于中国共产党和国家领导制度之上，以言代法，以权废法，恣意妄为。在这种不正常的特殊历史条件下，一些干部群众对林彪、“四人帮”破坏党内法规制度，假借中国共产党的名义践踏宪法、侵犯人权、破坏法制的言行不满，提出了“党大还是法大”的质疑，目的是同林彪、“四人帮”的倒行逆施作斗争，实质是要坚持中国共产党的集体领导，维护人民民主和国家法制秩序。

邓小平在《党和国家领导制度的改革》中深刻指出：“我们过去发生的各种错误，固然与某些领导人的思想作风有关，但是组织制度方面的问题更重要。这些方面的制度好可以使坏人无法任意横行，制度不好可以使好人无法充分做好事，甚至走向反面……制度问题更带有根本性、全面性、稳定性和长期性。”[②] 实践证明，中国共产党领导和执政的社会主义国家，如果以人治方式治国理政，必然对中国共产党的领导和国家法制造成双重损害：既损害了中国共产党的集体领导、削弱了中国共产党的政治权威，又践踏了人民民主、破坏了社会主义法制，给中国共产党、国家、人民和

① 《彭真传》第 4 卷，中央文献出版社 2012 年版，第 1572 页。

② 邓小平：《党和国家领导制度的改革》，载《邓小平文选》第 1 卷，人民出版社 1994 年版，第 293 页。

社会带来深重灾难。粉碎“四人帮”、结束“文化大革命”以后，中国共产党深刻总结了“文化大革命”破坏民主法制的惨痛教训，分析了以人治方式治国理政的根本制度弊端，果断选择了走发展社会主义民主、健全社会主义法制的政治发展道路。正如中国共产党的十八届四中全会《决定》指出的那样：“党的十一届三中全会以来，我们党深刻总结中国社会主义法治建设的成功经验和深刻教训，提出为了保障人民民主，必须加强法治，必须使民主制度化、法律化。”在中国共产党的领导下坚定不移走社会主义法治之路，坚持党与法的高度统一，是新中国社会主义建设实践的必然选择，也是新时期改革开放的必然要求。

改革开放30多年来，中国共产党在领导人民加强法治建设、推进依法治国的实践中，始终高度重视正确认识和把握“党与法的关系”这个社会主义法治建设的核心问题。1978年12月，邓小平在《解放思想，实事求是，团结一致向前看》中指出：“为了保障人民民主，必须加强法制。必须使民主制度化、法律化，使这种制度和法律不因领导人的改变而改变，不因领导人的看法和注意力的改变而改变。”他说：“现在的问题是法律很不完备，很多法律还没有制定出来。往往把领导人说的话当做‘法’，不赞成领导人说的话就叫做‘违法’，领导人的话改变了，‘法’也就跟着改变。”针对领导人说的话就是“法”，而领导人又往往被认为是代表党①的这种不正常现象，某些群众提出了“党大还是法大”的问题，实质上是对以往党

① 邓小平指出：“因为民主集中制受到破坏，党内确实存在权力过分集中的官僚主义。这种官僚主义常常以‘党的领导’、‘党的指示’、‘党的利益’、‘党的纪律’的面貌出现。”邓小平：《解放思想，实事求是，团结一致向前看》，载《邓小平文选》第2卷，人民出版社1994年版。邓小平还说过：“党的一元化领导，往往因此而变成了个人领导……权力过分集中于个人或少数人手里，多数办事的人无权决定，少数有权的人负担过重，必然造成官僚主义，必然要犯各种错误，必然要损害各级党和政府的民主生活、集体领导、民主集中制、个人分工负责制等等。”邓小平：《党和国家领导制度的改革》，载《邓小平文选》第2卷，人民出版社1994年版。

和国家政治生活中个人或少数人说了算的人治做法的指责，是对权大于法的官僚主义现象的鞭笞。对于这种权大于法、以言代法的人治现象，邓小平在改革开放初期就非常明确地指出："领导人说的话就叫法，不赞成领导人说的话就叫违法，这种状况不能继续下去了。"①

1979年7月，彭真在讲到中国共产党的领导和人民法院、人民检察院独立行使职权、只服从法律的问题时，对"党大还是法大"的问题作出了十分明确的回答。他说："有的同志提出，是法大，还是哪一位首长、哪一级地方党委大？我看，法大……不管你是什么人，都要服从法律。在法律面前不承认任何人有任何特权。服从法律，就是服从党中央的领导和国家最高权力机关的决定，也就是服从全国人民。"② 1984年3月，在《不仅要靠党的政策，而且要依法办事》中，彭真又进一步阐释了"党与法"的关系。他说："党的领导与依法办事是一致的、统一的。党领导人民制定宪法和法律，党也领导人民遵守、执行宪法和法律。党章明确规定，党的组织和党员要在宪法和法律的范围内活动。这句话是经过痛苦的十年内乱，才写出来的。""党的活动不在法律范围内，行吗？不行！决不行！这是十年内乱已经证明了的。党章、宪法对此有明确的规定。"③ 从彭真关于"党大还是法大"和"党与法"关系的经典阐释中，可以得出如下判断：①这里的"法"，无论作为抽象概念还是具体概念，都是国家权威和国家意志的体现，任何组织和个人都必须遵守服从；②这里的"党"，不是抽象的指代"中国共产党"，而是具体指向某位"首长"，或"某级地方党委"，不能把党员领导干部个人、中国共产党的某级组织或机构与"中国共产党"等同或混淆起来；③国法面前人人平等，党员领导干部（即使是位高权重的

---

① 《邓小平思想年谱》，中央文献出版社1998年版，第84页。

② 彭真：《论新中国的政法工作》，中央文献出版社1992年版，第176—177页。

③ 彭真：《论新时期的社会主义民主与法制建设》，中央文献出版社1989年版，第220、221页。

“首长”）、中国共产党的某级组织或机构必须服从国法，在宪法和法律范围内活动；④国法在党员领导干部、中国共产党的某级组织或机构面前至高无上，永远是“法大”；⑤党员领导干部、中国共产党的组织或机构服从国家法律，就是服从中国共产党中央的领导，就是服从国家最高权力机关的决定，就是服从全国人民，党与法、党的领导与国家法制是完全统一的。

江泽民担任总书记期间，多次就“党与法”的关系发表重要观点。1989 年 9 月 26 日在回答《纽约时报》记者提问时，他说：“我们绝不能以党代政，也绝不能以党代法。这也是新闻界常讲的究竟是人治还是法治的问题，我想我们一定要遵循法治的方针。”1998 年，江泽民在学习邓小平理论工作会议上强调：推进社会主义民主政治建设，必须处理好党的领导、发扬民主、依法办事的关系。党的领导是关键，发扬民主是基础，依法办事是保证，绝不能把三者割裂开来、对立起来。他指出，坚持中国共产党的领导同依法治国是完全一致的。中国共产党的主张、国家的法律，都是代表和体现人民的意愿与利益的。中国共产党领导人民通过国家权力机关制定宪法和各项法律，把党的主张变为国家意志，党在宪法和法律范围内活动，各级政府依法行政，这样就把党的领导同依法治国统一起来了。

胡锦涛担任总书记期间，也非常明确地指出：发展社会主义民主政治，最根本的是要把坚持中国共产党的领导、人民当家做主和依法治国有机统一起来。中国共产党的领导是人民当家做主和依法治国的根本保证，人民当家做主是社会主义民主政治的本质要求，依法治国是党领导人民治理国家的基本方略。正确认识和处理这三者之间的关系，才能把全党和全国各族人民的意志和力量进一步凝聚起来。

中国共产党的十八大以来，在全面推进依法治国、加快建设社会主义法治国家新的历史起点上，习近平总书记更加重视从党和国家工作战略大局上把握党与法的关系。2014 年 1 月，在中央政法工作会议的重要讲话中，习近平总书记要求政法机关和政法工作“要坚持党的事业至上、人民利益至上、宪法法律至上，正确处理党的政策和国家法律的关系。因为，中国共产党的政策和国家法律都是人民根本意志的反映，在本质上是一致的。党既领导人民制定宪法法律，也领导人民执行宪法法律”。2014 年 10 月，在关于十八届四中全会《决定》的说明中，习近平总书记又进一步深刻指出，党和法治的关系是法治建设的核心问题。把坚持中国共产党的领导、人民当家做主、依法治国有机统一起来是中国社会主义法治建设的一条基本经验。全面推进依法治国这件大事能不能，最关键的是方向是不是正确、政治保证是不是坚强有力，具体讲就是要坚持党的领导，坚持中国特色社会主义制度，贯彻中国特色社会主义法治理论。2015 年 2 月，在省部级主要领导干部专题研讨班开班式的重要讲话中，习近平总书记再次强调，坚持中国共产党的领导，是中国特色社会主义法治道路最重要的特征，是建设中国特色社会主义法治体系最根本的保证。因此，全面推进依法治国，方向要正确，政治保证要坚强。社会主义法治必须坚持中国共产党的领导，党的领导必须依靠社会主义法治。法是党的主张和人民意愿的统一体现，党领导人民制定宪法、法律，党领导人民实施宪法、法律，党自身必须在宪法、法律范围内活动。把党的领导贯彻到依法治国的全过程和各方面，一是党要领导立法，根据党和国家大局、人民群众意愿，立符合党的主张、尊重人民意愿、满足现实需要的良法。二是党要保证执法，建设职能科学、权责法定、执法严明、公开公正、廉洁高效、守法诚信的法治政府，坚持法定职责必须为、法无授权不可为。三是党要支持司法，为司法机关依法独立、公正行使职权提供坚实保障，健全监督制约司法活动的制度机制，保证司法权在制度的笼子里规范运行。四是中国共产党要带头守法，每个领导干部都必须服从和遵守宪法法律，不能把中国共产党的领导作为个人以言代法、以权压法、徇私枉法的挡箭牌，而应做尊法学法守法用法的模范，自觉为全社会作出表率。

总之，从中国特色社会主义法治理论的角度来看，从中国共产党的十六大以后，中国特色社会主义法治道路始终强调要坚持中国共产党的领导、人民当家做主、依法治国有机统一，并基于这种政治哲学来理解和把握“党与法”两者高度统一的关系，认为中国共产党的领导是依法治国的根本保证，依法治国是党领导人民治理国家的基本方略，是党治国理政的基本方式；在中国特色社会主义法治的实践中，“党与法”两者的关系则经历了一个由政策主导到法律主导、由人治到法制、由法制到法治的不断转变、不断发展的长期探索过程，是一个不断实现党与法、政治与法治、党的领导与依法治国相辅相成、高度统一的磨合过程。在中国特色社会主义法治文明的发展进程中，随着依法治国基本方略的不断落实和全面推进，“党大还是法大”的所谓“问题”已经成为一个过去时的历史概念，坚持党与法的高度统一日益成为全党和全国人民的共识，成为中国特色社会主义法治的基本特征和政治优势。

参考文献

《邓小平文选》第 1 卷，人民出版社 1994 年版。

《邓小平文选》第 2 卷，人民出版社 1994 年版。

《邓小平文选》第 3 卷，人民出版社 1993 年版。

《邓小平思想年谱》，中央文献出版社 1998 年版。

《当代中国的审判工作》（上册），当代中国出版社 1993 年版。

《当代中国的司法行政工作》，当代中国出版社 1995 年版。

《董必武法学文集》，法律出版社 2001 年版。

《国务院公报》总第 5 号。

《国史通鉴》第 4 卷，红旗出版社 1993 年版。

《江泽民论有中国特色社会主义》（专题摘编），中央文献出版社 2002 年版。

《列宁全集》第 28 卷，人民出版社 1990 年版。

《列宁全集》第 36 卷，人民出版社 1959 年版。

《列宁专题文集》，人民出版社 2009 年版。

《刘少奇选集》下卷，人民出版社 1985 年版。

《梁启超全集》，北京出版社 1999 年版。

《马克思恩格斯全集》第 1 卷，人民出版社 1956 年版。

《马克思恩格斯全集》第 2 卷，人民出版社 1995 年版。

《马克思恩格斯全集》第 3 卷，人民出版社 2012 年版。

《马克思恩格斯全集》第 4 卷，人民出版社 1958 年版。

《毛泽东选集》第 4 卷，人民出版社 1991 年版。

《毛泽东选集》第 5 卷，人民出版社 1977 年版。

《拿破仑法典》（《法国民法典》），李浩培等译，商务印书馆 1979 年版。

《彭真文选》，人民出版社 1991 年版。

《彭真传》第 4 卷，中央文献出版社 2012 年版。

《中国法律年鉴》（1987 年），法律出版社 1987 年版。

《中国大百科全书·法学》，中国大百科全书出版社 1984 年版。

《中华人民共和国第一届全国人大第二次会议汇刊》。

Harvey Wheeler：“Constitutionalism”. 转引自《政府制度与程序》，台湾幼狮文化事业公司 1983 年版。

Lon L. Fuller，*The Morality of Law*（*revised edition*），Yale University Press，1969.

［俄］B. B. 拉扎列夫：《法与国家的一般理论》，王哲等译，法律出版社 1999 年版。

［意］彼德罗·彭梵得：《罗马法教科书》，黄风译，中国政法大学出版社 1992 年版。

［美］彼彻姆：《哲学的伦理学》，雷克勒等译，中国社会科学出版社 1990 年版。

［美］彼得·沃尔主编：《美国政府内幕——人物与政治》，李洪等译，社会科学文献出版社 1992 年版。

［古希腊］柏拉图：《法律篇》，张智仁、何勤华译，复旦大学出版社 2001 年版。

［古希腊］柏拉图：《游叙弗伦苏格拉底的申辩克力同》，严群译，商务印书

馆 1983 年版。

[德] 伯恩·魏德士:《法理学》, 丁小春等译, 法律出版社 2003 年版。

《全国政协社会和法制委员会副主任施芝鸿谈“第五个现代化”》,《北京日报》2013 年 12 月 9 日。

[德] 茨威格特:《比较法总论》, 潘汉典等译, 贵州人民出版社 1992 年版。

陈丕显:《中华人民共和国第六届全国人民代表大会常务委员会报告》(1985 年)。

《人大代表亲历个税之争称 3 天提高 500 元不容易》,《长江日报》2011 年 7 月 11 日。

董必武:《论新民主主义政权问题》(1948 年 10 月 16 日董必武在人民政权研究会上的讲话), 载《董必武选集》, 人民出版社 1985 年版。

董必武:《论社会主义民主和法制》, 人民出版社 1979 年版。

[美] E. 博登海默:《法理学: 法律哲学与法律方法》, 邓正来译, 中国政法大学出版社 1999 年版。

[美] F. J. 古德诺:《政治与行政》, 王元译, 华夏出版社 1987 年版。

[英] 弗里德里希·冯·哈耶克:《法律、立法与自由》全三卷, 邓正来等译, 中国大百科全书出版社 2000 年版。

[美] 弗里德曼:《法律制度》, 李琼英、林欣译, 中国政法大学出版社 1994 年版。

[美] 弗朗西斯·福山:《什么是治理》, 刘燕等译, 载俞可平主编《中国治理评论》第 4 辑, 中央编译出版社 2013 年版。

[美] 戈尔丁:《法律哲学》, 齐海滨译, 生活·读书·新知三联书店 1987 年版。

国务院新闻办公室:《中国的法制建设》白皮书, 2008 年 2 月 28 日发表。

顾昂然:《新中国改革开放三十年的立法见证》, 法律出版社 2008 年版。

顾昂然:《回望: 我经历的立法工作》, 法律出版社 2009 年版。

顾昂然：《立法札记：关于我国部分法律制定情况的介绍（1982 - 2004年）》，法律出版社 2006 年版。
顾昂然：《新中国民主法制建设》，法律出版社 2002 年版。
高等学校法学教材：《法学基础理论》，法律出版社 1982 年版。
何勤华：《关于新中国移植苏联司法制度的反思》，《中外法学》2002 年第 3 期。
何增科：《理解国家治理及其现代化》，《马克思主义与现实》2014 年第 3 期。
胡建淼：《国家治理现代化的关键在法治化》，《学习时报》2014 年 7 月 14 日。
胡伟：《司法政治》，三联书店（香港）有限公司 1994 年版。
［美］金勇义：《中国与西方的法律观念》，陈国平、韦向阳、李存捧译，辽宁人民出版社 1989 年版。
江泽民：《实行和坚持依法治国，保障国家长治久安》，《人民日报》1996 年 2 月 9 日。
韩延龙、常兆儒：《中国新民主主义革命时期根据地法制文献选编》第 1 卷、第 2 卷，中国社会科学出版社 1981 年版。
韩延龙：《中华人民共和国法制通史》（下），中共中央党校出版社 1998 年版。
胡锦涛：《高举中国特色社会主义伟大旗帜　为夺取全面建设小康社会新胜利而奋斗——在中国共产党第十七次全国代表大会上的报告》。
［德］考夫曼、哈斯默尔：《当代法哲学和法律理论导论》，郑永流译，法律出版社 2002 年版。
刘瀚：《依法行政论》，社会科学文献出版社 1993 年版。
楼邦彦：《中华人民共和国宪法基本知识》，新知识出版社 1955 年版。
李步云：《法理学》，经济科学出版社 2000 年版。
李培传：《中国社会主义立法的理论与实践》，中国法制出版社 1991 年版。

李君如：《慎提“中国模式”》，《学习时报》2009 年 12 月 7 日。
李林：《依法治国建设社会主义法治国家研讨会综述》，载李林《法治与宪政的变迁》，中国社会科学出版社 2005 年版。
李忠杰：《治理现代化科学内涵与标准设定》，《人民论坛》2014 年第 7 期。
李鹏：《第十届全国人大第一次会议全国人大常委会工作报告》（2003 年）。
毛泽东：《新民主主义的宪政》，人民出版社 1964 年版。
［英］梅因：《古代法》，沈景一译，商务印书馆 1959 年版。
［法］孟德斯鸠：《论法的精神》（上册），张雁深译，商务印书馆 1961 年版。
麻宝斌：《社会正义与政府治理：在理想与现实之间》，社会科学文献出版社 2012 年版。
［英］麦考密克、［奥地利］魏因贝格尔：《制度法论》，周叶谦译，中国政法大学出版社 1994 版。
［美］诺内特、塞尔兹尼克：《转变中的法律与社会》，张志铭等译，中国政法大学出版社 1994 年版。
［澳］欧根·艾利希：《法社会学原理》，舒国滢译，中国大百科全书出版社 2009 年版。
彭冲：《中华人民共和国第八届全国人民代表大会常务委员会报告》（1993 年）。
彭真：《中华人民共和国第五届全国人大常委会报告》（1980 年）。
彭真：《论新时期的政法工作》，中央文献出版社 1992 年版。
彭真：《论新时期的社会主义民主与法制建设》，中央文献出版社 1989 年版。
［美］潘恩：《潘恩选集》，马清槐等译，商务印书馆 1981 年版。
全国人大常委会办公厅：《人民代表大会制度建设四十年》，中国民主法制出版社 1991 年版。
秋石：《国家治理现代化将摆脱人治走向法治》，《求是》2014 年第 1 期。
［法］让-马克·夸克：《合法性与政治》，佟心平、王远飞译，中央编译出

版社 2002 年版。
《习近平主持中共中央政治局第四次集体学习》，《人民日报》2013 年 2 月 24 日。
石泰峰、张恒山：《论中国共产党依法执政》，《中国社会科学》2003 年第 1 期。
［美］萨拜因：《政治学说史》（上册），盛葵阳等译，商务印书馆 1986 年版。
田纪云：《第八届全国人大第四次会议全国人大常委会工作报告》（1996 年）。
田纪云：《第九届全国人大第四次会议全国人大常委会工作报告》（1998 年）。
［德］托马斯·海贝勒：《关于中国模式若干问题的研究》，《当代世界与社会主义》2005 年第 5 期。
［法］托克维尔：《论美国的民主》上卷，董果良译，商务印书馆 1988 年版。
汪全胜：《立法听证研究》，北京大学出版社 2003 年版。
王丽丽、刘静波：《十一届全国人大常委会第五个立法规划权威解读》，《检察日报》2008 年 11 月 3 日。
王浦劬：《科学把握"国家治理"的含义》，《光明日报》2014 年 6 月 18 日。
王绍光：《国家治理与基础性国家能力》，《华中科技大学学报》（社会科学版）2014 年第 3 期。
汪东林：《梁漱溟问答录》，湖北人民出版社 2004 年版。
［英］沃克：《牛津法律大辞典》，邓正来等译，光明日报出版社 1989 年版。
［英］维尔：《美国政治》，王合等译，商务印书馆 1981 年版。
吴大英、刘瀚等：《中国社会主义立法问题》，群众出版社 1984 年版。
吴大英、沈宗灵：《中国社会主义法律基本理论》，法律出版社 1987 年版。
［美］威尔逊：《国会政体》，熊希龄、吕德本译，商务印书馆 1986 年版。
习近平：《在首都各界纪念现行宪法公布施行 30 周年大会上的讲话》，人民出版社 2012 年版。
［美］约翰·梅西·赞恩：《法律的故事》，孙运申译，中国盲文出版社

2002 年出版社。

［英］约瑟夫·拉兹：《法律体系的概念》，吴玉章译，中国法制出版社 2003 年版。

［美］约翰·罗尔斯：《正义论》，何怀宏等译，中国社会科学出版社 1988 年版。

［美］亚伯拉罕：《法官与总统——一部任命最高法院法官的政治史》，刘泰星译，商务印书馆 1990 年版。

［古希腊］亚里士多德：《政治学》，吴寿彭译，商务印书馆 1981 年版。

姚亮：《国家治理能力研究新动向》，《学习时报》2014 年 6 月 9 日。

俞可平：《论国家治理现代化》，社会科学文献出版社 2014 年版。

俞可平：《沿着民主法治的道路　推进国家治理体系现代化》，新华网 2013 年 12 月 1 日。

张有渔：《法学理论论文集》，群众出版社 1984 年版。

张春生：《中华人民共和国立法法释义》，法律出版社 2000 年版。

张贤明：《以完善和发展制度推进国家治理体系和治理能力现代化》，《政治学研究》2014 年第 2 期。

张文显：《法治中国建设的重大任务》，《法制日报》2014 年 6 月 11 日。

张文显：《二十世纪西方法哲学思潮研究》，法律出版社 1996 年版。

朱卫国：《立法质量决定法治质量》，《人民日报》2010 年 5 月 12 日。

赵启正：《中国无意输出“模式”》，《学习时报》2009 年 12 月 7 日。

卓泽渊：《作为和谐社会法治价值的公正》，载李林等《构建和谐社会的法治基础》，社会科学文献出版社 2013 年版。

卓泽渊：《法政治学》，法律出版社 2005 年版

卓泽渊：《法的价值论》，法律出版社 2006 年版。

［美］詹姆斯·L. 吉布森、［南非］阿曼达·古斯：《新生的南非民主政体对法治的支持》，《国际社会科学杂志》（中文版）1998 年第 2 期。

名词索引